公共政策与行政学
理论研究

陈 刚 华 ◎ 著

中国社会科学出版社

图书在版编目（CIP）数据

公共政策与行政学理论研究/陈刚华著.—北京：
中国社会科学出版社，2018.11
ISBN 978 - 7 - 5203 - 3286 - 6

Ⅰ.①公… Ⅱ.①陈… Ⅲ.①公共政策—理论研究
②行政学—理论研究 Ⅳ.①D035 - 0

中国版本图书馆 CIP 数据核字(2018)第 227451 号

出 版 人　赵剑英
责任编辑　刘晓红
责任校对　孙洪波
责任印制　戴　宽

出　　　版　中国社会科学出版社
社　　　址　北京鼓楼西大街甲 158 号
邮　　　编　100720
网　　　址　http：//www.csspw.cn
发 行 部　010 - 84083685
门 市 部　010 - 84029450
经　　　销　新华书店及其他书店

印　　　刷　北京明恒达印务有限公司
装　　　订　廊坊市广阳区广增装订厂
版　　　次　2018 年 11 月第 1 版
印　　　次　2018 年 11 月第 1 次印刷

开　　　本　710 × 1000　1/16
印　　　张　18.5
插　　　页　2
字　　　数　294 千字
定　　　价　78.00 元

目　录

上篇　公共政策与制度主义理论

下篇　公共行政与政府治理理论

上　篇

公共政策与制度主义理论

第一章 时差理论：从外生变量到内生变量转变的时间

时间可以分为牛顿（物理）时间和真实（社会）时间，在社会科学的分析当中所指的时间通常是指时间的社会属性。时间在社会科学的研究中从来都处于一种次要的境地，学者深知时间作为一种变量的重要性，但由于对时间变量的不可测量性，常常只把它作为一种外生的变量，放在从属或次要的研究位置。找回失去的时间，作为本章分析的起点，如何把时间从社会科学研究的次要外生变量变为重要的内生变量，正是时差理论所要分析的主要内容。时差理论的分析可以从多重视角来进行，包括时间、伴随认知的时差，以及行政上的时差的角度等。在对时差理论分析的同时，还包含了对于时差理论的批判性分析，分别包括对于时间的概念的批判，时差理论在实用层面的批判以及时差理论适用的可能性等，通过批判性的分析，从而不难发现时差概念的有限性以及理论的局限性，从而为时差理论的合理使用打开了一条崭新的途径。

第一节 绪言

法国哲学家 H. 柏格森把时间区分为牛顿（物理）时间和真实（社会）时间，牛顿时间是科学使用的由钟表度量的时间，也叫作"空间化的时间"，这种时间概念只代表了在某一线路上的移动；真实时间是通过直觉体验到的时间，也叫作"绵延"（duree）。在前一种时间中，各部分处于均匀、互相分离的状态；而绵延则像河水一样川流不息，各阶段互相渗透、交融，会合成一个不可分的永远处于变化中的运动过程。他认为，绵延是唯一的实在，而科学的时间只是抽象的幻觉。① 英国当代社会学家安东尼·吉登斯在《社会的构成》等著作中强烈批评西方社会理论对时空问题的忽视。他认为，大多数社会分析学者仅仅将时间和空间看作行动的环境，并不假思索地接受了把时间看作一种可以测量的镇静时间的观念，而这种观念只不过是近代西方文化特有的产物。在他看来，社会系统的时空构成恰恰是社会理念的核心。社会科学家只有围绕社会系统的时空延伸方面的构成方式才能建构合理的社会思想。而美国当代社会理论家伊曼纽尔·沃勒斯坦在分析和批评19世纪社会科学范式的局限性时更以嘲讽的口吻说，在社会科学中占有主导地位的方法论最了不起的成就之一就是在分析过程中删除了时空概念。他认为，在以往的社会理论中，时空被看作一种自然的常态、一种外生变量，而并非连续性的社会创造。然而，事实上，"时空"不仅是纯内生变量而且还是我们理解社会结构和历史变迁的关键所在。

　　社会科学研究中之所以存在这种严重的理论和方法缺失，有理论本身和社会现实两方面的原因。从理论的角度看，这可以说是牛顿经典时空观和康德虚空的时空范畴在社会思想中的后遗症，与此同时，也是社会中普遍主义理论模式和实证主义方法论固有的弊端。按照吉登斯的观点，现代社会生活独特的动力学机制的一个主要的社会因素或过程就是时间与空间的分离。所谓时空分离，意味着现代社会活动和社会关系超越具体"地点"和"场所"的局限而实现更广泛的联合。时空的分离为现代社会关系和社会秩序的重组和控制提供了坚实的基础。② 本章只是尝试着找回长期以来被社会科学丢失的时间，有关空间的问题并不在本章讨论的范围之内。

一　找回失去的时间

　　在社会科学里，时间有着重要意义。对于时间的讨论，在哲学上以"人类的存在是有限的"为中心展开。在对生与死问题的形而上学的研

---

① 中国大百科全书总编辑委员会编：《中国大百科全书》（哲学）Ⅰ，中国大百科全书出版社 2002 年版，第 68 页；王军：《现代奥地利经济学派研究》，中国经济出版社 2004 年版，第 58 页。

② 赫尔嘉·诺沃特尼：《时间：现代与后现代经验》，金梦兰、张网成译，北京师范大学出版社 2011 年版，总序第 1—2 页。

究里，时间是具有有限性的。这样一个哲学性的基础，不仅应用于社会科学的诸多领域，在比较研究里也被认为是一个重要的维度。从微观角度来看，行为科学中行为的先后与发生时间的间隔有着重要的意义。在行政学中，不少理论体系主要考虑静态状况，但在发展行政或比较行政中，时间是一个有着重要意义的变数和维度，对人们认识理论和现实的关系有着较大影响。因此，时间自然地作为一个重要的问题浮现在我们眼前：按阶段来考察政策或者制度的成熟过程，或者在政策执行论视角下，根据时间的推移去排列多数行为者之间的关系。社会科学的论述往往采取以下的方式："事件或过程的时间秩序，对结果具有重大影响。"在这些情况中，我们希望知道的，不仅是某些变量的"价值"（value）是什么，还有那个价值发生的"时间"（time）。我们想知道的不仅是"什么"（what），还有"何时"（when）。"时间"以影响深远的方式联系着颇为分离的社会过程。在此，两个独特的时间秩序汇聚起来，出现了重大的结果。

美国学者保罗·皮尔逊在《时间中的政治》一书中的论旨，是从时间性议题的视角，来反思各种理论进路和方法论技术。然而，更明确地思考时间在政治中的角色，将会证成一些主要的观点，而且支持历史制度主义学派所提出的一些主要命题。它提倡更坚实的理论基础，以强调既有社会安排的"黏性"（stickiness），质疑功能主义的解释，专注于时机与次序的议题，并且考察社会变迁的长期过程，探究时机与次序的议题。追溯一些国家政治发展的广泛形态的社会科学家，经常认为特殊事件或过程的时机与次序是非常要紧的。事件 A 先于事件 B，将产生不同于相反次序的结果。有关时机和次序的角色，最杰出的实质性主张至少已经局部扎根于自我强化过程或路径依赖过程的主张之上。当这些过程运作时，因果分析本质上是历史的——事件或过程的次序可能对结果具有关键的影响。有一类有关时机与次序的论述，着眼于时刻（conjunctures），即独特的因果次序（它们都汇聚在某一特定的时间点上）之间的互动效应。正如当一块坠落的砖头遇上一名不幸的行人时，就有独特的后果；两个过程的同时性（simultaneity）产生了重大后果；如果发生在不同时间之中，则是另一种情形。时机与次序之所以要紧，是因为自我强化过程影响着某一特殊方面的政治社会生活，可以改变该次序后期阶段的结果。① 然而，在政治学中将时间的顺序、差异、延迟以及间隔作为重要变数去处理行政或者政策的例子并不多。从这一点出发，相较于把时间的延迟当作一个独立变数而言，将时间本身作为一个重要的视角去分析更好。分析时间与结果有着怎样的关系，以及它是否作为原因产生了作用等的研究是极具有意义的。

二 时差理论出现的背景

时差（time different 或 time lag）理论，又称时差法式（time lag approach），是为了探究在韩国实施的看不到效果的各种政府改革的原因而开始形成的。换句话说，学者为说明韩国行政改革的失败现象和研究有效的改革方案，而企图从时间维度上接近行政的过程中开始形成时差理论。

21 世纪前后，韩国学者对于政府改革进行了大量的研究，尽管对于左右改革的重要原因大致明了，但仍有一些改革失败的案例，其潜在的失败原因没能被发现，尤其是一些作用十分重要，但却被我们有意或无意遗忘的原因。为克服改革的内容和脉络之间的不一致而在现实中实际探寻的战略是不正确的。但是，关于这些潜在原因的细致讨论十分不足，对改革战略的时差特质的研究更是少之又少。从这一层面来看，作为理解为何韩国行政改革"雷声大、雨点小"的一种尝试，有必要寻找研究中忽略的时间。这一背景下，正是为了更有理论性地分析改革过程的失败原因和在实践中探求新的法式，产生了所谓的时差法式。②

时差研究是韩国蔚山大学前校长郑正佶教授在首尔大学行政学院的一次讲演中首次提出的。关于倡导时差理论出现的背景与必要性时，郑正佶做了以下陈述："对所有的行政学者或者政策学者而言，时差法式是一个生疏的名词，提出时差法式是因为对亟须解决的实践问题，行政或者政策研究作出更多一点贡献的愿望。"时差理论重视对当下问题的原因分析、探寻解决方案的实践性含义；研究的目的在于找出当时韩国政府的多种改革没能产生效果的原因；提倡在研究如何解释韩国行政改革的失败现象以及改善改革效果的解决方案的过程中，从时间的维度入手来进行决策。也就是说，为了应对韩国行政改革的失败，从理论上去解释，

---

① ［美］保罗·皮尔逊：《时间中的政治：历史、制度与社会分析》，黎汉基、黄佩璇译，江苏人民出版社 2014 年版，第 10—14、64—66 页。

② ［韩］李达坤：《行政的时差法式：研究视角和内容及课题》，《考试界》2005 年第 50 卷第 11 号。

从实践上去创新，从而提出了时差的决策方法。

总而言之，所谓的时差理论或时差式是指将致使社会现象发生的主体（个人、集团、组织、社会或国家）的属性或者形态，即伴随主体存在时间差异①并不断变化的事实，适用于社会现象研究的研究方法。②

三 时差理论的特征

时差理论指的是"一段因果关系，在某个原因变数带来某个结果变数的过程中，存在着一定的时间间隔"的理论。通常具有以下几个方面的特征：

1. 时差理论并非作为一个定型的理论模型存在，构成时差理论的主要内容在不断扩展，理论内容很难限定。

2. 制度要素的导入顺序或者先后关系不同会导致其结果产生很大的差异。制度要素原本多作为原因变数，当我们有意地将其作为效果达成时的结果变数时，新的因果关系将产生——发生顺序完全控制了因果关系本身。（例如，"在钠中添加氯的话，就成了盐，再把盐倒入水就成了盐水。但是，如果首先在钠中加水的话就会发生爆炸，在爆炸之后再加氯就会产生完全不同的结果。"）对于时差理论的讨论就是从这一事实出发的。

3. 原因变数与结果变数的变化过程和成熟阶段等历史因素不仅会改变理论上的因果关系，还会改变因果关系的方向。因此，即使是政府的同一项干预政策，根据制度和政策的成长时期不同也会产生完全不同的结果。

第二节　时差理论的主要内容

一　时差理论中的多重视角

（一）时间的角度

时差理论中对于时间的观点（time perspective）可归纳如下。如果假设社会现象从同一角度开始，向着同一方向以同一速度展开的话，时

---

① 时间差异是指：第一，作为变化开始的时间差异，变化的时间上的前后关系；第二，作为变化持续的时间差异，变化的持续的长短。

② ［韩］郑正佶：《为了行政和政策研究的时差法式：以制度的整合性问题为中心》，《韩国行政学报》2002年第36卷第1号。

间的差异、流向、间隔、延迟便没有了特别重要的意义，通过基础的静态研究就能做出大部分说明。然而，问题在于现实并非如此：许多变化的出发点带有重要的意义，同时方向、速度及其他变数的关系会随着时间而变化。在此之上附加变化的主体或客体时，问题将变得更加复杂。因为它们不仅会获得信息，引起认知变化，而且诱导体制采取对应行动的时间都会改变。此外，加上对于变化造成影响的另一要素——历史或者脉络要素时，采用综合的视角看待变化就变得相当困难。因此，不从时间的维度来把握问题的话，将很难理解重大的因果关系。

正如从以上论述中所看到的那样，变化的出发点及各变数可以通过时差（time difference）得以转换：变化的出发点可以通过时间的先后关系或者作用顺序（sequence）进行把握，速度可以通过时长（time length），效果可以通过时间间隔（延迟：time lag）等来替换。将这些都联系在一起可以称作"时差的维度"。

（二）伴随认知的时差

政策主体或客体认知上的问题也可涵括在一起进行研究。在现实中重要的时差问题不只是使人类社会现象得以发生的主体的属性或者形态，认知这种属性或形态的行为本身也会因主体不同呈现出许多时间差异。在供水源丢弃的垃圾变多的话，附近村落的居民会先发现，然而直至行政机关认识到这个问题需要花费很多时间，如果想要这个事实被环境部的高层官员认知的话需要更久的时间。

认知上的时差问题即使是在个人认知的情况下也可以发生，事态因此变得更加复杂。对某种现象首先认知的内容会留下深刻的印象，在此之后会出现否认最初认知内容的情况；反之也有把最近认知的东西当作最重要信息的现象。对于自己上大学时认识的教授的行为，即使过了40多年，自己已超过了60岁，而大学教授的行为在认知中就这样维持着的情况是这一方面的典型例子。与认知上的时差相似的是从记忆或者持续关心中看到的时差。在时间持续层面上，有许多利害关系的集团执着行动与一般市民的关注点有相当大的不同。由于这种认知上的时差问题除了存在于政策决定者或执行者之间，在政策实行过程中的参与者之间也以多种形式发生，因而产生了许多复杂的问题。这些也是时差法式所要研究的重要课题。

（三）行政上的时差

重新审视在行政学上经常议论的主题，从中可以发现与时差理论相贴合的问题。在组织中，当权威主义的领导力突然转化为民主主义的领导力时，生产效率不会立刻提高，特别是在组织成员已经适应了权威主义的领导力的情况下。然而，在因果法则中，民主主义的领导力会因提高了生产效率而被广泛采纳。与此相同，从起始原因到产出结果需要适当的发酵时间，因果法则将经过的相当长的时间当作整体来看待。一旦无视了这样的时差，因果法则便不会成立。无论是产业投资还是政府、社会改革，社会变化引起的冲击根据时间的流逝是不同的。

在大规模产业投资的初期，投入大量费用的效果是需要经历很长时间才会慢慢显现的。因此，在不同时间点投资费用，结果会有很大不同。同样地，政府改革或者社会改革在实施以后，也将经过一段稳定期，且效果的产生也需要经历不短的时间。一般原因发生到产生效果需要时间，因此产生了如下的理论问题：

第一，原因产生变化之后需要经过多长时间才应该考虑因果关系？

第二，原因和结果变量持续变化的时候，如果原因变量发生时间变化，因果关系会怎样变化？

第三，当存在多种原因的时候，原因变量的发生顺序会怎样影响结果？

这些问题的共同点就在于时差介入因果关系当中成为事实。从更根本的角度来看，因为在原因或者结果等社会现象的变化上存在了时差，所以这些现象间的因果关系上才介入了时差。

时差首先可以大体分为两种——变化时间时差（先后关系，time lag，sequence）和变化持续时差（时间长短，time length，duration），可以把它们称作"变化的时差"。因而时差理论亦从相同的观点出发，指促使社会现象发生的主体的属性或者形态，通过围绕变化的事实来试图研究社会现象的法式。①

二　时差理论的核心要素和特征

投入使用新制度或者实行行政改革后，虽然有取得预期成果的情

---

① ［韩］李达坤：《行政的时差法式：研究视角和内容及课题》，《考试界》2005 年第 50 卷第 11 号。

况，但也经常发生失败甚至使事态恶化的问题。理由在于行政制度的改革中有各种各样的要素产生影响，既包括已有制度的内部要素，同时外部要素也在其中起到作用。行政改革就是在多种变量的影响下进行的。

为了改革的成功，改革制度的内容固然重要，然而也应该考虑对改革造成影响的多种要素的时间先后排列或者是和先后顺序一样的时差要素。为了新制度具备将来可以先实施的核心内容，或者至少与既有制度同时并行的要素，在条件不充足的情况下，我们应该认识到制度改革可能不成功的现实。如同时差理论，为了新制度的实施或者行政改革能稳定地成功，我们有必要理解时间原理。观察制度或者政策变化的内在时差要素及其特点，可以得到如下结论。①

（一）关于时间的前提

制度改革的成果和制度的实施同时出现的情况是罕见的。无论是哪种制度，新制度实施所期待成果的产生，需要经历一定的时间。与此相同，制度改革在现象的变化中包含着本质上的时间要素。新制度的实施和维持中存在多种时间原理，正确把握这些原理对于制度的稳定成功是非常重要的。因此，时间原理的前提问题是——根据关于时间的假设如何形成，决定者对于制度的实施和与此对应的资源分配、时期、改革战略等的选择有可能产生变化。

首先，新制度实施时考虑的时间观是长期还是短期？这一点成了左右达成制度改革目标，试图采取何种法式的重要因素。它象征着改革推进者考虑的时间领域（time zone）范围，根据范围的广度，制度改革的目标和前提等将会发生变化，并且对于制度改革变化的内容、时期、顺序、过程等的选择也会变化。②

其次，制度改革作为把握改革对象问题的本质、探索问题解决方案的归属，其推进应在何种时间概念的前提下？可选择的假设主要分为两种，一种是定量时间（quantitative time）概念，另一种是定性时间③

① ［韩］丁俊锦：《政策和制度变化的时差要素》，《韩国行政学会冬季学术发表大会论文集》2002 年。
② Albert, S. (1995). Toward a Theory of Timing: An Archival Study of Timing Decisions in the Persian Gulf War. *Research in Organizational Behavior*. 17；Beer, M. and N. Nohria (2000). Cracking the Code of Change. *Harvard Business Review*. 78 (1).
③ 定性时间是可以把时间平均分割、可以测定同时也可以标准化的时间。与此相反，定量时间可以称作依据人或者组织不同，具有多种解说和意义的时间。

（qualitative time）概念。①

（二）对制度改革造成影响的时间要素

为了正确把握实施新的制度或政策的过程，制定、推进合适的战略，有必要分析在制度化过程中起作用的时间要素产生的影响。在制度改革中产生影响的时间要素主要有变化所需时间、因果关系的时差性、成熟阶段、变化速度、稳定性、先后关系等。

1. 长期变化要素和短期变化要素

在制度实施后，可根据变化所需时间，来区分制度关联变量中要变化的变量，包括相对短的时间内可能变化的变量，以及需要长时间才能变化的变量。在短期考虑的时候，短期变化要素可能成为可操作变量（controllable），而长期变化要素可能作为制度实施过程的状况变量的制约要素（constraints）起作用。然而，长期考虑的时候，由于状况变量的长期变化要素也会发生变化，这种状况下长短期两种要素都可能成为可操作变量。与此相同，根据要考虑的时间的长短，实施制度过程中产生影响的要素不同，应该要考虑的变量也会变得不同。②

2. 因果关系的时差性质

如果政策手段实现，由原因变量达到结果变量即政策目标成功实现，同时因为此刻出现的政策效果，社会问题得以解决，这是对政策学的基本因果关系的假定。大部分政策研究是根据这样的假定实现的。但是，如果观察现实政策或制度的引入过程的话，不难发现，政策手段实现后出现的结果状态，与原本通过引进政策达成的目标存在差异的情况很多。虽然能够说明这种现象的视角多样，但主张考虑因果关系③的时差层面却一直被忽视。

在因果关系推定时间上，所主张的考虑时间要素的必要性可以整理为以下两种。

第一，依据因果法则，为了实现问题的解决，只能经过一定时间。

---

① Ancona, D., Okhuysen, G. and L. Perlow (2001). Taking Time to Integrate Temporal Research. *The Academy of Management Review*. 26 (4).

② ［韩］丁俊锦：《政策和制度的变化过程及因果法则的动态性质：时差法式（Time Lag Approach）的提议》，《韩国政策学会报》2002 年第 11 卷第 2 号。

③ 所谓因果关系，指的是原因变量在已经充分成熟的状况下（达到了长期的均衡状态），与结果变量之间的关系。

虽然也会有政策手段一经实现，政策目标就达成的情况，但大部分情况（虽然根据政策，程度会有差异）只能经过某种程度的时间才能生效。那是因为政策制定并实现的过程需要一段时间。

第二，适用政策的对象或问题的状态，以及对此的影响要因也随着时间的流逝而变化。①

3. 成熟期间

这个概念即是强调，特定制度或政策的引入、完全扎根并到达所期待的效果，需要经过一定时间。制度或政策引入的初期，比起最终的效果，在制度的扎根上耗费的代价更大。因此，也会发生没有产生制度效果，或使问题进一步恶化的情况。但在一定时间的流逝后，新的制度完全扎根，比起引入制度的费用，新制度的效果变大了，原本引入制度的目标便能够达成。新制度引入与所期望的效果达成之间经过的这段时间，被叫作成熟期间（maturation）。因此，制度引入的成功与否，根据制度引入以后在哪个时间点评价，结果会完全不同。但至少政策或制度的效果在经过成熟期间以后的评价会是合理的。②

4. 变化的速度和安定性

制度引入过程的速度（pace），依据新制度向组织或个人扩散所需要的时间、政策内容和状况条件等要素，呈现出多样性。因为政策相关要素和状况变量的不同，新政策引入后会展现或慢或快的不同进度。制度的安定性（stability）指的是，在制度化完成以后，制度安定且持续地发挥影响力的时间，即制度的时间安定性；同时依据制度的内容和状况，彼此间安定性呈现差异的可能性会很大。③ 有些制度因在一定时间内未能收获期望的成果，可能回归到原来状态，也可能被拥有高安定性

---

① ［韩］郑正佶：《政策和制度的变化过程及因果法则的动态特征》，《韩国政策学会报》2002 年第 11 卷第 2 号，第 259—260 页；［韩］丁俊锦：《政策和制度的变化过程及因果法则的动态性质：时差法式（Time Lag Approach）的提议》，《韩国政策学会报》2002 年第 11 卷第 2 号。

② 这个结果的成熟时间，也成为引入新制度或政策的政府与普通市民对政策的评价产生分歧的原因。在引入特定制度的时候，政府认为效果出现的时机（成熟时间）和普通市民认为的成熟时间出现差异时（特别是市民期待短期成果而政府期待长期效果的时候），由于市民对于收获长期性的成果存在着短视性，制度便很难在短期内收到积极评价。

③ Lawrence, T., M. Winn D. Jennings, "The Temporal Dynamics of Institutionalization", *Academy of Management Review*, 26（4）.

的其他政策替代并长时间持续运作。引入新政策时，我们经常强调政策推进主体的重要性，也就是说，如果由总统这样的高地位政策决定者强力推进政策的话，更容易成功。虽然这时政策引入的进度会加快，但如果总统对此项政策的关心消失的话，政策的推进将停滞不前，其安定性随之降低。

5. 先后关系、及时性与时间规范

虽然为了改革成功，构成改革制度的内容非常重要，但考虑对改革有影响的多样要素的时间排列或优先性也是必要的。同样地，对应该在哪个时期引入政策或制度，以及制度引入后，在哪个时点试图变更才能得到所期望的结果的考虑（适时性 timing）也相当重要。为了使制度或政策的一部分发生变化而制造冲击，在不同时期制造冲击的结果会完全不同。① 在这样的及时性的概念中，基于符合变化过程的适当时点来选择能够推进变化的多样战略，也被包含在内。比如，对变化有一定抵抗性的变化初期要使用的战略和制度与进入安定化时期要使用的战略是不同的，符合时机适当选择很重要。

时间规范（timing norms）指的是，组织成员共有并期待的、作为时间性的调整行动的模式，可以称作是经历的时间行动模式。② 持有多样时间观的人们复合性地存在于一个组织中，能否适当调节时间行动对组织的成果达成会产生很大影响。这时，时间规范起着调解多样时间观的成员之间关系的作用。当持有不同时间观的人们在一个组织里工作时，通过互相调整差异性的时间观，形成能相互认同的时间规范。③

第三节　对时差理论的批判

长期以来，社会科学研究一直假定时间是一定的，或认为时间是次

---

① ［韩］郑正佶：《为了行政和政策研究的时差法式：以制度的整合性问题为中心》，《韩国行政学报》2002 年第 36 卷第 1 号。

② Lawrence，B.，Timing Norms："The Rhythm of Interaction"，*The Academy of Management Review*，2001，26（4）．

③ ［韩］郑正佶、丁俊锦：《政策和制度变化的时差要素》，《行政论丛》2003 年第 41 卷第 2 号。

要的。在这个层面，时差理论与时差法式在惯用的假设前提上举反旗，有意识地做着试图使时间作为主要的说明变量的努力。① 但由于时差理论至今仍处于生成发展的阶段，在学术界遭受着相当多的批判，批判内容大致如下：

一　对时间概念的批判

在对时差理论的批判中，围绕形成时差理论核心的时间概念的批判占据主流。

第一，在时差理论中解释的所谓时间的概念自身包含着多种含义。因此，在引入时间概念说明现象的时候会起着各自不同的作用，而这种分歧会带来问题。在这样的层面上，被称作时差的多义概念能否被叫作时差理论或时差法式，进而被包容在一个框架中的问题产生了。所以，区分它们并弄清楚时间在对现象说明及处理方案中所起到的作用的工作要首先完成。

第二，在说明社会现象时，只依据被称作时间的一个变量是不充分的。大部分情况下只有引入其他变量，才有可能构成有意义的理论，在这个层面上，时间概念是重要的，但在实用性上却是有界限的。

第三，在分析社会现象的复杂性时，即使引入时间概念也不会改善很多。被称作时间的概念与至今使用的状况概念没有很大不同，并且也不会给新理论带来可能性的批判。时间的概念在新制度主义中，做出了超过制度或制度化概念实际的贡献，然而要对它所做出的贡献进行价值判断的话却是一件非常困难的事。在此层面上，能否为时差法式分析现实问题提供一个更加精准的角度，即时差理论或时差法式的实用性，有学者是抱有怀疑的。

作为结论，引入时间概念的理论适用性，在于它至今对社会现象的说明或在处方上能够带来的进展。但是，时间概念要完全代替在新制度主义理论中使用的主要概念，特别是联系、制度、历史、制度化、路径依赖等概念，是很困难的。这是在时差理论中聚集起来的批

---

① ［韩］金俊汉：《对"时间"概念的有用性研究》，《韩国政策学会报》2002 年第 11 卷第 2 号。

判的真谛。①

二　在实用的层面批判

在实用层面上受到的批判，是基于时差理论或时差法式具有的界限。针对理论的实际应用可列举出如下难点：

第一，时间研究核心概念的理论基础存在不足。比如，只有改变政策决定者已有的决策前提，时间的观念（折现率）才能改变。在这点上，时间不是直接考虑因素，而是根据制度联系拥有着不同从属变量的意义。② 所以，时间既可以成为影响变量，也可作为从属变量，其可变性很大。而且，在长期性变化与短期性变化或成熟时间和变化时间维度上，概念间的差异是不分明的。正如前文所阐述的，时间要素的一致性以及综合的、系统的时差理论依旧有所欠缺。

第二，时间现象及其影响的实际测定缺少必要的方法论。比如，因果关系变化的测定，是依据存在时差的原因与结果变量的成熟效果，还是依据状况变量的变化，又或是依据两者的相互作用，这应该予以区分。实际上把时差的影响作为变量差异来区分，以实证来论述并不容易。特别是随着时间流逝，不是只有原因变量和结果变量变化了，几乎有关的所有变量都发生了变化，因此，通过区分每一个变化变量的影响来测定因果关系几乎不可能。不仅如此，要用怎样的方法测定随着时间的理念变化是另一个难题。

第三，即使尝试使用时差法式，根据研究对象，对于如何选择哪种时间变量的程度，研究经验也没有积累，因此，研究者回避反复试验的想法很难实现。③ 换句话说，为了应用时差法式，应该使用多样的手段，长时间地研究分析事例。而在大部分现实研究中，这是很难实现的。并且，实验室的研究大部分是遵循非常短期的计划展开的，而以短期计划来进行时间研究是不合理的。

第四，时差理论在实践中的限界点。不可避免地升高了新的改革战

---

① ［韩］河连燮：《时差法式和新制度理论》，《韩国政策学会报》2002 年第 11 卷第 2 号；［韩］金俊汉：《对"时间"概念的有用性研究》，《韩国政策学会报》2002 年第 11 卷第 2 号。

② ［韩］河连燮：《时差法式和新制度理论》，《韩国政策学会报》2002 年第 11 卷第 2 号。

③ ［韩］李达坤：《韩国地方政府论》，博英社 2004 年版。

略的可能性，即为了促使改革的成功，探索不均衡的突破理论或者大爆炸（big bang）式改革理论将不可避免。

三　时差理论的适用可能性

在过去没有予以重视的时间要素，时差理论开始关注并研究。虽然时差理论存在界限，但是制度和政策变化拥有动态性质的特征是时差理论的基本前提。为了正确地把握制度和政策变化，准备制度改革的成功战略，试图考虑时间要素的时差法式，是有益处、有意义的假设。同时，时差理论揭示了推进改革的变化担当者或组织的负责人们，不仅有必要掌握管理能力和政治能力，还需要具有时间领导力（temporal leadership）。为了恰当的组织管理和变化推进，管理者们应该清楚地理解多样的时间观念和时间要素（包括先后关系、时期、进度、成熟等）。在区分这些要素，选择合适的变化战略并具备实现战略能力的要求上，时差理论是重要的。

此外，如果在时差观点上接近制度改革，根据其他法式，能够发现无法把握的多样理论实践的启示点。理解并说明和制度改革有关的组织状态时，不仅可以揭示新的重要的分析框架[①]，还能更精巧地给予因果关系推定的方法论。[②] 立足于时差视角活用时间的多样层面，将更准确地说明各种行政过程。与时间有关的多种概念，比起被称为单纯联系或状况的全面概念，在发挥更精巧的说明力时是实用的。所以，以增加时差观点为引入，在社会变化的因果法则上，强调动态层面能被叫作时差理论。活用时间时，能使现存的假设、理论或其他研究的窗打开，便体现了这一点。

在这样的层面上，时差理论在日后的发展中应精巧地整理理论框架。如果把它应用于现实政策事例的话，会作为能揭示妥当性和适用可能性高的改革战略的理论而扎根。[③]

---

① 例如，所引入的新的信息技术体系在某个组织里运转顺利，在其他组织里运转得不好，对这个现象的解释，站在政治层面上考虑成员间的意见一致与否，站在文化层面上分析组织文化的变化兼容的可能性。但如果考虑时间次元的话，可以通过新制度引入的时机（timing）或 CEO（首席执行官）的时间观等新观点来说明这个现象。

② ［韩］郑正佶：《为了行政和政策研究的时差法式：以制度的整合性问题为中心》，《韩国行政学报》2002 年第 36 卷第 1 号。

③ ［韩］金泰龙：《行政理论》（第三版），大英文化社 2014 年版，第 486—500 页。

第四节 对时差理论的评价

一 理论的局限性

在探讨关于时差理论措施上的争议之前，先来考虑一下政策和理论的相关关系。所有的政策都有理论根据。如果为了让市场经济复苏而采取降低利率的金融政策的话，这个政策是基于利率越低，投资就会增加的宏观经济理论：利率降低的话，资金就会从银行转移到股票市场和实体经济领域，随着企业的资金筹措变得顺畅，投资也会随着增加。时差理论就是在这样的理论和政策的关系下，增加了以下的条件。如果存在这样一种理论性的因果关系：如果满足 A、B、C 的先行条件，就会出现 D 这个结果。那么，时差理论就是有 A、B、C 这样的作用顺序且 A、B、C 还有 D 各自都处于成熟阶段（或者历史上的变化路径对 A、B、C 及 D 的因果关系有着决定性的影响）。因此，时差理论在处方上的讨论以如下所默认的假定为前提。

第一，如果改革推进主体们缺乏理论根据就不会推进改革政策，要拥有对改革政策的理论因果关系的正确认识。若要进一步地深入研究，我们不仅要知道作为原因变量的政策手段（A、B、C）和作为结果变量的政策结果（D）之间的因果关系，还要事前了解原因变量之间（A、B、C 之间）是相互促进还是相互补助，抑或先行关系。更深层地来看，关于原因变量的作用顺序，改革推进者要对最佳因果关系对应的原因和结果变量的成熟阶段、历史性变化路径等变量的长期平衡状态有准确的事前知识。

第二，上述假设主要是关于改革推进主体们的认知能力。但是，为了让有关时差理论的政府改革的讨论有现实意义，不仅仅要具备认知能力，还要求有相当高水准的政治主导能力和行政能力。为了按照作用顺序确保制度因素之间的内在整合性，需要调整改革的速度和顺序，此时要求存在可以改变相反的制度因素以及价值之间优先顺序的政治力量。此外，投入新制度或改革政策后，在期待的政策效果充分成熟之前，要拥有可以区分一般国民和利益相关方的能力。无论投入多么优越的制度或政策，在开始阶段，必定会存在许多混乱以及来自旧制度受惠团体的反对。在时差理论中,为了让政策措施的讨论具有现实意义,改革推进主体们必须要克服这种混乱和反对。

二 "时间"概念的有用性

一切社会现象都会随着时间变化而呈现不同面貌,在社会科学的探究中,时间的重要性不言而喻。然而,在绝大多数社会现象的变化过程中,时间本身不是直接的原因变量而是通过导致相关变量的变化间接产生影响。因此,大部分学者比起时间本身更关注时间导致的变量变化。事实上,许多社会科学研究假定时间为恒量或看作附属的变量,而回避把时间作为直接的研究对象。郑正佶教授的论文正是对这种一贯方式进行反驳,是力求将时间提升为重要的说明变量的努力。下面将试着对郑正佶教授的时间概念进行整理,并探索能提高其实用性的方案。

郑正佶教授在论文中使用的"时间"是一种多义概念,其被认为在现象的说明中起着各自不同的作用。而这种多义概念是否能被涵括在所谓"时差法式"(time lag approach)的框架之内尚存疑问。[①] 因此,试着区分这种多义概念并弄清时间在现象的说明中所起到的对应作用十分重要。

第一,作为"顺序"的时间。在郑正佶文中提及的时间,因其作为主要原因变量并强调先后关系,可表达为 $\{Yt = f(Xt, f(Xt-n)\}$。此处时间起着决定原因变量顺序的作用,也就是说,变量间的路径被决定了。因而在这里时间的作用并不涉及时差问题,而是与郑正佶所使用的"制度整合性"一样,可以以静态理论构成,而时间自身并不能起到重要的说明变量的作用。[②]

第二,作为"历史"的时间。在郑正佶文中提及的时间概念的重要性,反映在结果变量的成长过程对现象的影响上,可表达为 $\{Yt = f(Xt, Yt-n)\}$。这里的时间概念意味着结果变量或原因变量的历史或动态变化。因此,比起说明变量,把时间的作用看作是随着时间变化,某个变量的变化引起的其他相应变化的间接变量更为妥当。正是有这样的

---

① 〔韩〕郑正佶:《政策和制度的变化过程及因果法则的动态特征》,《韩国政策学会报》2002 年第 11 卷第 2 号;〔韩〕郑正佶:《为行政和政策研究的时差法式:以制度整合性问题为中心》,《韩国行政学报》2002 年第 36 卷第 1 号。

② 〔韩〕郑正佶:《政策和制度的变化过程及因果法则的动态特征》,《韩国政策学会报》2002 年第 11 卷第 2 号。

时间作用存在，所有社会科学领域都应认识到提出"动态理论/模型"的必要性，并一直探讨着模拟（simulation）或系统动力学（system dynamics）理论。但是，由于社会现象中关联变量具有不表现出决定论性反应的特征，致使划时代的发展很难得以实现。面对这样的困难，静态理论更加紧密地连接在一起，朝着接近动态理论的方向，为以体系性变化变量为中心的动态模型的建立努力成为了主流。另外，不是从个别变量的角度而是从宏观体制层面说明变化复杂性的理论系统也开始出现。但是，这些努力并未能解释社会现象的复杂性，亦未能解决严重的"测定困难"的问题。① 这是由于上述困难是基于社会科学研究对象的特性，即使引入时间或时点的概念也不会进一步改善，也就是说，此处时间或时点概念与我们至今使用过的"状况"概念并无差异。

　　因此，对于新理论的研究被认为是无法突破的。相较于"状况"这一概念，致力于填补时间变量在哪些方面更加有用这一空白，对于时间的独创性理论更有意义。郑正佶认为，"虽然状况变量及脉络的差异也带来不同结果，但笔者认为被称为状况变量的相当一部分要素是因为成长过程的差异"，也就是主张通过成长过程的差异来说明状况变量差异的许多部分才可能实现的观点，很难实现普遍化。而所谓的时间概念终究只不过是间接变量，直接的原因变量实际上是状况变量，因此对于状况变量的研究更有意义。

　　第三，作为"成熟期间"的时间。在郑正佶文中提及的时间在原因变量成熟的时期对结果造成影响，可表达为 $\{Yt = f(Xt, t)\}$。这里的时间意味着时差或时间范围，时间的过程作为重要的原因变量而起作用。因此，利用该概念来进行"时差理论"的开发比使用其他概念更加合适且更能取得显著效果。时间的这一重要性既是"生命周期理论"的真谛，也是各种阶段论或过程论把时间在这一方面的重要性进行归纳的理论性努力。然而，即使在这种状况下，只使用时间这一点来进行解释，依然是不充分的，只有引入其他变量才可成为有意义的理论架构。这也说明时间概念虽然重要，但在实用性方面仍存在局限。

　　第四，作为"时间的差异"的时间。郑正佶在文中揭示了未来的

① 相对地，对于变量的测定相对简单的经济/经营现象，时间序列分析或动态模型的研究已取得某种程度的成果，在其他的社会现象的研究中，测定问题被默认为最大难关之一。

课题，同时也提及了政策对象团体的属性变化与认知上的时间差异，政策关联者的态度变化速度的差异。这里强调变化内容、变化速度的差异，并以之作为在关联者和关联要素相互作用中产生的"成熟"的差异，此时，时间作为独立变量具有重要意义，并且可以认为是时差理论的一个具有探索意义的新领域。需要注意的是，这里应当被看作是与前面所提及的"原因变量的成熟"不同的问题而区别对待。

最终，引入时间概念的有用性是指相较于已有的对社会现象的说明或解决方案来说，它究竟能获得多少进展。作为"顺序"或者"历史"的时间的作用，前文已论述与"制度整合性""状况"等概念的作用道理一致，只是迄今为止没有使用"时间"这一用语。为了说明时间流逝带来的变化而进行的努力一直持续至今，而时间概念的使用本身好像并未带来里程碑式的理论发展。引进时间概念把静态的因果关系发展成为动态的理论，这一过程不能不看作是社会科学的重要课题。郑正佶主张，"静态的因果关系作为成熟的状态，从长期均衡状态中产生"。① 静态理论大多以其他条件不变（ceteris paribus）为前提，从而导出关于因果关系的结论，此时为了讨论动态变化及因果关系，可以补充使这些前提条件发生变化的理论。强调"成熟阶段"或者"时间差异"的时间概念能从很大程度上提高时差理论的开发可能性，进而提高社会科学的准确性。

迄今为止，社会科学研究仍在其他条件不变假设的荫蔽中止足不前，并将时间引起的变化推向关注边缘。尽管时差法式存在概念定义的不明确性以及与其他概念相区分的困难，但对时间概念的使用，或许会有更多空间去完善当前的"一边倒"式的接近方式。②

第五节　结语

任何社会的生存都不可能没有节奏，这是人与人之间相互认识和联

---

① ［韩］郑正佶：《为行政和政策研究的时差法式：以制度整合性问题为中心》，《韩国行政学报》2002 年第 36 卷第 1 号。

② ［韩］金俊汉：《对"时间"概念的有用性研究》，转引自郑正佶等《行政的时差法式》，博英社 2005 年版，第 199—202 页。

系的基础。变化是激烈的，并且会根据行为主体和社会现象，随时间的不同来发生。为了理解社会现象，时差的法式变得不可缺少。变化不仅迅速，还因民族国家组织、集团和个人的不同而异，并且也在经济、政治、社会和文化等社会现象间不同地发生。由于变化在时间流逝层面有着差异，所有的社会现象或行为都难免复杂。更深层次地，人类的认知如果结合时间差异的话，对相同现象的理解及对应行动之间的关系会变得多样化，社会成员间的分裂也会变得更加严重。这种射弧分裂若演变为严重的社会矛盾，一旦与变化相结合，社会就会不可避免地陷入混乱状态并开始衰败。为了消除这种社会混乱，首先要做的就是准确地了解这种混乱的性质。为了获得这种正确的了解，时间差异上的法式是必需的。况且要解决这种混乱，就要揭示混乱的原因，而为了除去和抑制这种原因就需要制定战略。这个战略的核心要素之一就是时差的决策方法，对此前文已探讨了几个层面。

综上所述，我们分析了时差理论的特征、含义以及重要性认识的动机，以便将这种时差理论嫁接到行政领域，应用于政府改革中，从现实适用的层面去分析改革主导者们的认知能力和政治局限，并推动克服这些局限。20 世纪 60 年代后半期开始加速的高速发展，不仅实现了奇迹般的经济成长，接踵而来的民主化也在激烈的社会剧变的旋涡中推进着韩国的社会科学。但先进国家们要经过 200 多年才得来的变化被压缩至 30—40 多年，导致在这之中主导发展和改革的政府政策存在反复的变化和错误。特别是过去的高速发展战略在新环境中失去了适当性，时差的决策方法的必要性便逐渐被认识到。从这种意义上讲，韩国的社会科学拥有着有利于发展时差理论决策方法的土壤，这种决策方法的开拓和发展不但可以帮助韩国，而且试图为国际学术界做出些许的贡献。

附案例分析：韩国《京釜高速铁路和千圣山至金井山区间决策的再研究》

1. 案例说明

韩国釜庆大学的金昌洙教授在《政策混乱的时差解读：以京釜高速铁路千圣山——金井山区间再研究》一文中，运用时差理论对于案例中混乱的政策决策过程，进行了时差性的阐释。

20 世纪 90 年代，韩国国民对即将实现的全国"半日达"的高铁时代充满了期待。1992 年 6 月，京釜高速铁路工程在没有进行充分可行性论证的情况下"匆匆上马"，其导致的最终结果是，在 1998 年 7 月不得不对最初的工程建设计划进行了重新修改。

特别是曾经争论一时的"金井山至千圣山"区间最初计划在 2004 年开工，于 2010 年完工的目标。但是，因为釜山市提出的 2008 年提早完工的主张，于 2002 年提早开始了动工。此工程遭到了宗教团体、市民团体和环境团体以其破坏环境的理由的反对，最终导致工程的中断。然而，政府在没有追加详细调查和社会协议的情况下，还是强行按照最初的路线进行了施工。

2. 时差的决策方法

京釜高速铁路工程带来了行政上一贯性的丧失和政策混乱的局面。若从时差理论的观点来分析，理由如下：

第一，可能发生由不完整的信息和知识引起的时间延迟的预测错误。首先，因为没能充分考虑时间上的剩余变量，在完工日期上发生了错误。其次，由于继续进行的工程计划的变更，没有遵守政策的连续性，发生了超出预算的问题。此外，距离 1993 年发布的《环境影响评价》虽然已经过去十年，但对此没有进行再评价，因此，在未考虑这十年间产生的诸多变化的情况下而强行施工。为了节省决策成本，没有考虑时间上的因素，过快地做出决定最终导致整体上更加缓慢地执行和总费用增加的后果。

第二，决定过程的非民主性造成了建设主体和地区居民之间的认识差异，引发了政策混乱。从工程最初的计划到政策的正式发布的十多年间，政策参与仅仅只停留在形式的层面上。政策执行后，为了获得劳资协议，政策当事者们可以参加的听证会、舆论征集等民主性的政策过程都没有很好地得到实现，从而在进入施工阶段后遇到社会性的反对而导致政策混乱被放大。

第三，为了缩小建设主体层面和市民团体及宗教团体层面的意见差异，再次研究的时间没有超过两个月，未能得出充分的协议。缺乏充分的分析和协议的时间就去推进工程，最终导致了执行政策时的延迟和政策的混乱。

3. 分析

通过这个例子，我们可以了解政策决策和执行这两个过程的时间差这个变数的重要性。也就是说，在设计政策并推进的时候，决策时间相较于执行时间的比重应该更高，这样可以缩小预测误差，也可以将政策混乱最小化。而且，对市民们公开充分的工程情报，通过各个利益相关方的参与，经过民主性的决策过程可以在执行的时候将矛盾最小化。另外，政策决策者应该不急不躁，充分考虑在执行阶段将发生的各种状况和政策混乱的可能性，制定充裕的执行时间，将政策混乱最小化，尽最大可能执行健全的政策。①

---

① ［韩］金昌洙：《政策混乱的时差解读：以京釜高速铁路千圣山——金井山区间再研究事件为中心》，《地方政府研究》2003 年第 7 卷第 4 号，第 115—135 页。

第二章　社会冲突与公共冲突理论：
从功能学到类型学的变迁

社会冲突可以从功能学与类型学两个角度来进行研究。通常而言，我们都是从社会冲突的功能学角度来进行研究，这其中以科塞和达伦多夫的研究最负盛名。然而，本章试图从类型学角度来对社会冲突进行研究，则可以根据冲突的强度与影响范围的不同，把它分成为宏观、中观和微观三种类型。因此，我们可以把科塞的功能主义理论看作宏观的社会冲突，而把从阶级或阶层视角的达伦多夫的辩证主义理论看作中观的社会冲突，最后，我们把描述社会矛盾甚至社会心理纠葛状态的理论称作微观的社会冲突。不难发现以往的社会冲突研究主要集中在宏观和中观的场面，对于社会心理层次的微观研究还很缺乏，所以本章不仅仅是对于社会冲突的类型学的描述，还试着对于其的解决之策做出些许努力。从社会冲突到公共冲突，对于行政心理学方面的研究，也将成为我国公共管理中一个研究的重点。

第一节　绪言

什么是社会冲突？围绕着社会冲突的定义和理论，西方学界形成了各种不同的理论分类模式。其中一种对于社会冲突的研究，主要是从现代化理论、社会运动（抗争）理论和冲突管理理论三种不同的理论视角，分别从不同角度阐释社会冲突现象。以上三种理论本身并无对错之分，差别在于它们的解释力。而解释力的不同则源于西方社会在不同历史发展阶段社会冲突属性的演变，现代化理论、社会运动理论都曾在西方学术界独领风骚，一度成为解释社会冲突现象的主导范式。

首先，现代化理论"出道最早"，由于西方社会自身的演变，此理论日渐式微，但相较于西方而言，对于身处现代化发展进程中的中国，现代化理论更具有适用性；其次，社会运动理论紧随其后，在中国社会运动的制度化日渐被看作是政治整合的一种手段，成为政治发展的标志；最后，冲突管理理论尚待"破茧成蝶"，但也日渐引起中国学者的注意。比如，有学者就将各种冲突管理制度（信访制度、调解制度和司法制度）看作是国家建构的一部分。①

在此过程中可以结合社会运动理论和冲突管理理论来弥补现代化理论的不足。当然，在此过程中需要特别留意不同层次分析间的收敛点和发散点，为宏观研究确定中微观基础，指出中微观分析的宏观后果。这样的处理有助于我们拼接起由于理论视野不同而被碎片化分割的社会冲突现实。如此就可以弥补目前我国对于社会冲突研究不同理论的层次性（宏观、中观和微观）的困境。因此，本章尝试着对社会冲突规模与层级进行新的重构，分别借鉴现有的分类方法把社会冲突分为宏观、中观与微观三个不同的层面。把现有的结构功能主义定义为宏观层面，把辩证冲突主义定义为中观层面，而创造性地把社会心理冲突（矛盾②或纠葛③）定义为微观层面。

第二节　宏观与中观社会冲突理论及
社会结构变迁

目前，学界对冲突理论的来源有两种主要观点。一种观点认为，社会冲突理论来源于马克思的社会冲突思想。另一种观点认为，当代西方

---

① 张振华：《西方社会冲突理论的"冲突"》，中国社会科学网，http：//www.cssn.cn/sf/bwsfgyk/yc_ shx/201603/t20160302_ 2894599. shtml。

② "矛盾"一词出自《韩非子》中的一则小故事，故事讲的是一个卖矛与盾的人自相矛盾的故事。矛盾本身就代了复杂性。

③ "纠葛"一词在韩国语中是一种比冲突程度要低，常常用来表示一种矛盾、纠结缠绕的心理状态，有如自然界中互相纠缠的葛藤。葛藤原产于中国、朝鲜、日本。我国华南、华东、华中、西南、华北、东北等地区广泛分布，而以东南和西南各地最多。葛藤喜生于温暖潮湿多雨向阳的地方。常见于草坡灌丛、疏林地及林缘。尤以攀附于灌木或稀树上生长更为茂盛，在温暖的地方，一季之内，可以生长至15—30米。所以根据葛藤植物的生长特性，取它的引申义为表述事件之间的一种相互缠绕，你中有我，我中有你的状态，相互纠葛，取其纠缠不清之意，谓之为纠葛。

社会冲突理论在发展过程中沿袭两条主线，一条是刘易斯·科塞（L. A. Coser）在对功能主义批判的基础上，吸收了齐美尔和弗洛伊德的精华；另一条是拉尔夫·达伦多夫（Ralf G. Dahrendorf）吸取了马克思和韦伯的冲突论思想。① 社会冲突理论重点研究社会冲突的起因、形式、制约因素及影响。

科塞试图从结构功能主义内部出发解释冲突，认为冲突是价值观、信仰以及对于稀缺地位、权力和资源的分配的争斗。冲突具有正功能和负功能，只要不直接涉及基本价值观或共同观念，那么，它的性质就不是破坏性的，而是积极性的，即冲突所表现出的正功能。社会中的冲突可以通过对社会体系的再整合，缓解社会的不平衡，恢复社会秩序。因此，他提出了冲突的五项功能，即冲突对社会与群体具有内部整合的功能；冲突对于社会与群体具有稳定的功能；冲突对新社会与群体的形成具有促进功能；冲突对新规范和制度的建立具有激发功能；冲突是一个社会的重要平衡机制。但是，他的结构功能主义冲突理论只解释了社会的某一方面，并没有给出解决冲突的方法，因而受到批判。

拉尔夫·达伦多夫则认为，社会现实有两张面孔，一张是稳定、和谐与共识；另一张是变迁、冲突和强制。社会学不仅需要一种和谐的社会模型，同样需要一种冲突的社会模型。为此，社会学必须走出帕森斯所建构的均衡与和谐的乌托邦，建立起一般性冲突理论。达伦多夫主要吸取了韦伯关于权威和权力的理论，从阶级层面阐述冲突理论。他认为，社会组织不是寻求均衡的社会系统，而是强制性协调的联合体。社会组织内部的各种不同位置具有不同量的权威和权力，权威关系形成的集团之间的冲突是人类社会的根本冲突。社会一直存在冲突，这些冲突会导致社会的变动，社会现实是冲突与和谐的循环过程，而"权力和抵制的辩证乃是历史的推动力"。②

一 刘易斯·科塞的功能主义冲突理论

科塞强调冲突在社会体系方面的统一功能和"适应性"功能，指出过往的功能主义忽视了冲突、冲突理论也未能如实突出冲突的功能等

---

① 张卫：《当代西方社会冲突理论的形成及发展》，《世界经济与政治论坛》2007 年第 5 期。

② 谢明：《公共政策导论》（第四版），中国人民大学出版社 2015 年版，第 115 页。

问题。到了齐美尔时期，他认为冲突至少是促进社会和谐的一个社会重要因素。

（一）功能冲突的原因

和韦伯相似，科塞强调冲突的重要前提条件是现存的不平等体系失去正当性。此外，科塞认为利益冲突只有在隶属该集团的人打破正当性后才会容易显现出来。

（二）功能冲突的暴力性

核心观念是"现实问题"。科塞推测现实冲突以实际敌对源泉为基础，与特殊的目标有关，是对在追求这些目标时产生的费用的评价。如果争论的焦点是非现实的，冲突会变成暴力性的。如果冲突是与核心价值有关的问题，这会从情感上鼓舞参与者使他们不想妥协，此时非现实主义特别容易出现。

（三）功能冲突的持续性

科塞强调具有广范围或者模糊的目标的冲突会更具持续性。领导能力在冲突发展过程中发挥着重要作用，当领导人意识到不可能完全达成目标时，还有如果他们的努力促使追随者去结束冲突的话，冲突可能就不会持续很久。

（四）功能冲突的功能

1. 与不那么复杂、冲突关系比较简单直接的体系相比，由很多相互依存和交换关系构成的复杂体系中的多发冲突往往受情感的影响较小且不太暴力。与此相反，机能上相互依存度较低的体系常会使敌对的阵营两极化，冲突爆发时会很强烈、很暴力。

2. 在围绕非现实问题的敌对阵营的关系演变成两极化的过程中，冲突能够缓解紧张和敌对。

3. 强度较弱、不暴力但频繁发生的冲突，通过规范的程序（法律、裁判、仲裁等）来缓解冲突的紧张程度。

4. 这类冲突也会增加人们对由此类冲突产生的问题的现实感。即强度和暴力程度在控制范围内的多发冲突会让冲突双方清楚自身的利益和目标，进而促使他们进行协商、妥协。

5. 冲突可以促进同一个派别或者被其他派别的行为威胁的集团之间的合作。

二 拉尔夫·达伦多夫的辩证主义冲突理论

辩证主义冲突理论和功能主义理论一样，是社会学发展初期以来主要的理论倾向之一。辩证主义冲突理论是在批判结构功能主义社会均衡论的过程中产生的理论，此理论认为结构功能主义将社会视作一个只存在协作、平衡的"理想国"。辩证冲突理论认为，社会是由追求不同利益关系的个人和集体构成的，他们之间存在对立和竞争、冲突和变化的关系。而冲突则能促进社会的发展。社会常常存在无秩序现象，是不安定的，所以冲突会出现。辩证冲突理论认为这种现象并不是非正常的，而是普遍存在的现象。因此，该理论强调社会并不是一个和谐统一、严密的体系。经济上的利害关系和政治权利是引发冲突的重要因素，所有社会都是通过一部分成员打压、强制另一部分成员得以维持的。该理论认为社会问题起源于支配者的打压和榨取，社会各部分之间的关系与其说是合作关系，不如说是竞争关系。功能主义理论因其忽视了社会的冲突和变化，逐渐受到越来越多的批判。"功能论者"为了寻找和谐统一所需要的社会文化要素的"功能"及其他必要条件，往往会低估导致冲突、分裂和变动出现的"不平等"的作用。因此，功能主义理论一度被辩证主义理论所取替。

20世纪50年代末，达伦多夫认为帕森斯的功能主义将社会描绘成太过和谐统一、静止的乌托邦式图画。在达伦多夫看来，社会是由和谐和冲突两个方面构成，并且是冲突而不是均衡构成了社会变迁。此外，他还认为是需要抛弃功能主义创造的乌托邦式的形象，开始分析社会黑暗面的时候了。

因此，为了摆脱乌托邦，需要将片面的功能主义模型换成辩证主义的冲突模型。达伦多夫从权力的分配入手奠定了冲突论的理论基础，他认为一个社会其权力资源是有限的，而对权力的争夺却是无限的，于是对有限资源的无限争夺就构成了一个社会内部固有的、普遍的、经常的冲突现象。[①] 达伦多夫认为和谐与冲突是社会的两个不同的面相，认为辩证主义冲突弥补了功能主义冲突理论存在的不合理之处。

（一）辩证冲突理论的前提

（1）动态平衡（功能的普遍性）——变动的普遍性（变动普遍存

---

① 许和隆：《冲突与互动：转型社会政治发展中的制度与文化》，中山大学出版社2007年版，第7—8页。

在）；（2）冲突是普遍的；（3）社会因素导致变动、冲突的出现（功能上）；（4）秩序源于强制。

（二）辩证冲突的发生

达伦多夫认为，所有的社会关系都是由"权威形成的团体"（Imperative Coordinated Associations，以下用 ICA 表示）引出的关系，即社会基本上是一种不均衡权力分配的组合团体。ICA 是一种角色组织，可以依据非特定的标准进行区分。这一组织的特点是由拥有权力的某些角色构成的权力关系，这些权力通过强制、正当化手段来引导他人认同。即"所有的秩序均由 ICA 制造而成，ICA 内部形成的权威关系就是秩序"。存在 ICA，便会出现权威的分化，即分为支配和被支配的角色。支配方通过再分配权力或者权威获取利益。

ICA 是代表所有秩序的团体，而支配、被支配尚未出现的团体被称为"拟群或准群体"（Quasi Group），这些团体是类似组织，议事组织。与此相反的是"利益集团"（Interest Group），是即时的，可看得见的，拥有领导、资源和角色，具有稳定的秩序。

"拟群"（准群体）要想向"利益集团"过渡，需要具备以下几个条件：

（1）社会条件：沟通交流的机会越多，需要增补的人员也越多，即联系、接触的可能性。

（2）政治条件：结社越自由，越容易形成利益集团，即结社的许可程度。

（3）技术条件：需要具备政治社会之外的条件，即意识形态（向上流动的信念）、纲领、领导班子、宪章、会规等。

（三）辩证冲突的形态

冲突理论最初由卡尔·马克思提出，到 20 世纪中叶，因马克斯·韦伯和乔尔治·吉米使其得到了较大的发展。马克思认为阶级是向着剥削阶级的"阶级斗争的历史"，即冲突只是一个本质矛盾的阶级。与此相反，达伦多夫认为存在很多冲突，而一个冲突属于低水平还是高水平冲突取决于"社会的开放性"。

三　宏观社会冲突与社会结构变迁

达伦多夫认为，只需条件成熟，社会中的每个要素都可能引发社会冲突，进而导致社会变迁甚至社会解体。社会冲突尤其是利益集团之间的冲突，直接威胁到统治地位的占有者，改变权威结构从而导致社会结构变迁。普遍存在的社会对立与冲突是导致社会变迁的基本动力。在达伦多夫看来，社会冲突的后果表现为社会变迁。他认为，社会中必不可少地要有某种强制权威结构，社会冲突是在某种既成权威结构解体时出现的，由于社会始终只能以权威结构形式存在，因而社会冲突的效应是建立新的权威结构。这种新的权威结构是一种对旧有结构的更替，因而是一种变迁。同时，由于任何权威结构的本质都是压制，所以新建立的权威结构还会解体，形成更新的社会冲突，建立更新的权威结构。

达伦多夫考虑的则是较剧烈的社会冲突，具体为可以调和的应得权利上的矛盾。他首先提出"冲突强度"和"冲突烈度"两个重要概念。社会冲突的强度和烈度与相对剥夺感的程度紧密相关，而社会冲突的强烈程度也直接影响到社会结构变迁与再组织的速度与深度。前者是指"冲突方的力量消耗及其卷入冲突的程度"；后者是指"冲突各方在追求其利益时所使用的手段"。冲突强度与根本性社会变迁、冲突烈度与突发性社会变迁之间存在一种明显的相关。据此达伦多夫阐述了关于"冲突的制度化调节"的一系列社会对策：一是要达成共识，明确地承认利益冲突的客观存在并为其提供表达与协商的各种有效途径，有助于减弱冲突的强度和烈度。二是要建立机构，具体包括谈判、仲裁与调停等机构。各方定期举行谈判，如协议不成，还需借助第二线仲裁与调停等机构，冲突各方还可诉诸这一机构，从而避免冲突激化或诉诸激烈手段。三是约定规则，各方必须约定处理相互利益矛盾关系的正式游戏规则以规范有效地解决社会冲突。

达伦多夫从强制性角度理解社会，他把社会冲突视为一种破坏性很强的冲突，为此他特别提出并深入探讨了社会冲突的调节。根据统治阶级的人员变动情况，达伦多夫将社会结构变迁分为三种形式：统治阶级全体或绝大部分更换的革命式变迁；统治阶级部分更换的改良式变迁；不更换统治者而将被统治阶级的利益结合到统治阶级政策中的革新式变迁。由于任何社会都存在权威关系，因此社会冲突无法彻底消除。革命、改良和革新只能以新的权威结构来取代旧的权威结构，而新的权威结构内部又会分化为上下两个等级，产生新的对立与冲突。社会就是在这种永续不竭的辩证力量的推动下向前发展。①

第三节　微观社会心理冲突理论及解决方法

一　社会心理冲突的概念

一般意义上的社会心理意义上的冲突，只会存在于环境与其产物即"我"之间——环境是指经济与社会的状况、政治统治以及你的邻里。或者说环境即人类的整个结构，它是被人的恐惧、憧憬、希冀、渴望和成就创造出来的。每一个人都拥有许许多多的环境，它们包括社会、宗教、经济状况、社会差别、剥削以及政治压迫施加在人身上的。这种强加、这种逼迫，制造出了"我"。你身上有一个"我"，它正在同环境不断地交战。一旦缺乏对于环境的认知，即我们没能理解环境和外部的状况，就必然会出现冲突，环境滋生出了冲突。

如果你展开观察，会发现，当有冲突发生的时候，你立刻去寻求某种解决的方法，你想要找到某种方法来消除该冲突，渐渐地当你确定找到了一条途径，但这并不表示你已解决了冲突，你只不过是用新的环境替代了旧的，只是将冲突给转化了，而这反过来又将制造出更多新的冲突。所以说单纯地寻找解决的方法，并不能够消除掉冲突本身，当你寻求某种可以消除冲突的方法时，只是表明你正努力想要去逃避冲突，如此这般只会是加剧了冲突；抑或你是试图用一套新的观念、理论作为替代品罢了，这必将遭遇另外一个冲突。②

二　社会心理冲突的解决方法

人际交往中经常存在争吵，从轻微的感情冲突，到大打出手，闹上法庭，甚至是极端的互相杀害，这些都是不同争吵的破坏性结果。但是争吵也会使双方倾吐内心，从而带来促进双方关系进一步发展的建设性结果。因此，本节将着眼于破坏性争吵和建设性争吵的差别，用机智且有效的方法来揭示协商解决矛盾（纠葛）的冲突理论和通过集体谈话

①　李明刚：《浅析科塞与达伦多夫的冲突理论》，《中共成都市委党校学报》2010 年第 6 期。

②　克里希那穆提：《什么是正确的行动》，桑靖宇、程悦译，九州出版社 2014 年版，第110—115 页。

来解决冲突的冲突解决法。

（一）协商解决冲突的方法

为了更有效果地解决冲突，由美国作家罗杰·费希尔（Roger Fisher）、威廉·尤里（William Ury）、布鲁斯·巴顿（Bruce Patton）合著的《谈判力：无需让步的说服艺术》（Getting to Yes）一书中提出了冲突解决的方法：

（1）在协商中真正重要的不是问题本身，而是对方看待问题的观点中能将问题和人分离。为此，需要：①站在对方立场上；②不要把对方的话或者行动向坏的一方面去解读；③自己的问题不推卸到对方身上；④照顾对方的颜面；⑤倾听感情；⑥学习对话技巧；⑦议论问题态度要强硬，但对人要温和。

（2）对对方的关心虽然可以用很多方式来满足，但因为很多时候对方的立场（或者需求）不会改变，因而比起立场（需求），更应将重点放在对对方的关心上。为此，需要：①站在对方的立场上，自问为什么会有这样的需求；②站在对方的立场上，自问为什么没有别的需求；③提出能为双方带来利益的创造性方案；④对方最关心的是满足人的基本需求。

（3）提出能为双方带来利益的创造性方案。为此，需要：①抛弃偏见；②提出第三种解决方案；③考虑对对方有利的是什么。

（4）在协商中如果只考虑自己的立场，那么协商就无法进行下去，为使双方互相让步，可以使用客观的标准。

（二）集体谈话的冲突解决方法

1. 对集体谈话的概观

集体谈话不仅可以用于治疗，还有预防的功效。一般来说，集体谈话带有特定的针对性，主要针对的是教育、社会或者是个人。集体包括意识、思考、感觉、行动等所强调的人际关系过程，另外，有时集体谈话也是问题指向。因为这些集团的内容和焦点是由参与者决定的，此时，参与者作为可以发挥各自能力的个体，不需要广范围的性格重组，只要是关心自己职业生涯发展的人即可。虽然能发现集体谈话优点的内在根源，但从所关注的焦点来看，它是成长指向的。

集体谈话者不仅需要结构化的练习，还需要使用语言技巧和非语言技巧。一般的技巧有反映、清楚明了化、角色扮演、解释等。基本上，集体谈话者促进谈话参与者之间相互作用，相互学习，可以帮助谈话参与者设定个人目标，可以鼓励谈话参与者把想法变成具体计划。谈话者大体上扮演着让参与者把焦点放在现在，并教他们确认自己在集体中想探索的东西的角色。集体谈话作为能帮助人改变自己的态度，自己和他人之间的感觉、行动的手段，有着众多的优点。其中一个优点就是参与者能探索自己待人处世的方式，并学习更有效果的社会技术；另一个优点就是可以相互讨论对自己的认知，并在集体中能得到关于个人认知的有价值的反馈。此外，希望出现何种变化取决于集体谈话的参与者。集体谈话参与者把对自己的认知和他人对自己的认知做了比较之后，可以决定以后要怎样做。本质上，集体谈话参与者会更清楚地知道那种想成为自己的人，并且理解阻碍其成为自己的东西是什么。

2. 通过集体谈话来解决冲突

因为各个参与者都有自己独特的冲突问题、态度、直觉等，通过集体课程，可以熟悉不同的经历。而通过这种不同立场的经历，对于自己的冲突问题也会有更清楚的认知。针对不同人的经历和更清楚的认知的主要技巧是角色扮演。角色扮演是指谈话者表达对叙述起来比较难的问题的感受或者想法，或者帮助他们自己接受。角色扮演可以增进谈话者之间的交流，让他们实践新的行动样式，在新的发展课程中测试谈话者的准备度和修行，诱发对提出的行动的反馈，做到认知自己就像别人看待自己一样。

运用这种角色扮演技巧的最具代表性的集体谈话要数格式塔（Gestalt）集体谈话了。这完全是依靠 Perls 发展的，是通过格式塔书店在集体中集中讨论成员的问题。格式塔集体谈话不是单纯地讨论成员的冲突问题或者是自身的感情，而是鼓励让冲突问题或者感情自己解决。为此，对话中可以使用空凳子技巧或者是两个凳子技巧，对解决冲突、决定意识很有效果。

经历与自己立场不同的其他立场可以使对话持续进行，谈话者可以认识到在 A 角色中的感受，从而两极相通。格式塔理论家主张将个人心理冲突的两面相关联，去感悟、经历真实的感觉和情感，而在引领他们进行心理的接触时自然会有变化发生。他们主张为了使相互对立的部分能和解，在认识中，可以促进冲突相互对立的部分的解决。而且在格式塔接触中，在集体成员把自己的思考、感情、态度转嫁到别人身上，频频非议他人，从而来逃避对于自己感情的责任的时候，会引导集体成员认识、拥有自己的感情，负起对自己的责任，而不是埋怨他人。

Sarbin 在他以正常的大学生作为研究对象的研究中显示，格式塔角色扮演技巧使学生对于残疾人的态度有了积极的改变。角色扮演技巧被称为使态度或者行动发生变化的有效代理人。这是角色扮演者领悟了新的方面，知道了其他人的感受。

Bohart 认为，格式塔角色扮演可以有效地使与人际冲突有关的感情、态度、行动发生变化。在角色扮演中，可以将洞察和情绪相结合，对冲突对象进行再评价，这对集体谈话中态度的变化有着强烈的作用。但因为没有客观地推测它准确的结果，只能通过以后的研究来提供有体系的根据。

第四节 结语：从社会冲突到公共冲突

以上是对社会冲突的一些分析及解决冲突的一些具体的方法，但是冲突还可以换一个立场来看，当站在国家（或政府）的角度来看，这时的冲突则具有了公共性，可称之为公共冲突，公共冲突又常常被叫作行政冲突、公共管理冲突，多是指在公共管理、政策制定与执行中产生的冲突，或者其他涉及公共事务、公共或集体资源的冲突①，其核心是公共组织内部的冲突。

近年来我国学者对于公共冲突的关注越来越多，但大部分还是从组织结构方面来进行研究的，而有关公共冲突在行政心理方面的研究还显得非常不足。正如大家所知，有关公共冲突的定义实在太多，尽管这一术语在意义上存在分歧，不过大多数的界定中都包括了一些共同的主题：公共冲突需要被各方当事者感知到，公共冲突存在着一个知觉问题，如果冲突各方没有意识到冲突，则常常会认为没有冲突，这种公共冲突被定义为一种心理过程；当处于公共冲突主体中的一方感觉到另一方对自己关心的事情产生不利影响或将要产生不利影响时，这种过程就开始了。然而，这种微观层面的公共冲突还包括了矛盾和纠葛两个层

---

① 李亚：《创造性地解决公共冲突》，人民出版社 2015 年版，序言第 1 页。

面，其中矛盾的烈度又强于纠葛。这里面矛盾是表示一种两难的境遇，一种左右为难的状态；而纠葛则更多的是表示一种你中有我，我中有你的相互胶着的复杂的心理状态。

目前，中国的经济社会已经历了 40 年左右的高速发展，很多的公共政策议题开始进入了一种两难或纠葛的状况，如果完全套用社会冲突理论可能会不太适合，而适当引入非常微观层面的表示矛盾或纠葛的行政心理理论，则可以更好地把目前的政策现况分析清楚，能够有针对性地对一些公共政策问题给出合适的政策建议。

第三章　秩序与混沌理论：从简单因果到复杂因果

从哈耶克的三分秩序观开始，他把秩序分为自然秩序、自发秩序和建构秩序，认为世界是单纯和或然的秩序世界，可以很简单地寻求到事物内在的因果关系。自从物理学从传统的牛顿"力"学世界，转入到了"量子"的世界，便彻底地改变了物理学的研究范式，物理学研究进入了复杂因果关系的研究，"混沌"理论自此进入了物理学的分析当中。物理学的"混沌"理论已溢出到了经济学中，经济现象和自然现象一样，也会有"混沌现象"，微小的扰动可能会带来不可预知的剧烈变化，表明新的"蝴蝶效应"已经产生。反之，我们该如何从"混沌"的世界中去寻求新的"秩序"，可能会成为新的研究范式的开端。

第一节　绪言

今日世界的许多方面无法长期维持，所以，未来的发展动态，就不是典型推论出来的线性动态，而是复杂系统演化出来的非线性"混沌"动态。"混沌"理论显示出，复杂系统的演化总是牵涉到稳定与不稳定、持续与中断、秩序与混沌。我们现在生活在一个社会与生态不稳定时期的开始阶段，正好处在一个重要的决定窗口中。在相对稳定的时期里，个人意识于社会行为中并不扮演决定性的角色，因为一个稳定的社会系统会抑制背离，孤立不正常的事物。但是，当一个社会达到其稳定的极限，并且转变成混乱时，它会变得非常敏感，即使是微小的波动也会有回应，像是其成员在价值观、信仰、人生观和愿望上的改变。

我们处在一个关键的转型期。财富与资源分配愈加不均，贫民窟与低收入户数量日增，恐怖主义暴力潜伏不息，军事费用占比逐年攀高，国际粮食储备下降，可饮用水逐步稀少，大气层的平衡持续恶化……这是一个空前自由的"决定窗口"。在此窗口下，由于人类文明发展的高度不稳定，世界变得极其敏感，"混沌点"已然来到。人类的意识、能力与作为，可以扭转地球未来的命运，为新文明的到来做好准备，开启人类社会的新篇章。我们现在生活在一个转型时期，一个新的世界正挣扎着要诞生。我们正处于一个决定性的时代，一个空前自由的窗口，让我们决定自己的命运。在这个决定窗口里，"波动"——它们本身很小，似乎是没有力量的行动和措施——替我们铺路，迈向重要的"混沌点"。①

第二节　直接因果：单纯和或然的秩序世界

一　"秩序"的概念

秩序是一个日常生活中很常见的、使用频率很高的词，例如交通秩序、社会秩序、课堂秩序等。尽管准确地说出这个词的含义并不是一件容易的事，但是我们从没有觉得这个词有什么很深的含义，也并不妨碍我们相互之间的沟通与理解。英文里有几个大家很熟悉的词与我们所说的"秩序"的意思很接近，一个是 order，另一个是 institution。前一个词相对简单，后一个词在英文环境中意义就要复杂得多，也更加常用。西方学者往往把习惯（usage）、习俗（custom）、惯例（convention）、传统（tradition）、社会规范（norm）等都包含在 institutions 这个词中。除这一基本含义外，institution 另一个常见的含义就是指一种有形有体、有建筑物和设备，并有人在其中活动且这些人遵守着某些活动规则和行动程序的组织机构。在哈耶克的著作中，我们可以发现，他有时候把组织、政府、社会等都视作"秩序"，同时也经常用"秩序"这一概念来指规则（rule）、习俗（custom）、惯例（convention）、传统（tradition）和常规性（regularity）。哈耶克在《致命的自负》里说："秩序（order），就像它的近义词'系统''结构'以及'模式'一样，是个难以

---

① ［匈］欧文·拉兹洛：《世界走入混沌点》，庄胜雄、张淑彩译，陕西人民出版社2015年版，第12—14页，封底页。

把握的概念。我们需要对两种既有所不同又相互联系的秩序概念加以区分。作为一个动词与名词，'order'既可以用来指根据我们的感觉从不同的方面对物体或者事件加以排列或划分的精神活动的结果，比如科学对感性世界的重新排列向我们表明的情况，也可以指人们设想的客体或者事件在一定时间内所具有的或人们赋予它的一定的物质格局。"①

从以上的文字中我们可以看出，尽管对于秩序的定义有所差别，但是我们可以用一个很简单的概念来定义秩序，那就是事物之间关联的状态。本章主要采用哈耶克的三分秩序观来理解秩序。

二　哈耶克的三分秩序观

哈耶克在探索人类社会时，认为秩序分为两种：一种为增长（grown）的秩序，另一种为建构（made）的秩序。前者是源于"自生自发"，因此也叫作"自生自发的秩序""内在秩序"；后者则是由"某个人通过把一系列要素各置其位且指导或控制其运动的方式"而确立，因此，也叫作"人为的秩序""外在秩序"。通过哈耶克的秩序观，我们可以简单甄别的秩序有三类：自然秩序、自发秩序和建构秩序。

自然秩序总体上不受人的干预活动的影响，比如天体运动。哈耶克的自发秩序概念包含了系统论和进化论的思想，是指系统内部自组织产生的秩序，是"人的行为的产物，但不是人为设计的产物"（products of human action but not of human design）。由此，我们可以将自发秩序区别于"自然秩序"。比如说大多数道德规则和习俗规则是自发演化而来，而非人为设计，属于自发秩序；英国的普通法源自大量法官判例，也是自发演化而来，而非人为设计，也属于自发秩序。

自发秩序并不旨在实现某种特定的目的，它是一种抽象而非具体的秩序，人们只能经由对不同要素之间所存在的各种关系的探索而从心智上对它加以重构。究其原因，一个自发秩序的演化生成基于许多人的知识分工与合作，因为许多知识都是分散知识或局部知识，即特定人所发现和掌握的、分散在特定时间和地点的知识，它也是许多人的本能行为和理性行为以及许多理性不及因素互动的产物。对于哈耶克来说，与自发秩序概念相对的主要是建构秩序概念。建构秩序是指系统外强加的秩

---

① ［英］F. A. 哈耶克：《致命的自负——社会主义的谬误》，中国社会科学出版社2000年版，第12页。

序，是一种计划秩序。就经济体制而言，价格与数量由无数供求主体自发互动决定的竞争性市场就是一种自发秩序，而计划经济体制就是一种建构秩序。

建构秩序往往是具体的秩序，它是刻意创造出来的，服务于该秩序创造者的目的。哈耶克所谈的建构秩序在总体上暗指整体主义的建构秩序。这种建构需要一种预设，即存在一位全知全能的建构者或者计划者，而全知全能从知识论角度来看是不可能的。整体建构论者从该预设出发，往往未加利用人类的知识分工与合作潜能，从而使其建构形同空中楼阁。从该预设出发，整体建构者往往顺理成章地肆意干预经济过程和社会生活。整体建构秩序往往是低效率的，因为它不能利用知识分工和合作，不允许制度竞争。哈耶克认为竞争可"作为一种发现秩序"。按此，人们本来可以借助制度竞争发现更好的制度。建构秩序可能是反人性的，因为它限制了人的机会选择集，扼杀了个人的基本权利和自由。

由此可见，之所以要区分自发秩序和建构秩序，是因为各种不同类型的秩序安排往往对应着不同程度的效率、不同大小的私人自主空间、不同类型的个人与社群关系，以及不同方式的私人领域与公共领域的分野。从经济领域这一狭窄系统看，不同类型的秩序安排关系到组织成本、生产成本和交易成本。

哈耶克是第二次世界大战以来自由保守主义的最大代表，他比较注重自发秩序，在讨论自发秩序时，哈耶克对自发秩序基本上采取赞赏有加的态度。他认为自发秩序是每个人在追求各自目的的过程中自动形成的，它是不同的个人实现其各自目的的有益的条件。人造秩序是由某个人把每个要素放在一个确定位置并指挥其活动形成的秩序，它是一种有助于实施某个先定的具体目标的集体工具。这两种秩序一个是自发形成的，另一个是人为设计的；一个是遵循一般性规则自动运转的，另一个是由具体的命令来指挥运作的；一个有利于互相竞争的多种多样的个人目标的实现，另一个服务于某个确定的目标。他由此推出，有助于自发秩序生成和运转的条件是：自由、一般规则和竞争。哈耶克反对种种设计和创造人类社会整体秩序的企图。在他看来，只有在每个人自由追求自身目的的自发秩序中，分散在每个人头脑中的知识才能够充分有效地利用起来，并从而促进人类知识和福利的增长。这种依赖一般规则的自发秩序是唯一能够实现法治的秩序。因为自发秩序往往与自由兼容相关。自由兼容性不是指在现有规则下的选择不触犯某一人或者某一群体的"自由"（这种"自由"可能是特权者的"自由"），而是涉及所有人的基本自由，也就是哈耶克所言"法律下的自由"（freedom under the law）。哈耶克在"自发秩序"的论证中隐含了自由兼容性标准，所以自发秩序可以确保一种演进的势态。哈耶克区分自发秩序和建构秩序，主要是出于其建立一种与自由兼容秩序的主张和对政府干预的担忧。

对于建构秩序，出于对其侵害个人自由的担忧，哈耶克一般持较为消极的态度。在对理性建构的批评中，哈耶克其实并不排斥理性建构的可能好处，而是更加强调理性建构缺陷的可能害处。对理性建构缺陷的关注是哈耶克诸多著作中永恒的内容。即便哈耶克不一概而论地反对局部建构，其诸多著作中也充满了对政府干预侵蚀个人自由的担忧。这种担忧并非空穴来风，实际情况在我国也不少见。大量行政审批制度就是局部建构秩序。行政审批的特点就是计划者只能利用自身的有限知识，而未充分利用分散在大量经济主体当中众多的分散知识和局部知识，从其全知全能预设出发，远远脱离经济主体的现实环境，而通过简单任意的批准或者不批准来干预经济主体的选择过程。其结果是限制了企业的行为空间和机会集，扼杀了经济主体的选择自由，最终影响了个体经济和整体经济的效率。哈耶克反对整体主义的建构主义，即反对整体建构和整体建构秩序。哈耶克最锐利的批判武器是他的知识论，矛头直指完全的计划经济体制。完全的计划经济体制就是整体主义的建构主义的体现，它与个人自由不兼容，以计划者即建构者的全知全能为预设，以计划者个人的偏好来替代和"代表"社会偏好，排斥对众多分散知识和局部知识的利用。在这种建构秩序中，计划者以上述预设为出发点，对经济过程与社会生活肆意干预，而这种干预又使自发的市场机制和社会力量不能发挥有效作用，又会为下一步干预制造借口，最终形成不断上升的干预螺旋，扼杀个人的选择自由。

哈耶克秩序观的意蕴非常明了：一个社会需要形成一套规则，由这套规则来支撑一个秩序。这个秩序最要紧的不是区分它是否属于自发秩序、局部建构秩序或者共同建构秩序，而是看它们是否符合自由兼容性、知识分工与允许试错这三大标准。至于整体建构秩序，则根本不在考虑之列，因为它根本就不符合这三大标准，与自由社会的理想背道而驰。①

在此基础上，哈耶克进一步提出了"扩展秩序"的概念。在《致命的自负》一书中，哈耶克探讨了扩展秩序生成和进化的一般过程及其条件，批判了主张对现有资源集体控制以及由中央政府对人类的相互作用进行精心规划的观点。哈耶克所说的扩展秩序是只有自由市场承受的并且以自由市场为核心的自发秩序，这种秩序不仅能自发地进化，而且还能不断地自发扩散。

哈耶克认为，秩序的进化最主要的是规则（或行为准则）的进化。他认为有利于扩展秩序的一般性规则的特点为：①它不是出自本能，而是来源于本能和理性之间的传统、学习和模仿；②它与共同目标或利他精神没有关系②，而是一种调节个人决策、为个人追求自己目标划定自由空间的一般性规则或游戏性规则。他把这种非本能规则（准则）称为"道德"，以便与来自本能的"自然道德"相对照。这些长期进化出来的道德准则，主要包括财产、忠诚、合同、交换、贸易、竞争、收入和隐私等方面的准则。正是这些规则，使共同的目标或共同的看法不再发挥重要作用，个人也不再一味地服从他人的命令，而是可以自由地追求自己的目标，并能够进行各种各样的尝试，去适应各种未知的环境。这样，秩序就能得以扩展，文明就能得到进步。

在有利于扩展秩序的一般规则中，哈耶克最重视的是规定财产权的规则。在他看来专有财产（这是哈耶克代替"私有财产"一词的一个概念）不仅是自由和公正的基础，而且也是扩展秩序的基础。他指出："自由的一个重要方面，是让不同的个人、不同的群体根据各自的知识和技能自由地追求不同的目标。要想做到这一点，我们不仅要分别支配各种生产资料，而且还需要……认识经过批准的转移这种支配权的方法。"③ 他认为，只要有了专有财产这个基础，一种服务于多种个人目的的扩展秩序就能够形成。④

---

① 冯兴元：《规则与繁荣：国富民强的可能途径》，中信出版社 2013 年版，第 260—265 页。

② 朱启臻：《农村社会学》（第二版），中国农业出版社 2007 年版，第 215 页。

③ 哈耶克：《不幸的观念》，东方出版社 1991 年版，第 35—36 页。

④ 朱启臻：《农村社会学》（第二版），中国农业出版社 2007 年版，第 216 页。

第三节　互为因果：复杂和多样
差异的混沌世界

　　从 19 世纪一直到今天，通过各种对统治世界物理行为"规律"的发现，通过用一个总规律来统一其他规律的愿望，对世界的成因构造的研究一直在进行。但从 19 世纪中叶起，对同一个世界的"解体"研究开始了，与"成因"的研究并驾齐驱。的确，具有完美秩序的宇宙机器受到了无数无序运动的扰乱（热力学第二定律），宣布了紊乱或无序运动的出现，证明无序运动存在于现实世界的微观物理层次，它持续运动并扩散到全宇宙，一直将宇宙拉回它的原始大爆炸状态（big bang）。克劳休斯（Clausius，1822—1888）甚至预言一种走向全面混乱的宇宙演进模式。于是，我们得到一个二元悖反的悖论：同一个世界既在自我形成建立又在自我解体的过程中。今天在对物理、生物、人文所有现象的知识里，我们都不得不将秩序和无序两个概念结合起来才能认识这些现象的构造和变异。19 世纪末的世界观同伽利略、笛卡尔、牛顿、拉普拉斯时代的世界观相比有根本的不同。完美、永恒和绝对在新的世界里不复存在（但这并不表明完美、永恒和绝对在这个世界之上或之下不存在）。[1]

一　"混沌"的概念

　　中国古代思想认为，混沌和秩序是相辅相成的。[2] 混沌的英文是"chaos"，其本义是紊乱、无次序、混乱，它是与有规律的现象相反的一种现象。[3] "混沌"（chaos）一词在日常语言中，指的是非特定形态的无序与随机性。在科学上，"混沌"有着更具体的意义。它以毫不显眼的方式结合决定论与概率性；不过一旦了解，就会发现它完全合乎逻辑与直观。直到最近我们才体会到这点，可见这个效应有多么出人意料。以下是混沌行为的其中一种定义：如果一个系统周而复始地运作，

---

　　① ［法］埃德加·莫兰：《反思欧洲》，康征、齐小曼译，生活·读书·新知三联书店 2005 年版，第 60—62 页。

　　② 齐亚乌丁·萨达尔：《混沌学》，梅静译，当代中国出版社 2014 年版，第 1 页。

　　③ 王贯水：《你一定要懂的科技知识》，北京工业大学出版社 2015 年版，第 44 页。

不断重复同样的过程，但系统的发展却对初始条件的变化极为敏感，那么它在每一个重复的循环里都不会重现完全相同的状态，而是会随机演变，完全无法预测。

对混沌现象的认识是近 30 年来非线性科学最重要的成就之一。混沌现象是一个令人震惊且备受争议的发现。约在十年前，大多数著名科学家都还认为这一发现不过是虚幻的狂想。① 混沌现象近年来成为非常引人注目的研究热点，并建立了相应的混沌理论，目的就是要提示貌似随机的现象背后可能隐藏的简单规律，以求发现一大类复杂问题普遍遵循的共同规律。② 混沌并非真的是一种理论（虽然"混沌理论"已经成为常用名词）。它是自然界里无所不在的一种概念或现象，并促使科学界一个新的研究领域诞生，也就是听起来平淡无奇的"非线性动力学"。这个称号源自混沌系统的主要数学性质：因与果之间的关系并非线性（不成比例）。意思是说，由于果是因造成的，在完全理解混沌之前，原本以为简单的因必然会导致简单的果，复杂的因才会造成复杂的果。简单的因能够产生复杂的果，这个概念则是始料未及，也就是数学家所谓的"非线性"。混沌是非线性系统中最典型的行为。自然界中最常见的现象及运动形态，往往既非完全确定的，又不是完全随机的，而是介于两者之间的。混沌现象的理论为更好地理解这类运动提供了一个框架。

现在混沌尚无确切而完整的定义，但是可理解为"决定性的混乱"，或者说，混沌是出现在确定性的非线性动力学系统中的一种复杂的随机行为，这种随机性是非线性系统自身所固有的。混沌被看作研究复杂非线性问题很好的工具，受到各国政府及学者的重视，成为举世瞩目的学术热点。自 20 世纪 60 年代以来，研究发现，即使确定论方法描述的系统，只要系统稍微复杂一些，在一定的条件下也会产生非周期的、表面上看起来很乱的无规则运动，我们把这种无规则运动称为混沌。在这个意义上，混沌和无序的概念是相同的。③

二　混沌理论的内容和意义

混沌理论（Chaos theory）是在数学和物理学中，研究非线性系统

---

① 齐亚乌丁·萨达尔：《混沌学》，梅静译，当代中国出版社 2014 年版，第 3 页。
② 王贵水：《你一定要懂的科技知识》，北京工业大学出版社 2015 年版，第 44—45 页。
③ 沙振舜、钟伟：《简明物理学史》（第 2 版），南京大学出版社 2015 年版，第 224 页。

在一定条件下表现出的"混沌"现象的理论。其基本思想起源于 20 世纪初，历史上混沌问题最初出现于庞加莱（Henry Poincare）于 1906 年提出的三体问题不可积性，以及罗伦兹（Edward N. Lorenz）和罗伯特·梅（Robert May）算出混沌的数值解；发生于 20 世纪 60 年代，由美国麻省理工学院的洛伦兹教授在 1963 年研究气象理论时发现的；发展壮大于 20 世纪 80 年代，被认为是继相对论、量子力学之后，20 世纪人类认识世界和改造世界的最富有创造性的科学成果。正如日本著名统计物理学家久保在 1978 年所指出的："在非平衡、非线性的研究中，混沌问题揭开了新的一页。"[1]

　　混沌理论是一个令人振奋的崭新理论。混沌理论令人振奋，原因在于以下几点：通过揭示简单性与复杂性、规律性与随机性之间的微妙关系，混沌理论将人类的日常经验与自然规律有机地联系了起来。混沌理论向我们展示了这样一个世界：一方面它是稳定的，遵循着基本的物理法则；但另一方面，它又蕴含着无序性、复杂性和不可预知性。混沌理论告诉我们，可预测性是罕见的，它只存在于一个十分有限的范围内。这个范围是用科学的手段从复杂世界的多样性中过滤出来的。混沌理论将富有想象力的数学和现代计算机惊人的运算能力结合了起来。混沌理论对传统的科学建模法提出质疑。混沌理论认为，人类在认知和预测未来的时候，存在先天的局限性。[2] 混沌理论显示，有序与命定性能够衍生出随机的表现。事实上，这个理论告诉我们，宇宙仍然有可能是命定的，并且遵循基本的物理定律，尽管它经常展现出高度复杂、无序，而且无法预测的样貌。今日，在大多数科学领域中都找得到混沌现象的踪迹。它最早在我们试图理解气候变化时出现，如今我们发现它存在于星系恒星的运动、行星与彗星绕太阳轨道的变化、动物族群的消长、细胞内的新陈代谢，以及人体心脏的跳动等。它还存在于次原子粒子的行为、机器的运转，以及流经管路的液体与通过电路电子的紊流中。不过，它最容易通过计算机仿真以数学的形式呈现出来。用数学来模拟混沌最为直接，只需不断重复运算同一条方程式即可，但是计算机往往要有相当快的指令周期，才能负荷大量反复执行这些简单的步骤。

---

① 乌杰：《系统哲学基本原理》，人民出版社 2014 年版，第 173 页。
② 齐亚乌丁·萨达尔：《混沌学》，梅静译，当代中国出版社 2014 年版，第 4 页。

混沌的发现在哲学上也很有意义。正如著名物理学家福德（J. Ford）1977 年在意大利召开的第一次国际混沌会议上所说：混沌的发现是"20 世纪物理学的第三次革命"。混沌同相对论、量子力学一样，冲破了牛顿力学的教规。"相对论消除了关于绝对空间和时间的幻想，量子力学消除了关于可控测量过程的牛顿式的梦，而混沌则消除了拉普拉斯关于决定论式可预测的幻想。"从而大大解放了人们的思想，使人类的认识产生了一次新的飞跃。混沌甚至被视为一种崭新的方法论，将成为人类深入认识客观世界与改造世界的新的武器。①

总而言之，如果我们暂且不考虑量子世界的随机性，混沌理论揭示，我们所知宇宙是完全命定的，但却无法预测。这种不可预测性并非因为真正的随机性。宇宙所具有的命定性本质意味着：它遵守完备而明确的定律，其中有些定律我们已经发现，有些可能还没有发现。宇宙的不可预测性则源自我们不可能将万物演变的初始状态掌握到无比精确的程度，除非是最简单的系统。运算的输入值总会存在某些细微的误差，造成一连串不断扩大的涟漪效应，最终导致错误的预测。混沌还有引人入胜，甚至更重要的一面：从规律的动作出发，不断反复运用同一套简单法则所引起的混沌行为，可能会使原本平淡无奇、不具结构的形态产生出美丽而复杂的模式，给予我们原本所没有的秩序与复杂性。某个本来不具结构的系统自行演变之后，我们会发现结构与模式开始自动产生。这些发现开启了新兴的研究领域"涌现与复杂理论"，并且开始在生物学、经济学以及人工智能等众多学科中扮演举足轻重的角色。②

第四节　混沌理论向人文社会科学的溢出

1977 年诺贝尔化学奖得主演化物理学家普里高津③不满足对混沌的

---

① 沙振舜、钟伟：《简明物理学史》（第 2 版），南京大学出版社 2015 年版，第 226 页。

② ［英］吉姆·艾尔－哈利利：《悖论：破解科学史上最复杂的 9 大谜团》，戴凡惟译，中国青年出版社 2014 年版，第 195—197 页。

③ 伊利亚·普里高津（LlyaPrigogine，1917—2003），比利时理论物理学家和化学家，1977 年由于耗散结构理论获得诺贝尔化学奖，2003 年 5 月 28 日于比利时布鲁塞尔病逝，享年 86 岁。

唯象描述，在七八十岁高龄时深入到量子混沌的理论基础中，打破了量子力学的稳态希尔伯特空间，把不稳定性引入到量子力学中，经过了近20年不懈的探索，终于在1967年得到了耗散结构这一中心概念，接着建立了耗散结构理论。普里高津认为，生命和社会系统都是耗散结构，而不是低温均衡结构。社会的演化和生物的演化可以从非平衡态物理得到解释。[①]

普里高津是第一位利用演化论而非原子论的观点来看待世界的物理学家。他在演化物理学方面做出了突出贡献，用演化的思想来研究生物学、人类学和经济学，对于演化生物学和演化经济学的学科发展起到了巨大的推动作用，这在物理学中的确是十分罕见的。这当然与他的成长经历有关，正是由于他亲身感受到了20世纪社会的动荡和变革，使他对古典平衡物理的均衡、确定和可预测的世界产生了深刻的质疑。

在现实世界普遍地存在着两类有序结构，即平衡有序结构和非平衡有序结构。第一类是在平衡条件下形成和维持的，而且是仅在分子水平上定义的有序结构；第二类是在非平衡条件下发生的，广泛存在于生命系统、社会系统和无生命系统之中。第一类有序结构可以在玻尔兹曼有序原理的基础上得到解释，即从热力学第二定律和关于的统计选择原理来解释。对第二类有序结构的解释，必须把非平衡热力学、非平衡统计物理学和动力学结合起来，引出新的观点和方法，才能在科学思想上产生突破。[②] 普里高津认为，世界的发展更像生物学而非几何学，充满了不确定性。但和多数物理学家视不确定性和不稳定性为破坏性不同，普里高津受自催化反应的启发，强调不稳定性与不确定性在形成多样发展的自然与社会中的建设性作用。他强调"混沌产生有序"。[③] 波尔（Niels Henrik David Bohr）投身于量子物理学的机缘，就在于观察得到量子的能量不守恒，所取得空间变动的状态值是不连续的。根据维纳·海森伯格（Werner Karl Heisenberg）的测不准原理，要同时正确测定一组位置和速度这样的物理量是不可能的。与波尔同时代的英国经济学家凯恩斯在1926年这样写道："我们在任何地方都面对着有机的统一、分

---

① 陈平：《纪念演化物理学家伊利亚·普里高津》，《科学文化评论》2004年第5期。
② 王贵水：《你一定要懂的科技知识》，北京工业大学出版社2015年版，第45—46页。
③ 陈平：《纪念演化物理学家伊利亚·普里高津》，《科学文化评论》2004年第5期。

离和不连续问题。全体并非各个部分的总和，不可能进行量的比较，些微的变化也会产生巨大的影响，均质的连续物体运动这样的概念是不充分的。"这是就经济学而发的议论，但背景却有着对物理学发展的关注。①

中国经济学家、理论物理学家，北京大学国家发展研究院的陈平教授在应用非线性与混沌方法研究经济方面取得了显著的成绩。② 作为普里高津的高足，他自称自己在研究经济混沌方面得到了普里高津的理解与支持。③ 陈平教授的研究认为，新古典经济学流行的基本概念，如完全信息理性预期噪声驱动周期零交易费用无限寿命 IS 曲线长期均衡和无限增长等，都违反物理学基本定理，是在现实中不存在的乌托邦。因为人是具有生命周期和相互影响的社会动物，理性人的概念和人的社会性不能兼容我们建立非线性振子模型来描写宏观经济中观察到的色混沌和复杂周期；我们用生灭过程来处理宏观与金融的随机涨落；我们用逻辑斯蒂竞争模型来描写代谢增长；我们发展的人口动态学模型可以处理开放经济的经济耗散系统。小波表象和非线性振子模型是我们构建经济学统一理论的基石，用统一的演化经济学视角讨论微观、中观、宏观和制度经济学的复杂演化动态学行为。新兴的复杂科学为研究非线性动态学和非均衡机制提供了新的工具，这些工具对经济发展和社会演化的理解是重大的突破。

科学思维的范式变革和间断性的技术发展表明，科学和技术发展的方式像小波的兴衰，小波运动的特点和新古典模型的随机游走（Random Walk）完全不同，随机噪声没有频率和周期的特点，而小波可以描述任何生命体和经济体的生老病死的变化，即常说的生命周期，而随机噪声没有生命的背景涨落。从非线性的视角出发，我们能够看到技术生命周期中不同阶段动态的收益变化，并理解组织和制度的共生演化（Co‒evolution）。以哈耶克为代表的演化经济学家们一度认为，经济演化太复杂了，所以很难用数学语言把演化论思想模型化，这一观念在复杂科学时代不复存在。新古典经济学理论缺乏历史观念，因为他们的模

---

① 戴维德·奥莱尔：《经济学偏离现实的理由》，搜狐网，http：//www.sohu.com/a/205199386_ 488810。

② 王恩涌：《王恩涌文化地理随笔》，商务印书馆 2010 年版，第 208 页。

③ 陈平：《纪念演化物理学家伊利亚·普里高津》，《科学文化评论》2004 年第 5 期。

型是线性和均衡的，真实的历史发展可以用非线性和非均衡的动态学来描述，研究的关键是建立理论与观察之间的联系。在新古典经济学中，经济风险用静态的概率分布来描写，如赌博输赢的概率；新古典经济学的优化思维不考虑战略决策的问题，因为新古典经济学不研究新技术和新市场带来的不确定性，我们的动态竞争模型引入开放经济中的风险偏好：在面对未知市场或未知的新技术的不确定性风险时，如何做战略决策，奈特（Knight）和凯恩斯（Keynes）都强调不确定性的作用，它与静态统计学意义上的风险不同于熊彼特提出的企业家精神的概念，在面对不确定性演化，而不是静态风险时才至关重要。

比较新古典经济学与演化经济学的不同演化观，新古典增长模型用线性随机动态学方法建模，得到的是单向演化：要么收敛（如外生增长论的模型），要么发散（如内生增长论的模型），非线性演化动态学的分工模型展示的是双向演化（或叫共生演化）过程，如环境涨落小，技术创新发现的新资源不断增加时，分工系统会从简单向复杂演化，这是从过去工业化革命三百年间观察到的发展趋势；假如环境涨落大，战争与灾害频繁，技术进步停滞，则分工的趋势会从复杂变为简单，中世纪罗马帝国瓦解后的欧洲就是如此，即使在当今时代，工业社会、传统社会与原始部落依然可能并存，原因是人口、环境和技术之间的相互作用。换言之，新古典经济学描述的是封闭优化过程中的单向演化，才会对现代化有"普世价值"的信仰。演化经济学观察到的是开放竞争下系统多样演化的过程，社会的经济发展不能超越生态环境的约束。这是当代资本主义危机最严重的教训。[①]

第五节　结语

从人类思维进化的轨迹看，在不同的历史时期，人们所具备的，或所崇尚的思维形式是变化发展的。从模糊思维到精确思维，再复归到模糊思维，事情的发展像是经历了一个轮回，模糊思维在新的时代以新的

---

① 陈平：《代谢增长论：市场份额竞争学习不确定性和技术小波》，《清华政治经济学报》2014 年第 2 卷，第 42、49 页。

形式重新受到重视。由于在现代科学技术的成功中精确思维功不可没，同时它所具有的清晰、准确、无歧义的优点，也给人们的日常工作带来了太多的好处，今天的人们形成了这样一种认识：非精确化的领域不是科学的领域；不能用数学描述的学科不是科学。甚至在日常生活和工作中，各种各样的量化指标也成为如影随形的东西不离左右。我们用数字描述问题，用数字解释问题，也用数字衡量效果，力求用精确思维解决一切问题。可是，精确思维并不能包揽一切，没有哪个人能够借助严格的推理和运算，精确地预测和决定未来，这是由复杂的、非线性的世界的客观性质所决定的。人不仅要具有形式化的、精确的、严格的推理和运算能力，还应具有整体性的、模糊的、近似的判断和思维能力，才能应对复杂的世界。模糊思维是不能废止的。模糊思维具有经济、灵活、简捷、整体性强的优点，能够帮助人们对事物或现象形成一种整体的理解，将藏在精确的形式背后的深刻内涵揭示出来，是人们进行创造性活动卓有成效的工具之一。① 我们在承认某些事物的发生是遵循某个定律时，应当考虑到个别不遵循定律的例外。如果不是这样，恐怕我们也就无所谓没有定律了。只有深入探索，"定律"才能浮现出来。人类制定法律的意义在于人们考虑到了有人不遵守制度，这与自然法则的存在似乎有很大的差别，但它们终究还是相似的。仅就自然界而言，只有当我们在考虑那些可能发生的事情时，将那些不可能发生的事情也同时考虑进去，人类的思考才具有意义。自然界，存在自然的选择。自然本身也在选择，并且有其独特的选择方法，此即自然规律。当我们不断接近自然现象深处最根本的规律和原理时，又会发生怎样的情形？我们必定会考虑一个该定律不成立的更为广阔的背景②，对其进行思考并从中提取出可以使定律成立的条件。之所以这样说，是因为这样继续下去我们最终会到达秩序与混沌的交界②，混沌之中也可以产生秩序。③

---

① 付立：《思维也需要模糊》，《学习时报》2007 年 6 月 18 日第 7 版。
② ［日］汤川秀树：《现代科学与人类》，乌云其其格译，上海世纪出版集团 2010 年版，第 136—137 页。
③ 冯兴元：《规则与繁荣：国富民强的可能途径》，中信出版社 2013 年版，第 259 页。

第四章　共生与包容理论：城乡一体化发展的新未来

　　"共生"一词来源于希腊语，其首先是由德国真菌学家德贝里（Anton de Bary）在 1879 年提出的。他将"共生"定义为不同种属生活在一起。1958 年日本建筑和城市规划学者黑川纪章曾从后工业社会生产和信息的共生出发，探讨了发达国家与发展中国家、经济和文化以及农业、工业和信息技术等的共生问题，认为全球已进入了一个共生时代。随着共生研究的逐渐深入以及社会科学的发展，20 世纪五六十年代后，"共生"的思想和概念已不为生物学家所独享，逐步引起人类学家、生态学家、社会学家、经济学家、管理学家甚至政治学家的关注，一些源于生物界的共生概念和方法理论在诸多领域内正在得到运用和实施。共生理论在公共管理学中常常用来研究城乡的协调发展，从共生到包容性发展不仅仅是一次形式的升华，更是认识的升华。如何统筹与协调中国的城乡一体化发展，首先，必须认识到城市与农村的发展是一种共生的关系；其次，要相互包容，形成包容性增长的理念与制度，才是城乡一体化发展的未来之路。

第一节　绪言

　　共生理论认为合作是共生现象的本质特征之一。共生并不排除竞争，与一般意义上的竞争不同的是共生不是单元（同类）之间的相互排斥和厮杀，而是单元（同类）之间的相互吸引和相互合作；不是共生单元（同类）自身性质和状态的丧失，而是继承和保留；不是共生单元的相互替代，而是相互补充、相互促进。竞争型共生系统中共生单元（同类）之间是一种通过竞争获得共同发展的相互作用关系，这种竞争是通过共生单元（同类）内部结构和功能的创新促进其竞争能力的提高。尽管共生包含了竞争和冲突，但它强调了从竞争中产生新的、创造性的合作关系。同时共生强调了存在竞争的双方的相互理解和积极态度，另外，共生过程是共生单元的共同进化过程，也是特定时空条件下的必然进化。共同激活、共同适应、共同发展是共生的深刻本质。共生为共生单元提供理想的进化路径，这种进化路径使单元之间在相互激励中共同进化。共生强调了共生系统中的任何一方单个都不可能达到的一种高水平关系。在共生进化过程中，共生单元具有充分的独立性和自主性，同时，共生进化过程可能产生新的共生形态，形成新的物质结构。共生是在较大的社会、经济和生态收支背景下，由共生单元寻求自己定位的一种途径，进化是共生系统发展的总趋势和总方向。①

第二节　共生理论的发展与成长

一　诞生于生物学的共生学说

共生理论首先出现在生物学领域，主要围绕着共生概念的界定、与共生相关的学说等方面展开。共生概念的界定。在欧洲学术界，多数学者将共生的概念定义为限于两个或以上有机体相互有利地在一起，认为寄生与共生有严格的区别。德贝里（Anton de Bary，1879）最早明确指出共生为不同生物密切地生活在一起。1884 年，德贝里进一步论述了共生、寄生、腐生的关系，提出生物间多种共生方式，并分析了共生和非共生的区别、寄生与共生的区别。因此，德贝里对共生的定义不包括寄生、腐生关系，是狭义共生。② 斯格特（Scott，1969）在德贝里的基础上明确地提出共生是两个或多个生物，在生理上相互依存程度达到平衡的状态，而不是一方依赖另一方的关系。③ 美国生物学家马格里斯（Margulis，1970）提出"细胞共生学"，对细胞起源和演化论等生物学

---

① 刘荣增：《共生理论及其在我国区域协调发展中的运用》，《工业技术经济》2006 年第 3 期。

② 洪黎明：《共生概念发展的历史、现状及展望》，《中国微生态学杂志》1996 年第 4 期。

③ Scott, G. D. 1969. *Plant Symbiosis in Attitude of Biology*, Studies in Biology on 16 Edward Arnold London, p. 58.

理论研究领域所产生的巨大影响。①

还有学者把共生概念广义化，格瑞德（Gerald，1977）就把种间关系如捕食、携播、互利共生、共栖、寄生统统归于共生之内。② 中国学者洪黎明（1996）在回顾共生概念发展之时总结出：广义的共生视自然界为一个共生体，其中的动物、植物、人类之间相互和谐，共生共荣；狭义的共生是指生物之间的组合状态和利害程度的关系，指由于生存的需要，两种或多种生物之间必然按照某种模式互相依存和相互作用地生活在一起，形成共同生存、协同进化的共生关系。③

二　哲学提高了共生的理论

哲学领域中的"共生"概念基本是指互利共生现象的哲学抽象，有的学者认为也包括偏利共生。黑川纪章（1987）将共生思想应用到建筑领域，共生思想成为其城市设计哲学理念的主体，他的思想核心是兼容并蓄的共存理念。花崎皋平（1993）阐述了生态学的共生思想与作为社会哲学的共生思想的区别，探索在生活的具体场所实现共生而构建"共生的道德""共生的哲学"的可能性。④ 尾关周二（1995）从哲学意义上探讨了"共生"与"共同"概念的区别，认为"共同"义含当事者具有某些相同的价值、规范和目标；而"共生"是以异质性为前提，当事者在价值、规范、目标等方面有所差异而建立起"相互生存"的关系。⑤ 韩国在工业化的过程中，一直借鉴学习日本模式，因此韩国学者对共生哲学也颇有研究，李承律（2005）认为当今经济全球化竞争激烈，企业、国家之间的"零和博弈"正逐渐被双赢的"正和比赛"即"共生"所替代，以此主张企业间要从竞争走向共生。⑥ 韩国企业的经营模式是以大企业为核心，与中小企业形成共生网络、共生共

---

① Lynn Margulis. *Origin of Eukaryotic Cell.* Transactions of the American Microscopical Society, 1970, p. 37.

② Gerald A. Peters. *The Azolla – Anabaena Azzolae Symbiosis. Genetic Engineering for Nitrogen Fixation*, 1977, pp. 231 – 258.

③ 洪黎明：《共生概念发展的历史、现状及展望》，《中国微生态学杂志》1996 年第 4 期。

④ 杨玲丽：《共生理论在社会科学领域的应用》，《社会科学论坛》2010 年第 16 期。

⑤ 尾关周二：《共生的理想：现代交往与共生、共同的理想》，中央编译出版社 1996 年版。

⑥ 李承律：《共生时代：东北亚区域发展新路线图》，李文、李永春译，世界知识出版社 2005 年版。

荣、共同发展，从而有了韩国近几十年来经济的快速成长。[1]

　　随着我国"和谐社会"理念的提出，共生哲学逐渐被国内学者所关注。胡守钧（2012）教授首次在国内提出要以共生论来指导社会，告别"以阶级斗争为纲"的斗争哲学，走向呼唤和谐的社会共生论。[2]李思强（2004）从哲学意义上把"共生"看作一个宽泛的概念，泛指事物之间或单元之间形成的一种和谐统一、相互促进、共生共荣的命运关系。他还借用"太极图"，引申出"泰慧图"作为"共生构建说"的图徽，为我们表达了一种完美的和谐对称观，展示了作用力和反作用力不仅是自然界的规律，更是人文层面中的重要规律，人类所有追求的最终收获并不是我们发出的直接作用力，而是强于原始作用力的反作用力。[3]这些共生哲学理念对于我国协调经济发展所引起的各种社会矛盾，如城乡对立、贫富差距等，促进社会和谐发展作用重大。

第三节　共生理论与社会科学

一　经济学领域里的"共生理论"

　　袁纯清和吴飞驰将生物学中的共生现象引入经济学中，建立起了经济学领域共生分析的理论框架。袁纯清（1998）在其博士论文中最早借鉴生物学的共生概念，运用数理分析，构建了经济学领域的共生理论框架：以共生三要素（共生单元、共生模式和共生环境）描述共生的本质，以共生密度、共生界面、共生组织模式（点共生、间歇共生、连续共生和一体化共生）、共生行为模式（寄生、偏利共生、非对称性互惠共生和对称性互惠共生）分析共生关系状态，他也应用共生理论对日本、德国、美国、意大利、韩国和印度的小型经济进行了对比分析。[4]吴飞驰（2002）把共生律看作是人类社会演化所遵循的基本生存规律，阐明了在市场经济中"看不见的手"本质上就是共生律，从而

---

①　李承律：《共生时代——东北亚区域发展新路线图》，世界知识出版社2005年版。
②　胡守钧：《社会共生论》，复旦大学出版社2012年版。
③　李思强：《共生构建说论纲》，中国社会科学出版社2004年版。
④　袁纯清：《共生理论：兼及小型经济》，经济科学出版社1998年版。

解开了斯密悖论。① 这是对经济学竞争理论的进一步挑战，认为共生才是经济生活中的基本规律。此后，陆续出现了一系列基于袁纯清和吴飞驰的共生理论的研究，主要是应用性研究，推进了共生模式和共生系统稳定性的研究。

冯德连（2000）引入经济学中的交易费用理论，分析了企业选择何种共生模式，取决于资产专用性水平、交易频率和不确定性三个主要因素。② 曹玉贵（2005）的研究则表明企业集群体现了企业共同生存和协同进化的本质特征，其实质是一个互利共存和协同进化的共生系统，他根据生物种群共生的 Logistic 过程，建立了经济学的企业集群共生模型，并分析了其稳定性。③ 至此，经济学领域"共生理论"的框架已经形成。

二　社会学领域的"共生理论"

社会学家费孝通早在《乡土中国》中的"共生与契洽"一节，就谈到"共生"。但是，共生理论在中国社会学领域正式拉开序幕，胡守钧（2000）教授提出"社会共生"思想，他认为，共生是人的基本生存方式，要以共生论来指导社会，告别以"阶级斗争为纲"的斗争哲学，走向呼唤和谐的社会共生论，但在当时并未引起学术界的关注。④ 他于 2002 年又出版了《走向共生》，推进了共生理论在社会学领域的应用。⑤ 2004 年，"和谐社会"的提出使共生理念进一步被学术界及社会各界所重视。在《社会共生论》一书中，胡守钧（2012）进一步完善了共生理论在社会学领域分析的框架，确定了"社会共生论"分析的三十六条定律，把社会共生论的研究又向前推进了一步。⑥

胡守钧的"社会共生论"思想提出后，我国已经有一批学者将这一理念应用于"和谐社会"的研究。刘荣增（2006）运用共生理论构建了和谐社会应该注意处理好五大共生关系，即人与自然共生、城乡共

---

①　吴飞驰：《"万物一体"新诠释——基于共生哲学的新透视》，《中国哲学史》2002 年第 2 期。

②　冯德连：《中小企业与大企业共生模式的分析》，《财经研究》2000 年第 6 期。

③　曹玉贵：《企业集群共生模型及其稳定性分析》，《华北水利水电学院学报》（社会科学版）2005 年第 1 期。

④　胡守钧：《社会共生论》，《湖北社会科学》2000 年第 3 期。

⑤　胡守钧：《走向共生》，上海文化出版社 2002 年版。

⑥　胡守钧：《社会共生论》，复旦大学出版社 2012 年版。

生、区域间共生、社会各阶层之间共生以及经济与文化的共生。① 张永缜和张晓霞（2007）构建了和谐社会的共生价值观，既保障人的个性发展，又可以促进人与人、人与社会和人与自然的和谐。②

三　公共管理学领域的"共生理论"

公共管理学领域的共生思想主要应用于城乡二元统筹之上。有从共生理论视角下论述应促进城乡在各方面的一体化。施丽红和朱德全（2012）认为，城乡职业教育是两个具有高度相关的生态种群，和谐共生应是职业教育城乡统筹发展的目标取向。③ 徐之顺（2016）认为，城乡文化具有同源性、一体性和互哺性，城乡文化认同既不是城市文化的一元化，也不是城乡文化的多元主义，而是建立在社会主义文化及其核心价值基础上的一体多样化。社会主义是城乡文化赖以和谐共生的命运共同体。④

有借鉴共生理论对城乡一体化提出各种建议对策。刘荣增、齐建文（2009）从共生理论的视角出发，在充分认识城乡统筹发展内涵和共生理论关系的基础上，选择城乡之间共生界面、共生关联和共生协调作为城乡统筹的一级指标，构建城乡统筹度评价指标体系，对河南省、山东省和江苏省城乡统筹状况进行测评和对比分析，并提出了推进河南省城乡统筹发展的对策。⑤ 武小龙（2015）认为，共生理论强调生态子系统间合作互补、互惠互利、共同进化中心意旨在于病态或偏态向一体化常态的内在演变，这在研究要素、研究目的、研究过程上与城乡关系均有着高度的契合性。于是，他秉承共生理论的核心要义，提出中国城乡共生态发展的价值观，这包括平等公正的发展理念、互惠合作的发展理路、五位一体的发展格局。⑥

---

① 刘荣增：《共生理论及其在构建和谐社会中的运用》，《中国市场》2006 年第 23 期。

② 张永缜、张晓霞：《共生价值观与构建和谐社会》，《理论导刊》2007 年第 10 期。

③ 施丽红、朱德全：《和谐共生：职业教育城乡统筹发展体制与机制研究》，《高等教育研究》2012 年第 1 期。

④ 徐之顺：《城乡文化：基于文化认同的和谐共生》，《江苏社会科学》2016 年第 2 期。

⑤ 刘荣增、齐建文：《豫鲁苏城乡统筹度比较研究——基于共生理论的视角》，《城市问题》2009 年第 8 期。

⑥ 武小龙：《共生理论的内涵意蕴及其在城乡关系中的应用》，《领导科学》2015 年第 29 期。

第四节　结语：从共生理论到包容性发展

　　20世纪的日本，随着经济的快速增长出现了显著的城市化现象，形成了东京大都市圈。当人们在享受大都市的现代文明时，城市的各类公害和污染也日趋变得严重，当这种程度达到极限的时候，人们开始意识到，大都市的发展方向必须调整。自20世纪90年代以来，日本政府开始逐步重视农业和农村的多方面功能，并认识到农村不仅为城市居民提供农副产品，还通过农业生产活动，在国土保护、水源涵养、生物多样性保护、田园景观形成、民俗文化传承等方面为国家做出了巨大的贡献。由此，"城市·农村共生"思路逐渐形成。

一　中国城乡发展的现状

　　20世纪以来，城市化与现代化浪潮席卷中国，传统村落日渐式微。农村村庄数量和村均人口规模不断减少，乡村文化的凋零似为大势所趋。有数据表明，从1985年到2011年这短短20几年的时间，中国行政村的个数，由于城镇化和村庄兼并等原因，从94万个锐减到59万个，村均人口只有1113人。仅2001年一年，中国那些延续了千年的村落，就减少了25458个，平均每天减少约70个。据第二次农业普查数据显示，2006年，中国有自然村330万个。据国务院参事冯骥才调查，2011年，自然村只剩下270万个，每天以80—100个的速度消亡。[①] 农村空心化，是新型城镇化面临的大问题。随着工业化、城镇化快速发展，大量农村人口尤其是青壮年劳力不断"外流"，农村常住人口逐渐减少，很多村庄出现"人走房空"现象，并由人口空心化逐渐演化为人口、土地、产业和基础设施整体空心化。[②] 在城市化、现代化背景下农家子弟大量进城，此为大势所趋，然而这并不意味着必然导致乡村衰败。问题的关键还在于它没有一个良性的回流，而至于"单向流动"。[③]

　　城市化意味着生产和消费的更集中、更大规模、更社会化和更高的

---

　　① 何宇鹏、陈思丞：《还有多少村庄等待消失？》，《中国建设报》2014年2月19日。

　　② 华高莱斯：《台湾乡村活化模式研究——农村空心化破解之道》，中国乡村发现网，http://www.zgxcfx.com/Article/81847.html。

　　③ 熊培云：《一个村庄里的中国》，新星出版社2011年版，第466页。

生产效率，意味着现代化。城市化程度越高，意味着现代化程度越高。这是迄今为止对城市化意义的认识。但近二三十年来，随着科学技术的进步，特别是电脑和网络技术的发展和日益普及，人们对城市化的标准的认识正在发生某些新的变化。现在越来越多的人可以在远离中心城市的地方甚至家里办公，同样可以获得信息，同样可以开会，同样可以交易，同样可以完成许许多多事情，而且大大节省时间、减少大量物流方面的消耗。再加上人们对环境质量要求越来越高，不愿意都往污染严重的大城市里挤，于是，一些发达国家人群开始出现由大城市向小城市、由市中心区向市郊分散化的趋向。而且这种趋向一点也不会降低现代化的程度。我们在 21 世纪推进城市化的时候，是否应该考虑这些新因素，避免人口过度向中心城市集中而走弯路。

二　中国城乡一体化共生与包容性发展

（一）城乡一体化是现代化发展的需要

城乡协调发展一直以来都是政府与学者关注的重点，并已取得了不少的研究成果，比较一致的观点认为，解决城乡发展的问题关键在于应当继续不断地深化城市化，加速工业化，以期实现全面的现代化，认为只有这"三化"才是彻底解决城乡问题的关键。国外学者对于中国城乡变迁的研究，也多是基于从城市对于农村发展变化的巨大影响来进行。英国学者汤姆·米勒在《中国十亿城民：人类历史上最大规模人口流动背后的故事》中认为，随着中国经济高速增长，城市化水平不断提升，对整个社会环境造成的压力也进一步增大。大量农村人口涌入城市，不仅造成城市人口的急剧增长，还导致了资源短缺、交通拥堵、社会治安失调、公共安全等社会问题。城市化进程给城市带来了巨额财富，而来自偏远农村的数百万流动人口却依旧贫穷潦倒。从以上的观点不难看出，国内外的学者对于解决城乡问题的思路长期以来仍然停留在如何实现全面城市化与高速工业化的层面上，把城市和农村发展问题始终置于两个相对独立的领域。过去的发展路径认为，城市化的能量是无限的，其结果应该是城市消灭自然，消灭农村，从而堆积起更多、更大的人工空间。但事实是这样一种掠夺式的城镇化模式，虽然可以使经济快速实现工业化，但这些城镇仍将会拥堵不堪、污染严重，其社会分层现象也越来越凸显。

从"经济道德"的视角针对农村的低生产率和人口老龄化，以及农村的资源生产已满足不了城市的需求等问题，指出将城市和农村达到相互吸引、相互合作、相互补充、相互促进、共同激活、共同适应、共同发展，以求通过相互竞争获得共同发展的相互作用关系，而这种竞争是通过共生使城市和农村内部结构和功能的创新促进其竞争能力的提高。为确保中国不因为现代化、城市化发展而失去乡村，最紧要之处仍在于打破持续百年的"鱼筍效应"，使人力、物力、财力由乡村到城市的单向流动转为双向流动。一方面，国家不但不能继续扩大城乡差别，要还农民以国民待遇，而且要积极反哺乡村，使农民是为选择想要的生活而非只是为了谋生而逃向城市（北京的膨胀已经为资源汲取型城市扩张敲响了警钟）。另一方面，因为这种公平的价值取向及其可以预期的未来，城里的资金与人口才有可能回到乡村。①

当今中国，面临着经济长期的中低速增长、人口结构的不断老龄化等新特征，如何找到一条能够实现城乡健康发展的新道路将是下一阶段中国面临的巨大挑战。近年来的中央一号文件，多有涉及"三农"问题方面的内容，从 2013 年中央一号文件提出，鼓励和引导城市工商资本到农村发展适合企业化经营的种养业，引入先进的经营管理方式，加速传统农业改造和现代农业建设。到 2017 年对于关于深入推进农业供给侧结构性改革，加快培育农业农村发展新动能的若干意见，不难看出国家对于"三农"问题的长期重视，另外，也侧面地反映出国家对于加强城乡协调发展的迫切需要。

（二）从共生到包容的认识升华

从 2012 年开始，有国内外的学者开始从理论上关注城市的包容性发展问题，中央有关部门也明确表示支持。党的十六大报告提出统筹城乡发展，其目的是提高居民的生活水平，改善人民的生活条件，使城乡有机统一、协调发展。统筹城乡发展的方向与目标是实现城乡"包容性增长"。

目前，国内外学者对包容性增长内涵并没有一个统一的定义，绝大多数人都认为，包容性增长是指机会平等，公平合理分享经济发展成

---

① 陈刚华、定明捷：《转型中国的政策与制度理路》，华中师范大学出版社 2016 年版，第 20—21 页。

果，消除机会不平等，更加关注贫困群体和弱势群体。① 同济大学的朱介鸣教授、东南大学的阳建阳教授、厦门大学的赵燕菁教授、美国伊利诺伊大学的张庭伟教授、中国城市规划设计院的王凯教授以及住房和城乡建设部城乡规划司的俞滨洋副司长等都明确指出"包容性增长"理念应当强调共享性、人本性和惠及性，具体体现在权利公平、规则公正，成果共享、共同富裕，以及利益共容、价值共建等方面，能够为经济社会的发展指明方向。在提出包容性增长理念之后，如何将这一理念落实到实处至关重要。由于国内复杂的环境及包容性增长包含的内容繁多，践行包容性增长不能一蹴而就，我们应当分期、分阶段建立目标。从短期来看，为了缓和矛盾，首先应缩小收入差距，破除城乡之间的不平等政策，消除城乡二元经济结构，改革收入分配制度，并为长期目标奠定基础。包容性增长必须推进城乡一体化。统筹城乡发展是为了促进城乡一体化，"城乡分治"的二元社会经济结构制约了我国的城乡一体化进程，影响了经济社会发展的进程。随着我国经济的增长，虽然城乡二元结构逐渐减弱，但城乡居民收入差距扩大的趋势依然比较突出。②

　　包容性增长是新形势下新的增长理念，发展成果共享是其核心内容。包容性增长更加关注弱势群体，其方式与传统的经济增长方式相比，有利于解决我国城乡比较突出的问题。实现"包容性增长"是统筹城乡发展的方向与目标。包容性增长有利于解决当前我国城乡发展不平衡、城乡居民收入、公共服务、基础设施差距突出等问题。建立机会平等制度、改革收入分配制度、提高人力资本的开发是实现统筹城乡发展的途径。统筹城乡发展的包容性增长，主要措施如下：一是让城乡居民获得平等的发展机会，消除城乡二元经济结构导致的发展机会的不平等。二是让城乡居民共同分享经济发展成果。努力实现城乡居民的公共产品、社会保障和社会福利的均等化，特别是进城务工人员失业保险、工伤保险。三是促进城乡良性互动，实现城乡一体化发展。

　　从共生到包容，也是一个从共生（Symbiosis）到共识（Consensus）的过程，共识的产生也就是来自语言交流（language communication），

---

　　① 庄巨忠：《包容性增长的政策含义及对中国构建和谐社会的启示》，《金融博览》2010年第 11 期。

　　② 韩保江：《领会"包容性增长"的深意》，《理论视野》2010 年第 10 期。

也标志着人类学的真正开始。从共生到包容不仅是一次形式的改变，更应说是认识的一次升华、一次文化的升华。

城市发展、创新、创造离不开文化的支撑，文化已成为推进城市创新发展的内在驱动因素。外来人口带来的异地文化与本地文化、乡村文化与城市文化、历史文化与现代文化应在城市中共存与发展。综合包容性城市的特点，笔者认为包容性城市是以人为中心，通过营造包容性的城市环境不断满足居民生存和发展的需要，让每一个在城市工作、生活的人都能机会均等地利用城市发展提供的机会实现自己的全面发展，都能公平合理的分享城市发展的成果，实现人与人、人与社会之间和谐发展的城市。未来，最有生命力的文化是那些能在千百年变迁中，仍旧能保持城市同其周围自然环境之间的交流的文化。在不断的交流中，城市中的文治教化传播到乡村，乡村的古风旧俗陶冶着城市。①

美国麻省理工学院经济学教授阿西莫格鲁的政治经济学理论中包含了两个关键词："包容性"制度和"萃取性"制度。"包容性"制度为大多数公民提供一个公平的（近似相等的机会）竞争环境和一个安全的制度结构，如保障财产权，鼓励对新技术的投资，这样的制度有利于经济的增长。相反，"萃取性"制度则通过榨取大多数人的资源，把它们集中到少数政治精英身上。这种制度不保障大众的财产权利，也不鼓励创新，因为提供这样的权利不符合精英的利益。在他看来，不同的制度造成了富国和穷国的差别。

"包容性"制度与"萃取性"制度并非存在于真空之中。"包容性"经济制度与"包容性"政治制度互相支持。"包容性"政治制度平等地分配政治权力，从而确保"包容性"经济制度的生存。在"包容性"政治制度中，政治权力通过多样的方式进行广泛的分配，只是为了建立法治和秩序作为保障私有财产、市场经济的基础，才会实现一定程度上的政治集权。"萃取性"政治制度则将政治权力集中到少数精英手中，进一步加强了对经济体系的控制性，从而使其成为一个专为精英利益服务的制度。

当国家建立起"包容性"政治经济制度，就会释放每个公民进行

---

① ［法］埃德加·莫兰：《反思欧洲》，康征、齐小曼译，生活·读书·新知三联书店2005年版，第90页。

创新、投资和发展的一切潜能，给予他们力量，保护他们，国家便会兴盛。而一些国家之所以衰败，是因为它们被"萃取性"政治经济制度所统治，它破坏激励机制，阻碍创新，通过建立一个不公平的竞争环境和剥夺民众的机会来削弱民众的才智。阿西莫格鲁强调只有"包容性"制度才可能长期保证可持续增长。不过，这并不意味着"萃取性"制度不会带来增长，历史上不乏"萃取性"制度取得成功的实例。17世纪和18世纪的种植园经济让加勒比国家成为当时世界最富庶的地区，20世纪30—70年代苏联也经历过高速的经济增长。

尽管最近几年中国一直强调"创新"的重要性，但中国经济增长依赖于现存技术和大规模投资，而不是"创造性破坏"。比如，民营企业的发展仍然有不少限制。持续的经济增长需要创新，而创新与"创造性破坏"是分不开的。"创造性破坏"就是经济领域的新陈代谢，同时动摇既有的权力关系。对中国而言，真正的挑战在于如何促进创新，这一点在中国现有条件下难以实现。因此，必须进一步改革，建立起"包容性"制度。①

---

① 达龙·阿西莫格鲁：《"包容性"制度有利于释放创新潜能》，《文汇报》2013年3月4日。

第五章　政策困境与不确定性理论：政策决定的两难与多难①

政策决定大体可以分为合理性政策决定、适当性政策决定和随机性政策决定三种。在所有的政策决定过程中根据信息掌握程度，又逐渐形成了政策困境理论和不确定性理论两种不同的研究范式。政策困境尽管信息充分，但由于两方案价值相互排斥、相对机会成本巨大，难以轻易对某一方案作出决定；而在不确定性理论中，不确定性不等同于风险，无法通过购买保险的方式得以控制，只能通过多次的选择进行改善。

第一节　绪言

美国政治学者卡尔·弗雷里奇（Carl J. Friedrich）认为，政策（Policy）是"在某一特定的环境下，个人、团体或政府有计划的活动过程。提出政策的用意就是利用时机、克服障碍，以实现某个既定的目标，或达到某一既定的目的"。② 从广义上说，政策可以被界定为：人们为实现某一目标而采取的行动方案，或者说政策的主要作用之一，是为人们改变预期提供依据。根据范德维恩的梳理，理解政策的立场大体上可分为合理性政策决定（Rational）、适当的政策决定（Reasonable）和随机的政策决定（Random）。所谓合理性决策，是在客观地把握有关政策问题现象并在可能的信息基础上，根据个人和组织的目标最大限度地实现其效果的选择行为。适当的决策是在 H. 西蒙和 J. 马奇主张的有

---

① 本章是在《政策决定：不确定性与两难困境的理论综述》一文的基础上修订而成，原文刊载于《学习与实践》2010 年第 5 期。

② Carl Friedrich, *Man and His Government*, New York: Mc Craw – Hill Book Compang Inc., 1963, p. 79.

限合理性立场上理解政策，也就是说，由于人的认识的局限性和交易费用上的考虑，人们根本不能追求完全合理的政策，而只能在可以满足的状态下做出决策。由 J. 马奇提出来的"垃圾箱模型"（Garbage canmodel）是典型的随机模型，他认为，决策并不是根据合理性思考或一定的规则做出，正如垃圾箱里堆满了垃圾就有人收拾一样，决策是在和其本质内容无关的状况下做出的。基于以上原因，德博拉·斯通认为，政策本来就是从政治情理中形成的，但人们却往往认为政策是基于客观的合理性（政治理性①）而形成的。看似不合理的政策行动，却暗含了合法性的政治起源。换句话说，政策本身就不可能明明白白地让人容易理解，它本来就包含着矛盾。所以，我们不应该根据合理性理论，而应该根据政治情理（情感）来理解政策。② 斯通坚信，在共同体中除了物质法则之外，还存在另一条与之并行的重要法则，那就是情理法则。通过情理法则，斯通试图告诫公共政策相关者以下事实：一是对公共政策的情感表达是可以累加的，而且总和会大于其单纯的相加之和；二是大部分公共政策现象都可能具有比当前所展现的更多含义，而这些含义很可能对公共政策的执行和改进产生巨大影响。③

在所有的政策决定过程中，根据决策者掌握信息的程度，又逐级形成了政策困境理论和不确定性理论两种不同的研究范式。对于深陷政策困境中的决策者，虽然充分地掌握着决策所需的全部信息，但是面临着两种方案之间的价值相互排斥，却不能轻易地对某一方案做出决策；然而，在不确定性理论中，由于政策决定者能力或某些客观现实条件的限制，不能有效充分收集到决策所需要的全部信息，从而只能在信息不充分的条件下对事物的状况做出某种决策。

---

① 政治理性是斯通政策困境思想的理论前提。政治理性对于斯通的政策思想，就如同理性经济人假设对于市场经济理论一样重要。斯通认为，基于理性的清白和政治的肮脏的观念，在政策决策中，人们力图用理性决策代替政治。理性分析也必定是政治的。这种分析总是包括了将一些事情包括在内和将另一些事情排除在外的选择，意味着在其他不同的版本中选择一种观察世界的方式，反之亦然。参见王春福、陈震聃《西方公共政策学史稿》，中国社会科学出版社 2014 年版，第 325 页；［美］德博拉·斯通：《政策困境：政治决策中的艺术》，顾建光译，中国人民大学出版社 2006 年版，第 371 页。

② ［韩］吴锡泓、金荣枰：《政策学的主要理论》，金东日译，复旦大学出版社 2005 年版，第 47 页。

③ 王春福、陈震聃：《西方公共政策学史稿》，中国社会科学出版社 2014 年版，第 305 页。

第二节　政策困境理论的概念与体系

一　政策困境理论的概念

政策困境（Dilemma）理论是指在规定的时间内，对于相互冲突的两种方案做出一种选择。由于这种决策过程附带着非常大的机会成本，因此这样的选择是极其困难的。此理论说明的方案选择形态与不确定性决策过程理论的合理性模型、满足性模型以及模糊性模型不同，给出的信息是充分的，不存在信息不完全的问题。由于政策困境理论中两方案相互间的机会成本非常大，即使决策者拥有再丰富的知识和信息也不可能左右决策的过程，不能够轻易地对某一方案做出决策。

二　政策困境理论的主要内容

根据韩国政策困境理论研究学者李宗范教授的研究，政策困境现象主要包括以下几个主要内容：第一，政策困境中的两种方案的价值观相互排斥。不管两种方案的关系如何模糊与复杂，但最终两种方案都不存在相互调和性。第二，两种方案相互隔绝。这里讲的隔绝是指方案间没有任何的联系性。并且在两难困难状况下，对于两种方案不可能进行先后顺序的排列，方案间的协商也不可能实现。第三，两种方案带来的结果价值不分上下。第四，相互断绝的两种方案彼此冲突。这里所说的彼此冲突是指两个方案进行决策时，不能同时进行选择或抛弃的意思。并指如果选择一个方案时，同时也会损失非常大的机会成本。第五，决策的时间是有限的。即在给定的时间范围内，应该对相互冲突的两种方案进行择一的选择。决策过程中决策者难以控制的条件之一就是时间。时间要求越严格的情况下，对于整个事态控制的难度将越高。通常情况下，在给出的时间内做出决策所带来的机会成本的丧失再大，也比不做出任何选择所带来的损失要小。

三　政策困境状况对应策略

在政策困境理论中，处于困境状况中的决策者对于方案的选择以及方案产生的影响力并不重要，最为重要的是要看决策者在此状况中所表现出的对应态度。困境状况中，决策者采取的对应态度一般来说可以分为以下三种：第一种，象征性地进行选择；第二种，决策的延迟；第三种，从困境状况中逃脱。

从逻辑上来考虑，决策者采取的行动无非是在做出决策与不做出决策间进行选择。做出决策，又有选择一种方案和两种方案全部选择之分。但是，由于是在特定的困境状况下，选择两种方案违反了政策困境方案互相冲突的原理，所以只能在两种方案中作择一的选择。不作决定的情况也可分为延迟决策与自己主动放弃决策权。这里所说的主动放弃决策权是指把决策权向第三者进行让渡或对决策所要负担的责任进行推脱，含有私自退出的意思。简言之，决策者在困境状况中只允许在全部三种选项中选择一种：第一种，选择（selection）其一；第二种，在规定的时限内最大限度地把决策权保留到最后，这样的方式就叫作决策的延迟（delay）；第三种，在无法承受外来压力的情况下放弃决策权，即，从选择状态中逃脱①。

首先，处于困境状况中的决策者，在进行方案选择时，如果不考虑其他利益相关者的主张，自己独自进行信息的收集整理，决策活动可以独自完成。但是，决策者如果考虑利益相关者的利益而进行了某种方案的选择，那么事后为了确保方案能够得到支持，执行过程中，就要采取一些形式主义象征性的策略。当然，如果任意选择的方案所带来的好处超过不选择任何方案所需的费用，那么从政策决定者的立场来看，任意选择一个方案也不愧为一种合理的决策②。

其次，采取决策延迟的方案。如果在特定的时间点上，对于面临的两种方案进行选择所产生的费用比不进行任何选择所产生的费用更多，那么就应该对方案进行选择。当然，这里所说的费用也只是一种主观意识判断上的费用，与真实的费用有着概念上的差异。如果决策者决定采

---

① ［韩］尹坚秀、苏永镇等：《政策困境与行政》，NANAM 出版社 2000 年版，第 29—40 页。

② Coase, R. H. *The Problem of Social Cost*, Journal of Law and Economics, 1960, pp. 1 – 44.

用延迟的战略，并希望决策权能够最大限度非正式地保留下来，那么即使由此会造成一定程度的损失与受到某种程度的责难，也要使决策时间尽可能延长。因为决策者明白许多政策困境问题，当事情的状况或脉络发生变化后，也常常可以得到解决。另外，正如伊斯顿指出的一样，决策延迟也可以给决策者能够反复掂量反馈反应的机会，据此采取能够更加理智的采取行动。① 当然，通常为了能使政策延迟正当化以及责难缓和最大化，某种程度的形象管理工作也是大有必要的。

最后，决策者为了从决策的困境中解脱出来，采取放弃决策的权力与相应责任的做法，因此与上述两种方式有着本质上的区别。决策者回避责任的动机，常常可以起到消除利益集团间的对立关系，还能达成某种程度和解的作用。一般来说，决策者倾向于回避责难相对于为了得到好评或实现合理性政策的动机对于决策行为的影响更大。从现实的情况来看，把决策的权与责向上进行转移，也不愧是一种最为常见的方式。现代国家的一个突出的特征，就是决策者倾向于在决策过程中缩小自己的裁量权，以便达到回避责难的目的。决策者常常要在有吸引力的方案和个人喜好的政策方案间作艰难的抉择，如果有一种机制能够对裁量权实行一定的限制，那么决策者既可以做到减少被责难的程度，还可以很好地贯彻自己的政策意志。② 当深陷政策困境时的决策者，不管做出何种的努力都很难期待有好的结果，甚至还会面临一些不可避免的责任。鉴于此种情况，决策者通常会选择通过集体会议或者下级机关甚至是上级机关的形式来转嫁自己的决策权力和可能要承担的责任。放弃决策权最为极端的方式可以是彻底放弃自己的所有权力，从正式的职位上退出。③ 以上提出的几种方案与积极性解决问题的行为相反，是一种边缘性的消极应对行为，企图通过不行动（inaction）来回避因决策而带来的责任。其本质是期望事情的脉络发生变化以便弱化冲突，以至于可以最大限度地减少发生社会混乱的可能性，因此，这种消极的决策过程也

---

① 王春福、陈震聤：《西方公共政策学史稿》，中国社会科学出版社 2014 年版，第 87 页。

② ［韩］吴锡泓、金荣枰：《政策学的主要理论》，金东日译，复旦大学出版社 2005 年版，第 181—186 页。

③ ［韩］崔圣模、苏永镇：《放宽产业灾害的现实和产业安全保健制度的问题点》，《韩国行政学报》1993 年第 27 期。

可以被看作一种具有合理性的行为。假如由于这种不行动的行为导致了社会混乱的加剧，此种情景下即使政策的连续性遭到了破坏，决策行为也应及时做出。如果事情并不是如此，则可期待事情的脉络发生变化，以便保证事情合理性的最大化。根据实际的情况做出最为合理的选择，保证整个程序的合理性。①

相较于政策困境理论中政策决策者信息是完全的、充分的；然而在不确定性理论中，政策决策者面临的是信息的不充分，决策的条件是随时都有可能变化的，以及对于未来的结果是无法预测的、不确定的。

第三节　不确定性理论

自 20 世纪 50 年代以来，以不确定性为主题的研究文献大量出现。不确定性是一个多维的概念，包含了事物多方面的特征和属性，涉及环境、战略、治理结构、组织结构、决策及激励等。② 不确定性（uncertainty）是人类社会中普遍存在的情形，也是任何个人或群体（如家庭、企业或国家）进行行为选择时必须考虑的问题。在人类社会中，任何行为主体进行的决策都是面向未来的，而关于未来最大的确定性就是它的不确定性，加之人类认知能力的有限性以及运动变化的绝对性，这些决策主体无法确知未来。在这种前提下，我们把那些无法预料的和难以测度的变化称为不确定性。不确定性主要源自以下三个方面：第一，随机自然状态及偏好变化的不可预测。第二，信息不对称。即某个（些）行为主体比其他行为主体对某一情势有更多的了解。正如"外部人"（outsider）由于担心"内部人"（insider）利用信息的优势对其进行欺诈，常常不情愿达成协议。第三，道德风险与不负责任。③ 但是，时至今日，学者们对于不确定性的产生及其基本的分类方式，并未达成完全一致的意见。

---

① ［韩］苏永镇、李永喆等：《政策困境与制度的设计》，NANAM 出版社 2009 年版，第46 页。

② 喻卫斌、晓勇：《现代不确定性理论的比较研究》，《经济问题》2008 年第 3 期。

③ 田野：《关于国际政治经济中不确定性的理论探讨》，《国际论坛》2000 年第 4 期。

一 不确定性的定义

什么叫不确定性？看不清说不明白。未来就是这样的。所谓不确定，就是经验概率也没有办法推断的未来。"不确定性"这个词翻译成中文怎么翻？经济学家张五常说，干脆翻译成"莫测""不可测"。这跟物理学里有些看法也很一致，物理学里也有一个"不可测定理"，或者叫"不确定定理"。可以看出，物理学家和经济学家对未来的看法在有些问题上是一致的——莫测。① 根据兰洛伊斯（Langlois）的观点，在现实中实际上存在两种完全不同的信息和知识的缺乏：一种是知识和信息的缺乏；另一种是有关问题的基本性质以及可能出现的知识和信息的缺乏。② 概括兰洛伊斯的研究可以得出，不确定性从其内涵来讲可以分为两类：一类是参数不确定性，参数不确定性可以理解为事件的复杂性，它本身是客观存在的，或者可以预见其概率，一种事件具有的某种程度的复杂结构可以用影响这一事件的参数 X_1，X_2，X_n 来表示，即 $F = X_i$，$i = 1$，2，$\cdots$，n。因而，参数不确定性是和人们对信息的获取程度相关的。另一类不确定性是结构不确定性，人们在进行决策的时候，由于进行决策所需的各种知识还没有形成，也就是说，迄今为止人们在行为的过程中这种知识还是空缺的，和人的认知能力是没有关系的，因而，结构不确定性是与人们对每个决策未来结果的无知相关。③ 但是，制度经济学家库普曼斯（Koopmans）却把不确定性按照级别划分为初级与次级两种类别。初级不确定性（Primary Uncertainty）具有状态依赖特征，而次级不确定性（Secondary Uncertainty）源于"缺少沟通，即一个决策者没有办法知道其他决策者同时作出的决策和计划。"④

库普曼斯对不确定性的划分方式遭到了威廉姆森（Williamson）的批评，他认为以上的分类方式遗漏了另外一种不确定性，即归因于机会

---

① 周其仁：《如何面对不确定的未来》，爱思想网，http://www.aisixiang.com/data/100676.html。

② Langlois R. *Transaction - cost Economics in Real Time*, Industrial and Corporate Change, 1992, pp. 99 - 122.

③ 田野：《关于国际政治经济中不确定性的理论探讨》，《国际论坛》2000 年第 4 期。

④ Oliver Williamson：《治理的经济学分析：框架和意义》，载［德］埃瑞克·G. 菲吕博顿（Eirik G. Furubotn）、鲁道夫·瑞切特（Rudolf Richter）编《新制度经济学》，孙经纬译，上海财经大学出版社 1998 年版，第 76 页。

主义的策略型不确定性，他将其称为"行为上的不确定性"。① 行为上的不确定性是指，即使自然界完全没有不确定性，人们行为决策相互影响、相互制约的后果也会产生一种行为不确定性。这种不能推测的偶然事件的不确定性和交易双方信息不对称的不确定性，由于不确定性的存在，使之事前规定好适当的对应措施是不可能的；或者事先可以预料，但因为预测成本或在契约中制订处理措施成本太高，而产生了组织对交易连续性适应的需要。也就是说，由于不确定性的治理结构的存在，交易决策必须是适应性的和连续性的，以及存在减少这种不确定性的治理结构的可能。并且行为不确定性和机会主义行为相关，在威廉姆森的理论中，机会主义是重要的人性假设。因而，和机会主义假设相联系的行为不确定性自然成为威廉姆森不确定性理论中的主要内容。最后，威廉姆森将行为不确定性之外的不确定性都归结为参数不确定性，认为它是和有限理性密不可分的，因为如果没有不确定性，人们便可以进行理智的决策和行动，正是由于人们心智的局限性才使得对未来无法确定。②

另外，奈特（Knight）在百年前从事件结果是否可预见的角度区分了风险和不确定性。他所指的不确定性——特指那些不可重复从而不可预期的"事件"，它们当中意义重大的，现在被称为"黑天鹅事件"。这种不确定性无法被假设"信息完备"或"信息完全"的博弈论容纳，尤其是，应对这种不确定性的理性选择模型不再可能如以往的博弈分析那样是"逆向推演"的。③ 他还指出，"风险的特征是概率估计的可靠性，以及因此将它作为一种可保险的成本进行处理的可能性，估计的可能性来自所遵循的理论规律，或来自稳定经验规律。与可以计算的风险截然不同，不确定性是指人们缺乏对事件的基本知识，对事件的结果知之甚少，因而，不可能通过现有理论或经验进行预见或定量分析。"④ 通过对风险和不确定性的划分，奈特认为风险是可以用概率来计算的，而不确定性则无法用概率来加以计量。因为，在他看来，不确定性是人

---

① ［美］奥利佛·威廉姆森：《治理的经济学分析：框架和意义》，载埃瑞克·菲吕博顿等《新制度经济学》，孙经纬译，上海财经大学出版社1998年版。

② 喻卫斌、晓勇：《现代不确定性理论的比较研究》，《经济问题》2008年第3期。

③ 汪丁丁：《经济的限度：中国"经济奇迹"与社会正义》，中国计划出版社2017年版，自序第2页。

④ Knight F H., *Risk Uncertainty and Profit*. New York：Augustus M Kelly，1921.

们缺乏对事件的基本知识，对事件的结果知之甚少，不能通过现有的理论或经验进行预见、定量分析或控制。从中我们可以看出，奈特的不确定性概念主要是指结构不确定性，而奈特对风险的解释实际上和参数不确定性相近。① 从概念上讲，风险相当于一个降低不确定性的尝试，这是通过尽量为不确定的结果赋予可能性而实现的。风险是可以计算的，并且因此，在概率论能够企及的范围内，风险是不确定性这一"汪洋大海"中可以控制的岛屿。或者简言之，风险带来的威胁小于不确定性。② 由此霍奇森认为，"兰洛伊斯（Langlois）对不同种类的信息问题进行了分类，这与奈特在风险和不确定性之间做出的著名区分是相似的。只是兰洛伊斯更愿意使用的名词是参数不确定性和结构不确定性而已"。③

简言之，正是由于不确定性的普遍存在给人们的生活与交往带来了很大的不便，于是人们便尝试着来减少或降低这种不确定性。

二 减少不确定性的途径

首先，结构的角度。结构通过给行为者设定一系列限制条件来减少不确定性。在沃尔兹之前的许多学者认为，多极结构比两极结构更为稳定。在他们看来，多极结构下由同盟的灵活性而产生的不确定性给每个单极带来了有益的谨慎，而两极结构则有着双重不稳定性，即易于多侵略或易于自爆。沃尔兹对此提出了质疑，指出不确定性不能使每个单极具有应有的谨慎，不能增大和平的可能性，而只能导致冲突。而在两极结构下，双方通过"内部"而非"外部"的手段相互平衡，它们依靠的是自己而非他极的力量。沃尔兹认为，内部平衡要比外部平衡更可靠、更精确，单极在判断自己的相对力量时所出现的错误可能要少于它们在判断敌对集团联盟的实力和可靠性时所出现的错误。因此，两极结构能在相当程度上减少来自信息不对称及道德风险的不确定性，从而更有利于保持平衡与稳定。另一位新现实主义的代表人物罗伯特·吉尔平（Robert Gilpin）对沃尔兹的上述论点提出了三点重要保留。他特别指

---

① 喻卫斌、晓勇：《现代不确定性理论的比较研究》，《经济问题》2008 年第 3 期。

② ［瑞士］海尔格·诺沃特尼等：《反思科学：不确定性时代的知识与公众》，冷民等译，上海交通大学出版社 2011 年版，第 38 页。

③ ［英］特伦斯·W. 哈奇森：《经济学的革命与发展》，李小弥、姜洪章等译，北京大学出版社 1992 年版，第 121 页。

出，沃尔兹所依据的市场供应垄断理论是有缺陷的。虽然二主共谋的市场供应垄断行为的确能够增加收益，减少不确定性，但是，这种"卡特尔及其共谋的协定往往失败"。①

其次，制度的角度。量子物理学家尼尔斯·波尔（Niels Henrik David Bohr）曾说："预测很难，特别是对未来的预测。"莫测的世界应该怎么对付呢？马斯·尤伦指出，法律的重要功能便是"为交易当事人提供一种稳定的预期"，使交易一方能够知晓对方的行为后果，从而可以降低不确定性。② 经济学家也得出了一些今天看来经得起检验的结论，莫测的世界光靠开保险公司不行，所以一定要有一套制度，市场的制度、充分竞争的制度、财产权的制度，特别是股权合约的制度。③ 在国内减少不确定性的主要途径是国家实施的法律制度，其后则是国家对合法暴力使用权的垄断。④ 阿克罗夫用实例加以说明信息不对称的"次品市场"概念。正如旧车卖主与潜在买主案例一样，由于卖主知悉其他行为主体比自己拥有更少的信息，并且因此可能操纵双方的关系乃至进行成功的欺骗。但只有当欺诈行为成为可能时，这一信息不对称引发的不确定性问题才会出现。信息只有在不确定性的条件下，才具有价值，才会授予人们以权力。不确定性会创造出行使权力的可能性，信息能够提供行使权力的能力。⑤ 然而在一个道德完善的社会中，信息将是开放的，没有人会利用信息的优势谋求自己的特殊利益。而在道德不完善的现实世界中，信息不对称的问题不能仅仅由沟通来矫正。并非所有的沟通都会减少不确定性。实际上，由于沟通中的欺骗行为，沟通可以导致不对称或不公平的交易结果。如同有效的沟通不能根据旧车卖主与潜在买主会谈的次数来判断一样。⑥

---

① ［美］罗伯特·吉尔平：《世界政治中的战争与变革》，武军、杜建平、松宁译，中国人民大学出版社1994年版，第94页。
② ［美］罗伯特·考特托、马斯·尤伦：《法和经济学》，张军等译，上海三联出版社1994年版，第218页。
③ 周其仁：《如何面对不确定的未来》，爱思想网，http://www.aisixiang.com/data/100676.html。
④ 田野：《关于国际政治经济中不确定性的理论探讨》，《国际论坛》2000年第4期。
⑤ ［美］丹尼斯·C. 缪勒：《公共选择理论》，杨春学等译，中国社会科学出版社1999年版，第305页。
⑥ 田野：《关于国际政治经济中不确定性的理论探讨》，《国际论坛》2000年第4期。

可是，在实际的政策决定过程中，组织常常采用回避的方式多于直接面对不确定性问题。不确定性的回避方式也是一个渐进的过程，而不是组织自带的本来特征，它是随着组织经验的成长而不断加强。回避不确定性的目的是为了缩小组织处理信息时的负担，但是在制定大型复杂的政策问题时，不确定性还是很难避免的。因为其表现出来想要解决问题的意图不明确。为了改善政策决定的质量以及确保其正确性，回避不确定性被看作是一种消极的应对方法。政策决定要在限定的时间内完成，常常会因为组织的信息处理能力不足，造成不确定性问题。不管做出何等的努力都无法达成的结果，最后成了"完全合理"的不合理。①

总之，在政策抉择过程中不可能做到完全的正确。不确定性经过多次的再选择，大部分可以得到解决。只是经过多次的信息再收集过程，公平性也将会有所丧失。也正是由于不确定性的此种特性，它一直以来成为讨论与争议的焦点。②

第四节　结语

政策决策是一个复杂的过程。决策者根据所处的立场与所持的观点的不同会做出完全不同的决定。根据政治情理（情感）可以把政策决定分为合理性政策决定、适当性政策决定和随机性政策决定三种。在所有的政策决策过程中根据决策者掌握信息的程度，又逐渐形成了政策困境理论和不确定性理论两种不同的研究范式。政策困境理论，尽管决策者掌握着充分的信息，但由于方案价值相互排斥，彼此间的机会成本巨大，不可能轻易对某一方案做出决定；而反观不确定性理论中决策者由于自身或者客观条件的制约，不能收集到全部决策所需的信息，而不得不在一种信息不充分的状况下做出一种不确定性的政策抉择。但是，这种不确定性的政策选择可以通过多次的再选择得以改善。此外，看似无关的两大理论中，决策者的消极对应策略常常成为两者共同的选择。

---

① ［韩］金荣枰：《不确定性和政策的正当性》，高丽大学出版社1991年版，第49页。

② Kim, Young－Pyoung. Justification of Policy Error Correction: A Case Study of Error Correction in the Three Mile Island Nuclear Power Plant Accident（unpublished Ph. D. Dissertation, Indiana University at Bloomington, 1982）, Ch. Ⅵ.

第六章 多元文化主义理论：从"他者"认识多元文化与文化的多元

自 20 世纪 60 年代以后，随着全球化的进一步交流的不断深入，到他国学习与工作，甚至移民与通婚的人数持续增长，由此带来了文化的多元和多元文化交流与认同的问题。了解多元文化主义的思想来源，认识多元文化主义对于既往的文化观、历史观、教育观，甚至是公共政策的冲击，更应理解多元文化主义对于解决一些现实问题还存在的不足。

第一节 绪言

"多元文化主义"一词现已成为一个被频繁使用的术语。当然，有关此一词语最早以书面形式的记录是在加拿大 1965 年出版的《双语主义和双文化主义》（*Bilingualism and Biculturalism*）一书中。① 据社会学家内森·克莱日尔（Nathan Glazer）统计，美国的主要报刊在 20 世纪 80 年代末才开始使用"multiculturalism"一词。② 1989 年再版的《牛津英语词典》才首次将其作为一个词条引入。因此，不难看出"多元文化主义"（multiculturalism）是一个相对较晚出现的词汇，从词源学角度看，"多元文化主义"由形容词"多元文化的"（multicultural）演化而来，而"多元文化的"意为"属于一个由多种文化群体组成的社会的"，相对于"单一文化的"（mono cultural）一词而存在。③ 简言之，

---

① JA Simpson, ESC Weiner. *The Oxford English dictionary*. En. Scientific commons. Org, 1989, p. 289.

② 王希：《多元文化主义的起源、实践与局限性》，《美国研究》2000 年第 2 期。

③ 周丹：《多元文化主义的产生及内涵》，《内蒙古社会科学》（汉文版）2006 年第 2 期。

多元文化主义的概念包含以下几大要素：（1）多元文化主义与必须由一个国家的一种语言、文化、民族构成的同化主义为基础的民族国家的情况相反。（2）多元文化主义通过多种语言、文化、民族、宗教等来肯定彼此的正当性，同时建构适合多方的社会秩序。（3）多元文化主义拥有将女性、少数民族等许多不同性质的周边文化收容到主流制度圈内的立场。（4）随着国家与社会的快速发展，因结婚移民者、多元文化家庭子女、外国同胞增加，将带来人种与文化的多样性。

第二节 多元文化主义的思想来源

20 世纪初美国出现的"文化多元主义"（Cultural Pluralism）与 20 世纪 60 年代开始欧美国家兴起的"多元文化主义"（multiculturalism）有历史和思想上的联系。卡伦的"文化多元主义"思想包含了后来出现的"多元文化主义"中的一些观点。虽然都是对主流文化传统的挑战，并在思想上有相同之处，但两者之间也在背景、范围、内涵和目标方面有很大的不同，不能简单等同。两者都强调社会的多元性，对不同文化和传统的尊重和包容，但它们的历史背景、历史内容、所具备的政治功能不同。"文化多元主义"是对"美国化"运动的一种抵制，要求的是社会内部各种文化之间的平等；"多元文化主义"争取的不仅仅是对社会不同种族和族裔的文化和传统的尊重，而是要对传统的主流文化提出全面检讨和重新界定，它要求的不只是在文化和民族传统上的尊重，而是改变政治基础，要求将种族平等落实到具体的政治和经济生活中去，"多元文化主义"所包含的"文化"的内容超越了传统意义上的"文化"范围，实际上成为一种明显而直接的政治诉求。同时，多元文化主义也不再是一种局限在美国国内的运动，它的形成也受到世界形势发展的影响，它本身也是对全球化时代世界秩序的一种探索。

最初，多元文化主义是作为一种对社会现象的描述和承认而出现的，但是其本身包含了一种价值取向，对多元文化现象和对多元文化权利的承认保护。这就使它具有了一种政治的属性。20 世纪 70 年代，加拿大、美国、澳大利亚等国，开始实行多元文化政策。其核心是放弃了对少数民族益格鲁化的强制同化，承认并支持少数民族保持其文化传统。当代加拿大政治哲学家查尔斯·泰勒批判地吸收了前人的理论基础，对自由民主思想进行了深刻的反思，力图克服文化中心主义，从尊重差异、保存集体目标的社群视角，构建起主张包容的多元文化主义理论框架。随着查尔斯·泰勒《承认的政治》一文的发表，多元文化主义越来越具有政治意义，逐渐发展成一种政治意识形态。

一　亚里士多德关于"善"的伦理思想和城邦政治学说

首先，亚里士多德认为世间万物都具有向善性，善是一切事物存在和发展的目的，由于事物的目的是多种多样的，所以善也是多元的。亚里士多德关于善的观念为泰勒多元文化思想提供了理论来源。泰勒认为，人的行为具有目的性，追求善的目的，反对整齐划一的价值观；认为社会生活是丰富的，存在着不同性质的善；人的行为和方式是复杂而多变的，目的的多样性使我们的行动和行动的结果具有多样性的特点。

其次，亚里士多德认为城邦是一种具有政治性质的共同体，是为了达到某种善而结合起来的，是保证人们为了美好生活而存在的，城邦中的人是天生的政治动物。他说："人比蜜蜂以及其他群居动物更是政治的动物，原因是显而易见的。……只有人才能感知善和恶、公正和不公正等，只有这样的人的共同体才形成家族和城邦。"[1] 在这里，亚里士多德强调政治对个人的重要性以及个人与共同体之间的紧密关系。泰勒认为任何自我都是一定文化的自我，自我的形成离不开它所处的文化。他还认为，现代社会的隐忧之一就是公民对政治生活的冷淡，导致了如托克维尔所说的"温和专制主义"的产生。一个真正的民主社会应该是一个充满活力的社会，人们既广泛地参与政治活动，彰显个人的政治天性，又积极参与各种社会组织和群体活动，致力于群体利益的实现和群体价值观念的构建。这样的社会就是亚里士多德所说的城邦共同体。

最后，亚里士多德还认为，在城邦中，国家先于家庭和个人，全体先于部分。组建城邦就是以共同利益为原则，致力于共同的善。泰勒深受这一思想影响，认为一个社群并不是人们简单的聚集，而是一个有机的整体，是人们为了共同目的的追求至善而结合在一起。他以此来反对自由主义的个人利益至上主义，强调个人不能离开集体和社群，个人利益并不总是凌驾于集体利益之上，个人利益的实现要以集体利益最大化为

---

[1]　苗力田：《古希腊哲学》，中国人民大学出版社 1996 年版，第 577 页。

前提。

二　黑格尔的辩证法思想

首先，黑格尔通过深入批判康德的二元论和不可知论建立起思维和存在辩证统一的哲学体系。黑格尔说："理念深信它能实现这个客观世界和它自身之间的同一性，理性出现在世界上，具有绝对信心去建立主观性和客观世界的同一，并能够提高这种确信使成为真理。"[①] 黑格尔扬弃了传统的精神与自然的二分法，坚持思维和存在的对立统一，认为事物是不断发展变化的，并且对立双方能通过自我发展达到和谐统一。泰勒批判地吸收黑格尔的辩证法思想来阐述自我和社群的辩证关系。他把人看作是一个自我解释的动物，思想就是在语言中得以体现的，人在自我表达中不断表现自我并得到他者的承认，自我的对立面就是他者，自我在与他者的对话中获得自身存在的意义和价值，使人的行为方式和生活方式展现出所在社群的文化内涵和特征。而且泰勒认为不同文化之间也不是完全对立的，文化作为一种人类精神的产物在交融中有和谐统一的一面。

其次，黑格尔哲学强调事物的整体性。他认为，整体由部分构成，部分不能脱离整体而独立存在，而且事物的整体本身也具有有限性，作为一个整体的事物不能只依靠自身而存在，它也是一个更大的整体的一部分，它不但依靠这个整体，而且要依靠这个整体去证明自身的存在，表现和其他整体之间的相互联系。泰勒非常欣赏这一观点，提出自我是由不同部分构成的一个整体，但也是一个有限的整体，是这个社会更大的、整体的一部分，不能脱离社会和群体而独立存在，这是对自由主义个人优先于集体的反思。泰勒的思想并不是对个人自由的否定，而是强调个人是集体中的自我，是一定文化群体中的自我，以整体性分析凸显自我与社群的联系。[②]

三　哈贝马斯的宪政民主思想

哈贝马斯指出，仅仅由法律来提供平等保护仍不足以构成宪法民主；只有当人们把自己看作是法律制定者时，民主才可能在宪政政体里得到体现。这样，"权力系统就会既注意不平等的社会条件，又考虑文

---

① 黑格尔：《小逻辑》，商务印书馆 1980 年版，第 410 页。
② 吴军：《查尔斯·泰勒的多元文化主义及其现代价值》，《云梦学刊》2016 年第 6 期。

化差异。"换言之，只有当社会（弱势）群体介入公共讨论并充分阐述自己的要求时，他们才可以说享受到了宪政民主赋予他们的公民平等权。①

四　泰勒的文化差异与政治承认

西方政治哲学家把自由民主政体归结成一条原则："把所有的人都看作是自由和平等的人"（Treat all people as free and equal beings）。不过，如何贯彻和执行这一原则，泰勒认为，只要所有公民的权利得到保护，且没有一个人被迫接受某种价值观，那么政府就有权干预，提高某一社会群体的文化价值。并由此提出其"政治承认"一说，即人的自我认识和社会身份与社会给予的政治承认有直接关系，"不承认或错认会造成伤害，甚至成为一种压迫，使人陷入虚假、贬低的生活困境"。②

五　解构主义的政治和文化话语霸权的理论

解构主义对多元文化主义的影响，主要在于它否认建立共同思想文化标准的必要性。在解构主义看来，任何共同一致的标准，都是掌握政治权、占有话语权和控制社会资源的群体行使它们权力的面罩，因而是为社会强势群体服务的，社会边缘群体不仅无法从中受益，反而会成为它的受害者。由于多元文化主义所强调的，正是不同社会群体共处一个社会时的政治承认和文化权利问题，所以，解构主义对话语霸权和正统理论的挑战自然成了多元文化主义的重要理论武器。③

第三节　多元文化主义的主要内容

一　多元文化主义的理论内涵

关于什么是"多元文化主义"的论述，学术界至今还没有一个明确的、公认的定义，多元文化主义内涵的丰富性源自其起源的复杂性。综合学术界观点，关于"多元文化主义"的内涵概括，大致包括四个方面的内容：

---

① ［英］C. W. 沃特森：《多元文化主义》，叶兴艺译，吉林人民出版社 2005 年版。

② ［加］查尔斯·泰勒：《承认的政治》（上），董之林、陈燕谷译，《天涯》1997 年第6期。

③ ［英］C. W. 沃特森：《多元文化主义》，叶兴艺译，吉林人民出版社 2005 年版。

第一，多元文化主义是一种教育观。20 世纪 70 年代，随着全球化的加速，全球人口流动也呈现出快速增长的态势。实施"多元文化的教育"（multicultural education）、设置"多元文化的课程"（multicultural curriculum）开始成为美国、加拿大等国的一种新兴的教育理念。① 多元文化主义认为，知识在人类生活和社会发展中占有极为重要的地位，但知识并不是中性的，其内容及构成方式不仅受特定的政治、经济和社会关系的制约，也受到制造和传播知识的人的兴趣和立场的影响；教育是传播知识的重要过程，又是塑造公民群体的关键过程，教育中的"文化压迫"现象，即对非主流文化的排斥和曲解，必须改变；多元文化主义教育为学生提供新的知识结构和内容，帮助学生了解和尊重其他文化传统，减少乃至消除种族主义的偏见。②

第二，多元文化主义是一种历史观。传统的历史观当中，常常是以一种强势或占主体的民族历史作为主线，来进行认知与教育的。但当多元文化主义提出以后，关注少数民族的历史和弱势群体被重新发现，多元文化主义的历史观强调历史经验的多元性；一个国家的历史、传统和文明，是多民族的不同经历相互作用的结果，因此要加强对少数民族和弱势群体历史的研究。例如，自 20 世纪 60 年代开始新美国史学的兴起，它以社会史学为基础，旨在纠正旧的美国史观史论，注重对美国少数民族和弱势群体历史的研究，强调美国人历史经验的"多元性"。③

第三，多元文化主义是一种文化观。在这方面，多元文化主义常与后现代主义、结构主义和女权主义归为一类，被看成是向传统西方文明知识霸权进行挑战的一种话语，也可以看作是一种话语权之争。长久以来，单一的某种强势文化常常占据了主要的话语舞台，也常常以优势文化的代言者自居，垄断了话语权。然而，多元文化主义者却认为，任何文明都是历史的产物，有其内在和特定的价值体系，没有一种文明可以宣称比其他文明更为优越，也没有理由以主流文明自居，并歧视、否定甚至取代其他文明；多元文化主义理论的核心是承认文化的多元性，承认文化之间的平等和相互影响，打破西方文明在思维方式和话语方面的

---

① 廖晓琼：《简论加拿大多元文化主义政策》，《新西部》（理论版）2016 年第 4 期。

② James Banks, "Multicultural Education as an Adacemic Discipline," in *Multicultural Education 95/96*, 2d edition (Guiford, Conn: Dushkin, 1995), pp. 61 – 62.

③ 李剑鸣：《关于 20 世纪美国史学的思考》，《美国研究》1999 年第 1 期。

垄断地位。①

第四，多元文化主义是一种公共政策观。"文化"是政治社会中权力关系的一种表现方式，文化的不平等主要是因为政治的不平等，而政治权力的不平等最终造成了整个公共政策的分配格局的不平等；所以说要建立真正的文化平等，就必须改变现有的不合理的政治和经济权力结构。而多元文化主义主要强调的是种族平等和宗教宽容，其最终目的并不是追求"文化平等"（cultural equity），而是"社会平等"（social equity），是要争取不同群体（尤其是那些在历史上长期受到歧视和压迫的群体）在政治、经济和文化资源方面的平等。所以说，"多元文化主义"在这个意义上，是一种意识形态及价值观，其功能在于动员社会力量，促进社会改革，追求不同族群在文化和物质方面的相对平等与丰富以及在自由人格和人类尊严原则范围之内的群体认同。

二　多元文化主义的理论批判性

（一）对自由主义抽象的个人主义批判

自从多元文化主义理论产生以来，自由主义与多元文化主义的争议在经济发达国家就成为一个热门议题。首先，多元文化主义批驳了自由主义的权利至上主义，从洛克、卢梭到现代的罗尔斯、诺齐克的自由主义都强调个人权利的至上性和追求经济利益的合法性；其次，多元文化主义认为个人的权利是天赋的，这就使个人权利带有不可剥夺性和神圣性，这种将个人视野专注于个人利益之上的观点既看不到个人与他人的横向联系，也忽视了个人与历史传统、文化背景之间的纵向联系，从而使个人失去了方向感、迷失了存在的意义。

多元文化主义者认为，随着现代资本主义的发展，工具理性极度泛滥，一切都是为了目的而存在，人们的物欲进一步膨胀，原有的生活方式和社会秩序为工具化的行为模式所取代，人不断异化为马尔库塞所形容的"单向度的人"。个人沉浸在封闭世界里，降低了政治参与的热情，疏远了对政治事务的关注，导致自由民主力量的衰弱，加剧了当代社会"温和专制主义"的产生，使社会呈现出各种群体分散化、割裂化的发展趋势，使社会秩序、政治生活呈现出合法性危机，造成人际关

---

① Henry Louis Gates Jr., "Goodbye, Columbus? Notes on the Culture of Criticism", *American Literary History*, No.3, 1991, pp.711 – 727.

系的冷漠和伦理道德的失范。泰勒断言自由主义的过度膨胀是当代西方各种社会问题的主要根源之一。正是毫无约束的个人自由主义的泛滥，引发了"现代性的病症"。泰勒认为，个人主义导致虚无主义和自私自利盛行，使个人与社会联系的纽带逐步被割断，个人变成了一个个独立的原子，作为文化共同体存在的社会日益丧失其存在的意义。个人主义忽视群体的和谐、秩序与规范，阻碍了公共利益和共同目标的形成。同时它也正在摧毁自由本身的基础，削弱民主制度本身。

（二）承认平等与差异，主张宽容与多元

自由主义承认个体平等，但忽视了文化的平等和差异，认为文化具有普遍性，其实质是文化霸权主义和种族中心主义的表现，其蕴含的价值主张就是一元文化的现代性。这实质也就是抹杀了其他文化的差异，忽视了对文化的平等尊重。泰勒认为，尊重差异就是尊重平等，真正的平等也离不开对差异的承认。多元文化主义认为文化是平等的、多元的，主张采用开放和宽容态度与不同文化进行对话和交流。每一种文化因其历史、环境、信仰各有不同，正如每一个个体有个性和差异一样，都有其生存和发展的权利，多样性是现代社会发展的重要特征和趋势。

随着全球化的不断深入，多元文化家庭的数量也在同步增加，伴随而来的融合失败的案例也在不断增长。多元文化家庭的解体和社会适应失败不仅可以把它看成是由于个人层面而引起的问题，而在社会性层面，如果移居他国的外国人无法对移入国的国家价值和规范产生认同，那么他们最终将会堕落成少数群体；另外，因为移入国的国民对于多元文化的排他性态度，也会加深人种间的社会隔阂，因此，很有可能会对社会的凝聚性产生弱化作用。

正是由于事物的多样性，才使我们的社会变得丰富多彩和绚丽夺目。以宽容为前提平等对待任何一种文化是多元主义的内在价值，不管其形式如何，强调同一的不宽容则是假多元主义。融合不是同一和均化，更不是以一种文化去消解另一种文化，而是在一个更广泛的视界里平等看待文化的差异和交互作用。融合是"你中有我，我中有你"，交互为一体形成新的超越现有的文化，就是一种平等对待不同文化的态度。①

---

① 吴军：《查尔斯·泰勒的多元文化主义及其现代价值》，《云梦学刊》2016 年第 6 期。

第四节　多元文化主义的现代价值与未来困境

一　多元文化主义的现代价值

随着当今世界全球化和多极化，国际形势发生了深刻复杂的变化。由于各国、各民族、各地区在政治、文化、意识形态、生活方式、价值观念等方面的差异导致冲突此起彼伏，极端宗教势力不断壮大，少数族裔和群体因利益争端持续引发地区动荡。正如亨廷顿在《文明的冲突》中所指出的，当今世界冲突的根源不再是意识形态，而是文化的差异，主宰全球的将是文明的冲突。这不得不使我们对当今文化全球化的蔓延和普适价值的肆虐抱以深深的警觉和反思，多元文化主义为我们处理不同文化和文明之间的矛盾和冲突提供了理论参考和现实指导。

（一）多元文化主义为正确处理国际关系指明了方向

当今世界是一个多样化的世界，各国人民在长期的社会历史中形成了自己独特的文化、传统和发展模式，在国际关系中要尊重各国人民有自主选择符合本国国情的社会制度、发展道路和生活方式的权利，国家不分大小、强弱、发展先后，都是国际社会平等的一员，都享有平等参与地区和国际事务的权利。尊重各国意识形态和文化发展的差异，平等对待各国是泰勒多元文化主义所提倡的处理国际关系的基本原则。然而，当前某些国家以人权卫士自居，肆意对他国的社会制度和意识形态说三道四，强行推行所谓的"普适价值"，不顾历史发展和社会现状把自己的价值观和文化观强加于别国，引起当今国际局势持续动荡，这是造成现在一些国家陷入政治纷争、社会混乱和经济衰退的主要原因。

（二）多元文化主义为正确解决民族和宗教矛盾提供了出路

西方文明以其先天优势，在经济全球化的浪潮中推行文化全球化，向相对落后国家民族推销其价值观和文化观，不断侵蚀、挤压这些民族国家的文化发展空间，引发不同文明之间的冲突和对立。可以说，当代的国际争端和地区性冲突，基本是由不同文明的民族矛盾和宗教问题引起的。叙利亚战争和伊斯兰国的崛起就是明证。尊重不同民族文化的多样性和宗教信仰的独特性是解决当前民族宗教冲突的必由之路。任何文化的产生和存在都有其必然性和合法性，都是人类精神宝库的一部分，强求单一标准化的文化模式，不仅不能推动争端的解决，反而会加剧被强制民族的抗争，进一步恶化民族矛盾和文明的冲突。各民族应该在一个多样化的国际环境中，以宽容和理性的心态，以平等的身份真诚地去理解和包容其他民族的信仰和文化，承认和尊重文化的差异性和独特性，通过话语交流实现文明共享，吸收其他文明的优势和长处，促进世界文明的发展。

（三）多元文化主义为我国当前解决社会难题提供了有益的探索

当前我国进入社会转型的关键时期，伴随着体制内的深层次矛盾而来的社会冲突日益增多，贫富差距的扩大造就了一部分相对弱势群体，比如农民工、城市下岗工人等。他们相对贫困，社会地位低，个人权利和劳动权益得不到保障，在市场经济大潮中逐渐被边缘化，往往遭受到较多的社会不公不义。对于这部分群体，我们要高度重视他们的利益诉求，保障他们的合法权益，给予他们平等的地位和相应的待遇。否则，如果处理不好，就会诱发各种群体性事件而造成社会的不稳定，迟滞社会经济的发展，不利于社会公平正义的实现及和谐社会的构建。①

二 多元文化主义的未来困境

（一）多元文化主义在理论上不能完全解决"一元"与"多元"的关系问题

多元文化主义提出了解释传统和民族性内容的新思路，但如何将不同群体的传统与主流文化和民族传统统一起来，多元文化主义没有提供有力的答案。多元文化主义者在强调"多元"的同时，往往忽视或无法"一元"，或予以其准确的定义，而且由于需要强调"多元"，多元文化主义者往往要求摆脱"一元"的影响，这种做法给多元文化主义的推行和贯彻带来许多困难。老牌自由派历史学家小阿瑟·施莱辛格（Arthur Schlesinger Jr.）就坚决反对多元文化主义推行的"族裔崇拜"（the cult of ethnicity）的做法，认为这种做法只会夸大种族差别，激化种族间的敌对情绪，使少数民族陷入"自我怜悯和自我孤立"的境地，导致种族分离历史的重演。他反对将美国史解释为分离的种族史的集合体，坚持认为英国和欧洲文明是美国发展的基础，美国的历史虽然曲折，但美国人对一些政治观念（如自由、平等、民主、优裕的生活条

---

① 吴军：《查尔斯·泰勒的多元文化主义及其现代价值》，《云梦学刊》2016 年第 6 期。

件）的追求是共同的，不同种族和族裔之间在这方面并没有完全对立的意识形态和文化冲突。①

从历史的角度来看，当少数民族和妇女原先被排斥在集中性体制之外的群体有效地进入体制内后，它们便提出对传统民族性的重新定义。而它们的定义显然又是传统势力所不能全盘接受的。多元文化主义史学的领衔人物之一盖瑞·纳什（Gary Nash）也强调，多元文化主义必须就什么是国家文化的核心达成一致意见，否则不可能摆脱那种将所有事物视为同等重要的"简单多元论"。②

（二）多元文化主义是否能够成为一种持久的意识形态和政治胶合剂的问题

从 1994 年《撒旦的诗篇》（The Satanic Verse）因冒犯伊斯兰信仰引起穆斯林对作者的全球追杀，到 2012 年美国好莱坞在电影中侮辱穆斯林先知，激起埃及与利比亚民众围攻美国大使馆；从 2005 年的法国骚乱，到 2011 年的挪威爆炸和枪击案，最近若干年，隔不多久西方发达国家就要发生类似的以族裔为名引发的社会动荡或恐怖事件。而此类频繁发生的社会混乱事端，近期在大众传媒界都有归咎于当代西方社会"多元文化主义"（Multiculturalism）文化政策的倾向。围绕着多元文化主义，近几年西方文化界众说纷纭。欧洲几位首脑已经纷纷表态，宣布"多元文化主义已经失败"，而学者对多元文化主义的理论排演也越来越复杂。③

在面对体制性歧视的情况下，"群体斗争""群体诉求"是团结和整合政治力量的有效方式。但法律上的平等和类如"肯定性行动计划"的实施后，除非多元文化主义提出新的、更高的政治理想，它原来所具备的政治效力将不可避免地减弱，甚至转换成为阻力。原先具有一致目标的各群体可能因为多元文化主义政策的实施而造成利益上的冲突。比如，对于"肯定性行动计划"，亚裔与黑人、拉美裔之间就存在一种非常尴尬的局面。亚裔是加州人口的 10%，但加州大学系统中亚裔学生的比例相当高。在实施"种族优先"（racial preference）政策的 1996—

① Arthur Schlesinger Jr., The Disuniting of America: Reflections on a Multicultural Society, New York: Norton, 1994, pp. 102 – 103.

② Gary Nash, "The Great Multicultural Debate", Contention, 1992, pp. 11, 23 – 25.

③ 胡谱忠：《多元文化主义》，《外国文学》2015 年第 1 期。

1997 学年里，加州大学伯克利分校法学院的新生中，少数民族占了 35%（其中黑人为 7.6%、拉美裔人为 10.6%、印第安人为 1.5%、亚裔为 14.4%）；这项政策取消后，少数民族学生的比例下降至 25.7%（黑人 1.8%、拉美裔 4.9%、印第安人 0.2%、亚裔 18.8%），但亚裔的实际比例却提高了。这种改变对非裔、拉美裔和印第安人群体来说，当然是一种倒退，但对于许多亚裔来说，可能是一件值得欢迎的事。

（三）如何解决"文化"与"权利结构"之间的矛盾问题

尽管现行多元文化主义中的激进力量提出了在政治权力、经济资源和教育资源分配、文化意识重建等方面一系列要求平等的主张，但多元文化主义并没有对国家制度本身提出挑战，没有对造成种族、族裔、阶级和性别间在政治和经济资源的占有和分配方面绝对不平等的资本主义经济制度提出直接严肃的挑战。多元文化主义者希望建立新的、富有民主、平等和多元的精神的民族传统，但并不刻意向主导"多元文化"发展的"权力体制"挑战，政治和经济行为的"一元"与文化上的"多元""共处"的结果，仍然会造成文化上的"一元"；强大的市场经济机制不仅推动商业行为、商业心理、商业需求的"一元"化，也对政治和文化行为有集中化的影响。换句话说，"多元文化主义"运作的环境将是"一元"的，这个"一元"机制所包含的影响力对于"多元文化"是决定性的，而后者对前者的影响则是非常表面和微弱的。①

（四）多元文化主义在国际范围内面临一个尴尬境地的问题

随着经济全球化发展，多元文化主义强调国与国之间的经济交流、文化交融。一方面，多元文化主义的口号和思想被跨国资本集团借来为自己的扩张鸣锣开道，谋取更大的利润服务，将市场扩展到世界的每一个角落。对于那些少数民族劳力比重很高的初级制造业被转移至国外本身就是他们经济利益的一种损害。与此同时，资本全球化也将世界上更多的发展中国家（绝大多数为非西方国家，其人民也多为有色人种）纳入世界资本主义的体系。所以，当资本主义的经济体制随经济全球化而成为一种世界性体制时，欧美国家的少数民族中绝大部分人与第三世界家的绝大部分人在某种意义上处在这个体制中的同一历史位置上，受到同一种"权力集团"对他们的经济（乃至政治和文化）命运的左右。

---

① 王希：《多元文化主义的起源、实践与局限性》，《美国研究》2000 年第 2 期。

用社会学家理查德·洛伊（Richard F. Lowy）的话说，经济全球化带来了一种"在体制、地域和意识形态方面同时发生的精英与大众间的冲突"。① 但因为现行的国家制度和国际秩序仍然是资本和经济全球化的主要支撑力量和机制，这些已经建立而且不断巩固的现行"权力体系"是不会容忍多元文化主义对其取而代之的。同时，经济全球化带来技术、资本、人口和劳力的频繁流动，不同层次的国家对经济机会的争夺更加激烈，一些原本局限于欧美国家国内的经济利益冲突会被转移到国际上，转移到其他国家和地区的劳工阶层之间，统一的阶级利益为民族国家或地区以至于更小的利益所割裂。在这样的情形下，那些把争取近期经济利益作为目标的多元文化主义者不愿意把他们的诉求上升为一种"全球主义"（globalism）的思想，在国际大环境下考虑多元文化主义的用途。在现实的仍然以国家为基本政治单位的世界上，多元文化主义作为一种全球性的意识形态的机会和空间十分有限。②

第五节　结语：从"他者"的视角寻求多元主义的文化政策

一　"他者"认识理论

"他者"（the others），这个最早作为文化人类学上的术语现在已在各研究领域得到广泛的运用。"他者"的角度与主观性的差异在于，主观性是指语言的一种特征，即在话语中多多少少总是含有说话人"自我"的表现成分。也就是说，说话人在说出一段话的同时会表现自己对这段话的立场、态度和感情，从而在话语中留下自我的印记。③

"他者"认识这一视角和方法绝非单向的，而是充分意识到不同的观察角度。即作为"他者"在认识、理解对象时，在某种程度上意识

① Richard F. Lowy, "Development Theory, Globalism and the New World Order: The Need for a Postmodern, Antiracist and Multicultural Critique", *Journal of Black Studies*, Vol. 28, Issue 5 May 1998, pp. 594－611.

② Chicago Cultural Study Group, "Critical Multiculturalism", pp. 550－551.

③ 中国社会科学研究会编：《中国与日本的他者认识——中日学者的共同探讨》，社会科学文献出版社 2004 年版。

到"看即被看"这种持续的相互关联性的同时，还具有"将他者视为自身一部分"的视点。换言之，他者认识包含着"如此看待另一方是什么"这种表里为一体的问题意识，这是以具有双向或复视思维的观察者的存在为前提的。

将"他者"作为认识对象的主体，既然是以"外部"的存在为前提，就绝不是居住于与世隔绝的真空世界，因此在近代已经不能单纯地靠自我来进行自我认识，应该认识到一方对另一方的形成或表达的反应即"镜像中的自我"的意义，即通过"他者"的出现，也就是以"他者"的视线为媒介来形成"我像"。以"他者"的角度不仅能正确地认识自我的特点，同时也能达到对"他者"有自我的认识，也可以进一步了解这两者特点。至此首先必然是为了自我认识，因为仅靠自身的内省难以完全把握自身的特质，所以只能在同他者的类似性和差异性的比较中认识自我的特性。①

二 从"他者"的视角寻求理想的多元文化政策

"他者"的问题不可或缺地与身份认同和差异相关。身份认同部分是由某种基础上的差异所界定的，也就是说，是由不同于"他者"身份认同的差异所界定的，它假定了其肯定的意义，借此它们可以排除什么。由此，"他者"问题在当代关于身份认同的话语中是一个不甚分明的主题，它既与个人认同以及自我的构成（尤其是在精神分析中）相关，又与集体认同（在社会学、人类学和文化研究中）相关。"他者"就是避开了我们意识和认知的东西，就是位于"我们的"文化和社群以外的东西。他者就是非自我和非我们。②

（一）在意识形态层面上，有必要协调普遍性公民权和文化特殊性及尊重之间的关系

最重要的就是能用弹性的姿态去接受认同和感知文化上的差异，要用宽容去对待其他的文化。当对文化差异的强调扩展到不同国家与民族间的关系时，多元文化主义就发展为一种后殖民背景下的文化批评理论，成为居于弱势地位的国家和民族捍卫自己文化身份的思想武器。多

---

① 〔日〕子安宣邦：《东亚论——日本现代思想批判》，赵京华译，吉林人民出版社 2011 年版。

② 周宪：《文化研究关键词》，北京师范大学出版社 2007 年版，第 290 页。

元文化主义作为一种意识形态，鲜明体现在国家的公共政策上，是少数民族和弱势群体对全球化所带来的文化同质化的反抗，争取自己的文化地位、反对文化霸权的斗争。在多元文化主义的旗帜下，集合了种族、族群、性别、语言等一大批不同的理论、政治和文化诉求。

（二）为过渡到成功的多文化社会，需要集体努力去保护少数族群和弱势群体的权利

以种族与文化的自觉为鲜明特点的"差异政治"（politic difference）使多元文化主义也由此发展为一种在意识形态层面展开的、文化"他者"发掘自身与主流文化差异的、寻求身份认同的文化政治实践。具体体现为对处于边缘地位的各少数群体（少数民族、族裔、女性等），对区别于主流文化的差异性的发掘和建构，而这种差异性即该少数群体内部成员的共同特征，也就是这一族群的文化认同。各少数群体通过强调这一文化认同而获得一种归属感，并以群体斗争的形式向所谓的共同文化、民族文化、主流文化发起挑战，争取平等权利和尊严。它所要求的平等不是同化主义的"等同"，而是文化差异之间的平等。

（三）寻求国家的政策支持

加拿大早在 1971 年已正式宣布实行多元文化主义政策，并把它列入法律条文。澳大利亚也于 1979 年正式宣布实行以民族平等原则为基础的多元文化主义政策。在美国、英国、新加坡等多民族国家，多元文化主义虽然没有成为一种国家的根本性政策，但仍产生了深远影响。[①]通过推进差异文化政治，各少数群体在争取平等和解决社会不公问题上找到了共同的语言，并共同促成多元文化主义切实转换为种种社会政策和改革措施。当然，在有国家政策支持的同时，将政府和 NGO 的角色进行分配和确立，建构共助体系也是非常重要的政策之一。

---

① 吴军：《查尔斯·泰勒的多元文化主义及其现代价值》，《云梦学刊》2016 年第 6 期。

第七章　新制度主义理论：人与历史的
　　　　　互为镶嵌

自新制度主义研究从经济学向其他人文社会学科溢出以来，现今已成为人文社会科学中一种重要的研究方法。新制度主义主要包括历史制度主义、理性选择制度主义和社会学制度主义三种不同的形态，其中最为重要的是历史制度主义。新制度主义主要是相对于传统制度主义而言的，传统制度主义认为人是镶嵌于制度之中的，制度又是镶嵌于历史当中的，历史又是被镶嵌在由空间、时间和等级构成的三维框架中，因此，历史对于人具有绝对的约束作用；而新历史制度主义认为，人不是被动地镶嵌于制度和历史之中，人对制度和历史同样也有着主观的能动性，人与制度和历史是一种互为镶嵌的关系，这就是新制度主义相较于传统制度主义的创"新"认识之处。

第一节　绪言

传统制度主义（traditional institutionalism）将政治制度当作关键的政治行为体，支持通过聚焦于制度性行为的描述、正式或法律规则的分析以及制度结构的比较与历史考察，对政治学进行反省。新制度主义（new institutionalism or neo‑institutionalism）思想，自 20 世纪 80 年代以来已日渐流行。尽管还没有清晰或成熟的含义，但它仍然不时显示出既重视非正式制度，又重视正式制度的特色，并通过承认政治理解的形式—法律方法具有一定的价值，而超越了传统制度主义。照此，它也就反映了从政府到治理的视角转移。新制度主义的主要形态是历史制度主义、理性选择制度主义和社会学制度主义。[①]

　　作为 20 世纪末西方政治科学理论的新发展，新制度主义并不是凭空产生的孤立事物。它产生于对人类行为的理性思考，是建立在西方所有科学遗产基础之上的一种社会理论范式。新制度主义的兴起与欧洲一体化的实践分不开，正是欧洲所采取的（无论是功能主义还是政府间主义）制度建设策略，激起了对制度的强烈关注，并产生了以解释欧洲一体化为目的的诸多制度主义理论流派。新制度主义理论创立于 20 世纪 70 年代，最早是由道格拉斯·诺斯、罗纳德·科斯等提出，通过探究制度变迁对经济发展的影响，他们建立了一套新制度经济学分析模式，即"制度—选择—经济和社会结果"。新制度主义经济学的特点是将制度的相关理论运用到对经济现象的分析当中，通过制度的变化，来观测市场经济的波动，进而得出两者之间的关系。作为一种比较成熟的社会科学理论，新制度主义诞生之后不仅催生了大量的探讨，也激发了大量以新制度主义为基本理论前提和思考逻辑的实证研究。正是这些实证研究建立起了多种多样的微观理论和中观理论，大大丰富了新制度主义宏观理论的大厦。

　　新制度主义经济学的兴起和发展为新制度主义政治学的产生提供了强大的理论支持，是新制度主义政治学的理论背景。20 世纪 70 年代，美国经济学家道格拉斯·诺斯在研究中借助制度理论研究得出制度演变与经济发展之间的相互关系，并探讨出"制度—选择—经济和社会结果"的研究方法。这一研究方法对后世影响深远。1978 年，彼得·卡赞斯坦在《在权力与财富之间》一书中论述了历史制度主义理论。1979 年出自社会学家斯科克波之手的《国家与社会革命》首次涉及"国家中心"这一概念。而新制度主义正式登上政治学舞台的标志，则是 1984 年美国学者詹姆斯·马奇和约翰·奥尔森合力写作的《新制度主义政治生活中的组织因素》的面世。书中强调了制度分析在政治学研究中的重要地位，为新制度主义政治学理论获得迅速发展奠定基础。其后，盖伊·彼得斯在《政治科学中的制度理论：新制度主义》中关于新制度主义流派七大分类的观点给研究注入新的因子，但是由于学者

　　[①]　[英] 安德鲁·海伍德：《政治学核心概念》，吴勇译，天津人民出版社 2008 年版，第 116 页。

们对其划分的标准产生质疑，致使这一理论最终没能通行于世。与之命运不同的是，于 1996 年由彼得·霍尔和罗斯玛丽·泰勒在《政治科学与三个新制度学派》提出的三分法即理性选择制度主义、历史制度主义和社会学制度主义，却得到了政治学界的公认。这三个流派都坚持认为制度会对人的言行产生重要的作用，但是在具体理论上却各具特点。每一个流派都已经努力刷新了自己的学科范式。

第二节　新制度主义的三大流派

一　理性选择制度主义

作为新制度主义三大主要流派之一的理性选择制度主义首先产生于美国国会研究，其原因是理性选择理论在解释政治现象时存在局限。理性选择理论假设个人是完全理性的，在这种假设下，个人追求利益最大化的行为会导致难以形成一个稳定的多数，即阿罗不可能定律，但在现实之中却存在一个稳定的多数，为了解释这种理论与现实的矛盾，人们转向了对制度的研究，从而形成了理性选择制度主义这一流派，诺斯被视为理性选择制度主义的代表人物。

理性选择制度主义通过研究制度在生活中对人们进行制约所产生的积极影响，在个人层面探讨制度问题，以个人理性的假设为基础通过演绎方法来研究制度的产生、变迁和影响的规律，它仍假定人是理性的，追求财富最大化，但这种追求是在不完全信息的情况下进行。进而论证制度在保持个人理性和维持社会和谐方面的巨大作用。

理性选择制度主义认为，制度产生的前提是合作，如果没有制度的有效制约，个人、社会和国家将会因失去统一的衡量、制约的标准而失去秩序，甚至有可能导致社会的崩溃。其中，奥利弗·威廉姆森从制度与经济生活的相互关系入手，运用理性来引导相关的经济思想、行为，并运用经济现象及概念来分析论证新制度主义的合理性。理性选择制度主义代表著作有：加里·考克斯和麦卡宾斯的《立法利维坦》；麦卡宾斯与特里·沙里文主编的《国会：结构和政策》等。[1] 但是，事实上合

---

[1] 马彦银：《新制度主义政治学理论研究》，硕士学位论文，河南大学，2013 年。

作往往是难以进行的，"囚徒困境"就被用来描述合作的困难性，交易成本的出现是难以合作的结果，合作产生于危机情况如战争、自然灾害和多轮博弈中，但危机情况和多轮博弈中产生的合作会遇到"搭便车"和欺骗的问题，这就需要加强监督，加强监督就会产生交易成本，为了降低交易成本制度就成为必需，制度的作用如温加斯特（温格斯坦）所说，为行为者提供积极的激励和消极的激励，使行为者遵守制度，从而实现行为者的自我实施，进而实现制度的自我实施。①

二　历史制度主义

历史制度主义是西方政治科学在 20 世纪 70 年代末 80 年代初以来出现的一个新制度主义流派，它产生和发展的直接动力是对 20 世纪六七十年代盛行的行为主义和宏大理论的反对。历史制度主义主要批判地吸收了结构——功能主义一些观点，吸收了比较政治学中的政治发展理论。

历史制度主义冠以"历史"，因为这一学派认为历史是克服人类理性局限性的一个主要途径，主张通过对历史事件的研究来为现实生活中存在的重大问题提供方法上的借鉴；之所以又是"制度主义"，因为他们注重以制度为核心来考察历史，以国家、政治制度为中心来分析历史。理论源泉为：①它借鉴了集团理论中的相关理念，认为政治生活的本质是不同利益集团为了争夺利益而产生的各种矛盾与冲突。②在这里历史制度主义的理论也继承了旧制度主义中对正式制度的重视，赞同结构功能主义把政体看成是由各个部分组成的有机政体的观点。同时，它也拓展了对制度的运行机制的研究，反对将心理、社会等因素看作是行为个体行动的依据。③历史制度主义吸收了比较政治学中有关政治发展的理论，主张跨国比较。

在历史制度主义那里，他们认为制度这一概念早在国家形成的时期就已出现，它存在于一个国家的日常管理的各项法律法规之中，也存在于人们生活的习惯当中。制度是扎根于政体的组织结构或政治经济中的正式或非正式的程序、惯例、规范等，它们包括宪法规则、官僚标准的执行程序等。该学派在研究时，主要从两个视角入手：其一是从国与国

---

①　范子墨：《新制度主义：西方政治学新发展的基石》，《中国社会科学院报》2009 年 6 月 18 日第 6 版。

之间的对比入手；其二是对一个国家的政治制度、法律规章的演变进行纵向研究。其代表作有斯特默的《建构政治学：历史制度主义的比较分析》与马丁和埃吉尼亚的《重构国家：秘鲁与哥伦比亚的管制改革与私有化》。① 彼得·豪尔和罗斯玛丽·泰勒在《政治科学与三个新制度主义》中指出，历史制度主义具有相对明显的四个特征：第一，历史制度主义倾向于在相对广泛的意义上界定制度与个人行为之间的相互关系；第二，历史制度主义强调在制度的运作和产生过程中权力的非对称性；第三，历史制度主义在分析制度的建立和发展过程时强调路径依赖和意外后果；第四，历史制度主义尤其关注将制度分析和能够产生某种政治后果的其他因素整合起来进行研究。②

三 社会学制度主义

社会学制度主义，是从社会学组织理论中发展出来的，其兴起可以上溯到 20 世纪 70 年代末，基本上是从社会学组织理论中发展而来的，传统组织理论认为组织是在理性和效率的指导原则下，为了实现特定目的而建立，这与文化是完全不相关的。而社会学制度主义对传统理论进行批判，认为组织和文化是相关的，认为组织以及组织所制定的规则、规范等都是文化的表现。任何人都是在社会环境中生活，思想、理念、行为都会受到社会环境的制约。一个人要想实现自己的价值，就必须尊重社会的整体规范，自觉受其引导或约束。③

社会学制度主义代表人物主要有詹姆斯·马奇、约翰·奥尔森。在他们的著作《重新发现制度：政治的组织基础》中对以行为主义为代表的现代政治学提出了批评。社会学制度主义具有三个主要特征：首先，社会学制度主义倾向于比政治科学家在更为广泛的意义上来界定制度，打破了制度与文化概念之间的界限；他们所界定的制度不仅包括正式规则、程序、规范，而且还包括为人的行动提供"意义框架"的象征系统、认知模式和道德模板等（John L. Campbell, 1995），强调制度行为的方式是通过提供行为所必不可少的认知模板、范畴和模式，而不仅仅是因为没有制度就不能解释世界和其他人的行为；其次，社会学中

---

① 马彦银：《新制度主义政治学理论研究》，硕士学位论文，河南大学，2013 年。
② 范子墨：《新制度主义：西方政治学新发展的基石》，《中国社会科学院报》2009 年 6月 18 日第 6 版。
③ 马彦银：《新制度主义政治学理论研究》，硕士学位论文，河南大学，2013 年。

的新制度主义对制度与个体的行动也有着独特的理解，它有点类似于"文化途径"，但又显示出了某些细微的差别；最后，社会学新制度主义者也采用了一种独特的方法来解释制度的起源与变迁问题，① 提高了组织或其参与者的社会合法性。

该学派的理论基础建立在社会人的假设基础之上——区别于单纯的经济人或理性人，强调义务和责任，但也没有忽视人的自利特征。个人的政治行动受到制度、习俗、惯例的规定和制约，不完全是理性选择的结果。个人的偏好不是既定的，政治和社会制度能够影响和塑造个人的性格、偏好以及行为方式等。②

四　三个制度主义流派的比较

新制度主义的多样性无疑大大地提高了我们对政治世界的理解水平。但是，它们为政治世界所提供的各种图景却并不完全一致：三个流派虽然都重点强调制度在政治、经济、生活等各个领域的重要性，但是在研究方法和侧重点上又各不相同，每一个流派都在显示出自己独有优势的同时，也暴露了相应的不足之处。

首先，我们要从制度与行为的关系角度来讨论这一问题。历史制度主义在这方面拥有最为宽广的概念空间。历史制度主义侧重于在对历史的研究与反思中来规范自我、完善自我，对那些研究周期相对较长、有连续性的项目有很好的指导作用。这一流派的分析在解决这个问题时既使用了"算计途径"，也采用了"文化途径"。历史制度主义没有像其他两个流派那样，用充分的精力来建立起一套对制度如何确切影响行为的复杂理解，它的有些著作也更少注意到具体而确切的因果链，但是，事实上正是通过这样一些因果链，被他们认为是具有重要作用的制度，才影响到他们要加以解释的行为。这一点是历史制度主义还要在与其他两个流派的交流中学习的地方。

相反，理性选择制度主义在制度与行为之间建立起了一套精美的概念框架，侧重于对个体行为模式的探索，可以运用于研究周期短的项目，并且用了一套高度概括的概念来进行系统的理论构建。然而，这种

---

① ［美］彼得·豪尔、罗斯玛丽·泰勒：《政治科学与三个新制度主义》，载薛晓源、陈家刚主编《全球化与新制度主义》，社会科学文献出版社 2004 年版，第 204—206 页。

② 许加梅、唐伟华、罗苹：《〈国际关系理论〉学习辅导与习题集》，齐鲁书社 2008 年版，第 123 页。

追求普遍适用的过分做法，其微观基础却依赖于对人类动机的相对简化，而这种简化又有可能对它的一些重要方面构成误导。这种方法的有用性程度，也受到了其所设定的外在于分析过程的偏好或目标的具体化程度的限制，尤其是在经验性例子中，当这些偏好本身具有多面性、模糊性或难以事先具体化的时候。

与两者不同，社会学制度主义比较注重研究整体与个体之间的相互关系，比较适用于大型的整体性研究项目。例如，任何人在没有其他人在场的情况下，仍然老老实实地等候交通指示灯时，他都会同意，此时存在一种制度与行为的关系不是高度工具性的维度，或者说并不完全符合理性选择理论的基本模式。社会学制度主义者就是常常突出这一维度的人：一方面，他们的理论强调的是制度影响基本偏好或自我认同的具体方式，而这些东西在理性选择制度主义者看来往往是既定的；另一方面，他们又告诉我们说，即使是一个高度工具性的行动者，也有可能会选择某一具体文化背景下的特定策略（和竞争对手），因此应注意到制度背景会影响到行动者对策略的选择。从某种意义上讲，社会学家们所抓住的视角是，制度的影响对于工具性行动来说是必不可少的。

其次，我们转到关于制度起源的第二个问题，这三个流派在解释制度是如何起源和变迁的问题上也是各有优势和不足。理性选择制度主义者建立起了最为精巧的制度起源模式，其方式是集中关注某些制度的执行所发挥出的功能及其所带来的好处。在我们看来，这一途径真正的有利之处在于，它解释了为什么现存的制度会持续存在下去，因为一套制度的存续常常依赖于它所带来的好处。然而，这一途径的有些特征，也严重地限制了它作为一种解释制度起源框架的适应性。尽管理性选择制度主义在解释为什么制度会在存续上有着极大的潜力，但是它对制度的起源所提供的解释却只能应用到一个有限的场景之中。

与此相反的是，历史制度主义与社会学制度主义的分析途径，在解释制度如何起源和变迁的问题时采用了完全不同的方式。这两种途径都坚持认为，新制度的创设或采用，是在已经充满了制度的世界中进行的。这一点看起来似乎很简单，但是他们的结论却从中而来。特别是社会学制度主义者用此来探测，既存制度以何种方式形塑了期望中的制度改革及其视域。因此，他们所集中关注的是，建立新的制度时是如何从既有制度世界中借用出模板的。这一途径经常强调的是，既有制度世界限制制度创设的方式。①

总体而言，三个流派虽然具体主张不同，但是全面而频繁的交流与合作对话却在彼此之间架起一座相互借鉴的坚固桥梁。在这种开放的交流中，三个流派的思想相互补充、促进，为以后的全面整合奠定了基础。② 当然，新制度主义也存在诸多不足之处。它介于科学理性主义和（后现代）批判理论之间，表面上看似乎力图为两者搭建沟通的桥梁，实际上却处于一种范式立场的模糊境地。很多研究者都发现，在研究政治现象时，科学理论主义（如理性选择）与新制度主义之间和新制度主义与批判理论（如建构主义）之间，都存在交叉地带，从而为严谨的理论建构带来了困境。然而，理论是灰色的，现实之树长青，理论的"不纯粹"未尝不是一件好事。从 20 世纪下半叶以来，无数社会科学家在呼吁科学范式的融合。如何实现这种融合和创新，是新制度主义理论以及社会科学理论取得下一次飞跃发展的前提。③

第三节　结语：人与历史的互为镶嵌

20 世纪 90 年代以来，比较社会科学研究领域突然兴起了一股对"国家"的兴趣。国家无论是作为一个行为主体或一种制度组织都受到了高度的重视。有效国家干预目前已被认为是资本主义成功发展不可分割的一部分。当代社会愿意采纳"新国家主义"理念，国家社会模式作为一种新的宏观范式，蕴含着对国家与经济和社会之间关系的一种根本性的重新思考。

古典制度主义会强调制度的历史性，认为制度是镶嵌在历史发展脉络，以及镶嵌在历史发展脉络所形成的社会、经济和文化的情境之中。④ 古典制度主义的政治学基本上是为"政治或制度如何最好地运

① 何俊志、任军锋、朱德米：《新制度主义政治学译文精选》，天津人民出版社 2007 年版，第 62—66 页。

② 马彦银：《新制度主义政治学理论研究》，硕士学位论文，河南大学，2013 年。

③ 范子墨：《新制度主义：西方政治学新发展的基石》，《中国社会科学院报》2009 年 6 月 18 日第 6 版。

④ Peters，B. Guy，*Institutional Theory in Political Science*：*The New Institutionalism*，Pinter，1999，pp. 4–5，9–10.

作"的论述而服务的,从而使其表现出相当鲜明的国家主义的色彩。作为一种政治分析方法,古典制度主义试图通过研究政治制度的原因和结果来解读政治现实。因此,古典制度主义将制度视为凭借自身理由而存在的行为体,它们独立于,并有能力施加影响于更广泛的社会、经济和文化力量。①

古典制度主义几乎没有赋予(empower)人或个体面对制度的自主空间,乃至于经常陷入结构决定论或者是历史决定论的局限中。古典制度主义可以强调,如果没有建立或缺乏正式制度,特别是宪政架构的国家,其政治甚至包括经济是不会动作顺畅的。古典制度主义强调行为或行动的制度或结构属性;而行为主义革命则将"制度或结构的可能与合理性"还原到"人或个体的行为"这样的微观基础上;将宏观总体的范畴转化还原为微观个体的范畴,必须在宏观与微观、总体与个体之间,寻求一个中介联结点,这个中介联结点就是人或个体的理性选择。② 古典制度主义的整体主义和历史主义意涵,为制度主义的传承留下了遗产,从而也可以说是为新制度主义(特别是历史制度主义)奠定了某种历史基础。

詹姆斯·G.马奇(James March)和约翰·P.奥尔森(Johan Olsen)认为,理性选择的基本假设是"人会追求利益(私利)的极大化";不过,他们认为,人会追求个人价值之外的规范价值,并按照已经被定下来的制度标准来做选择,而不是企图极大化个人利益。而且,人的选择都是面向未来的,人经常不知道未来的利益是什么。③ 虽然行为途径和理性选择途径相对于古典制度主义经常互为极端,但是,欲可以予人启发:制度或结构是依托在人或个体的行动、行为和理性选择,从而也嵌入在其所促成的互动和网络中的。④ 人或行动者的理性是有限的或是受限制的;人或行动体的存在是一种"情境式(situation)的存

① [英]安德鲁·海伍德:《政治学核心概念》,吴勇译,天津人民出版社2008年版,第116页。
② 李英明:《新制度主义与社会资本》,扬智文化事业股份有限公司2005年版,第4—6页。
③ Peters, B. Guy, *Institutional Theory in Political Science: The New Institutionalism*, Pinter, 1999, p. 16.
④ 李英明:《新制度主义与社会资本》,扬智文化事业股份有限公司2005年版,第11页。

在"；人是在情境约束下进行理性选择的；情境和理性互为条件，并且相互使对方成为可能。包括制度在内的情境是人或个体在进行理性选择时，用以评估他们的潜在策略以及选择他们的主要依据。①

历史制度主义认为，制度不只是作为人或行动的策略选择背景而已，制度更是嵌入在历史之中；亦即，与其说人以制度作为策略选择的背景，倒不如说人以历史作为策略选择的背景；历史制度主义并不取消人或个体在制度和历史中进行策略背景选择的可能性；但制度和历史不只是作为人或个体的策略背景而已，它们更是人或个体偏好、利益和目标形成的背景。② 人或个体不是什么都能知道的理性的利益极大化者，而只是受制度、规范以及历史的知足者（satisficer）。③ 人或个体在制度、规范以及历史的制约下寻求满足，这并不是利益极大化的过程，而人或个体可能同时反过来制约制度、规范，从而也就进一步创造、形塑和建构了历史。④ 作为历史制度分析的核心的制度——从政党体系到企业组织这类经济利益的结构——能够以重要的方式形塑和限制政治策略，但它们本身也是精致的政治策略、政治冲突和选择（有意识和无意识的）结果。⑤

对历史制度主义而言，人或个体既是客体也是主体，他们既受到历史以及嵌入在历史中的制度的制约，但同时又可以在这种制约下去创造、形塑和建构制度和历史。历史制度主义强调历史和嵌入在历史中的制度对人或个体的制约和影响，因此，历史制度主义的方法论当然是向整体主义倾斜的；但是，它又没有取消人或个体的策略选择的可能性，似乎又想在整体主义和个体主义之间找到平衡，企图跨越整体主义和个体主义间的二元对立关系。⑥

---

① 胡荣：《理性选择与制度实施：中国农村村民社会选举的主要研究》，远东出版社2001年版，第42页。

② 李英明：《新制度主义与社会资本》，扬智文化事业股份有限公司2005年版，第14页。

③ Steinmo, Seven, Kathleen Thelen and Frank Longstreth, opcit., pp. 8 – 9.

④ 李英明：《新制度主义与社会资本》，扬智文化事业股份有限公司2005年版，第15页。

⑤ Steinmo, Seven, Kathleen Thelen and Frank Longstreth, opcit., p. 10.

⑥ 李英明：《新制度主义与社会资本》，扬智文化事业股份有限公司2005年版，第15—16页。

历史制度主义并不希望让自己掉入古典制度主义的国家主义或正式主义的泥潭中，从而倾向于将制度定义为不只是包括正式的组织也包括非正式的规则和过程。① 对历史制度主义而言，制度对人或个体，不只作为策略背景，更是作为一种生活和历史的背景，因为人或个体的偏好是由制度形塑而成的，而选择或行动的结果，更是由各种群体、利益、观念以及制度结构相互作用下的产物；这些结果反过来会制约制度，从而也创造了历史的内容。在历史制度主义论述中，制度首先是作为一个历史现象或范畴，然后才会作为一个理性或策略性的范畴；制度不是在真空中或只是在人的理性光环中运作，而是在历史中运作。古典制度主义由于过度凸显正式制度的重要性，从而忽略非正式制度力量的重要性。其实，正式的制度力量和非正式制度的力量是相互支持、相互渗透而非二元对立的；正式制度与非正式制度之间的界限是非常模糊的，甚至是高度流动的。

在某种意义上，新制度主义中（不管是理性选择制度主义、历史制度主义或社会学制度主义），都带有企图避免上述隐藏在过度结构化和低度社会化观点中的"单子化"论述困境的意涵。人是如古典制度主义所认知的"被结构所限制"，抑或仅是如行为主义所描述的"个人理性运作下的必然"。人或社会、自然从来就不是二元对立的主客体截然二分的存在/存有，而是在相互依托、渗透或者说是"相互镶嵌"的，互动模式中才使彼此成为可能，从而也开展了种种生活世界中的一切。人的行动镶嵌于制度之中，制度则镶嵌于历史，所以，人也是镶嵌于历史之中的。

知识界对行为主义、理性选择途径的反思批判，从古典制度主义到行为主义两种不同的思维激荡下，将古典制度主义的结构分析与行为主义、理性选择主义的个人（体）微观分析结合起来，导引出新制度主义的方向。新制度主义对强调微观分析的行为主义进行修正，并向结构分析倾斜；这样的转折代表其方法论更趋成熟，它并非否定微观成就；也就是说，新制度主义的产生，同时继承了制度和行为理性选择的优点，而非古典制度主义单纯的复辟。新制度主义融合了两者的观点，认为制度（包含正式和非正式）、组织和历史所形成的结构对个体并非只

---

① Steinmo, Seven, Kathleen Thelen and Frank Longstreth, opcit. , p. 2.

是单纯的限制、制约或决定，同时也是赋予人理性选择或行为、行动的可能性；而个人的自主性或理性选择也不是先验给定的，而是通过结构来获得与表现。所以，人类的自主能动性和以制度、组织、历史所形成的结构存在相互作用的关系，这也就是所谓的"镶嵌"。①

---

① 李英明：《新制度主义与社会资本》，扬智文化事业股份有限公司 2005 年版，第 85—89 页。

第八章　历史制度主义理论：制度变迁中的时间

自 20 世纪七八十年代以来，学者豪尔和泰勒在对西方的社会科学分析中，把制度分析划分为"历史制度主义、理性选择制度主义和社会学制度主义"，进而形成了新制度主义的分析范式。这其中历史制度主义最为重要，在历史制度主义中，有关制度变迁的形态又有多种变迁模式。然则，本章欲采用作为"他者"的韩国学者河泰洙基于变化频度与幅度的历史制度主义划分方式来一窥制度变迁的内在理路，其中"时间"作为一个重要的变量被纳入了制度变迁的分析中来，制度变迁被分为持续的、间断的、激进的、渐进的四大模型。历史制度主义常常用于政治制度史和公共政策的研究，可以用来思考和解释制度变迁的类型与影响要素之间的变量关系。

第一节　绪言

新制度主义理论创立于 20 世纪 70 年代，最早是由道格拉斯·诺斯（Douglass·C. North）、罗纳德·科斯等提出，他们通过对制度变迁对经济发展影响的探究，建立了一套新制度经济学分析模式，即"制度—选择—经济和社会结果"。新制度主义经济学的特点是将制度的相关理论运用到对经济现象的分析当中，通过制度的变化，来观测市场经济的波动，进而得出两者之间的关系，旨在解释经济增长的研究受到长期经济史研究的巨大推动。新制度主义主要包括历史制度主义、理性选择制度主义和社会学制度主义三个部分，并努力将其统一到"一个更开放和更具扩展性的相互置换"的空间。也有人主张这种整合只有依靠本体论即历史制度主义才可能超越所谓"计算的和文化的方法"。

历史制度主义在新制度主义三种流派中居于特别关键的位置，是基于它的折中主义方法和"路径依赖"的哲学基础，即"持续性原则"。[①]因为持续性（persistence）是制度变迁最本质的特征之一，所以制度的变化无法得到广泛的关注也是理所当然的。[②] 在这里，制度是用"人们认为适当的、理所当然的，可以接受的持续性的价值和规范，以及实现这些的体系结构"来定义的。即下面所说的制度是指规则和规范，也包括一些具体化的、稳定的组织（如行政机构或者企业等）。但是，由于制度是依靠人类，为人类而制定的，所以如果作为人类生活的基础的生活环境发生变化的话，制度也一定会随着其变化发生变化。制度要与社会环境的变化一致，如果没有发生适当的变化，那制度在新的环境下，对于人类来说，不再是有利的制度，其结果是终有一天会被废止。现代社会科学中，对制度进行准确的定义很难，定义的内容也是多样化，使用生僻单词的情况更是多得不计其数。

在历史制度主义中，关于制度变迁的形态，有三种方式的变革。与最受关注的诺斯（North，D.）的路径依赖变化观点相比，关注度相对较低的是克拉斯纳（Krasner，S.）的间断—均衡论（punctuated equilibrium）及斯科罗内克（Skowronek，S.）的碎片论（patchwork）。[③] 诺斯认为制度是通过持续的、渐进的、相对平和的谈判发生变化的。克拉斯纳认为制度是通过彻底的、激进的方式变化的。而斯科罗内克则认为制度是通过彻底的，或是渐进的政治斗争（political struggles）的方式变化的。

制度变迁的形态可以作为以变化的幅度和变化的频率两种基准为中心的类型化。也就是指，（1）幅度变大，频率升高的情况；（2）幅度增大，频率降低的情况；（3）幅度变小，频率升高的情况；（4）幅度变小，频率降低的情况。四种类型见表 8-1。

---

① 刘凤芹：《新制度经济学》，中国人民大学出版社 2015 年版，第 16—17 页。

② Kranser, Stephen D. 1984. "Approaches to the State: Alternative Conceptions and Historical Dynamics", *Comparative Politics*, Vol. 16, p. 73.

③ ［韩］河泰洙：《制度变化的形态：以历史新制度主义为中心》，《行政论丛》2001 年第 3 期。

表 8 - 1 制度变迁的类型

变化幅度 ＼ 频率	持续的	间断的
激进的	类型 1	类型 2（间断式变迁）
渐进的	类型 3（路径依赖式变迁）	类型 4（碎片式变迁）

资料来源：［韩］河泰洙：《制度变化的形态：以历史新制度主义为中心》，《行政论丛》2001 年第 3 期。

在这四种变化的形态中，类型 1 排除在议论之外，正如前面提到的，制度如果经常大幅度地变化，它在逻辑性方面作为制度的特性就弱。没有持续性，个人在行动时具备的东西或者由于是理所当然的事情不去处理，以及认为是可变的东西，根据定义是不能成为制度的。在类型 2 中，斯汀康比（Stinchcombe，A. L. ）和克拉斯纳（Krasner）的观点是具有代表性的。在类型 3 中，诺斯（North）是代表性的人物。在类型 4 中，斯科罗内克（Skowronek）是代表性的人物。

第二节　激进的、间断的制度变迁：间断—均衡理论

一　间断—均衡理论

历史制度主义研究学者克拉斯纳（Krasner）提出了间断—均衡（punctuated equilibrium）的观点来说明他对变迁的看法。[1] 他认为，间断—均衡的看法预设了更多不确定因素机会的产生。与达尔文模型中平稳而缓慢的变化不同，间断—均衡的观点认为，进化和生物类别细分是一种接近停滞中间夹杂着大规模灭绝和替代的过程。反对在一种适应环境条件的自然选择中，单个生命体成功地幸存下来，并通过这个过程发

---

[1] Kranser, Stephen D. , "Approaches to the State: Alternative Conceptions and Historical Dynamics", *Comparative Politics*, Vol. 16, 1984, pp. 240 - 242.

生渐进的变化的达尔文进化论。① 这种对于达尔文进化论（Darwinism）的批判，受到了 19 世纪英国维多利亚社会的自由主义文化和政治的影响——只采用对持续的、渐进的进化这一说法有利的证据，把其他化石视为不完整的，不去考虑它们的存在（对于进化的意义）。相反，他们提出了物种选择的概念，即主张选择是在各种物种之间，一个物种被其他物种所取代的过程中产生的。这时，新的物种就从其他地方开始入侵。诚如大家所知，"间断—均衡"首先就是作为种族或是生物形成中的发展差异的解释而提出来的。② 克拉斯纳从美国古生物学家古尔德（Gould，S. J.）和埃尔德雷奇（Eldredge，N.）关于进化的论文入手，获得了极富新意的灵感。1972 年，古尔德和埃尔德雷奇在大量古生物化石发现的基础上，提出了一个全新的生物进化理论——"间断—均衡理论"，认为生物的进化是渐变与跃进交替的进化模式，是基因突变或地理隔绝造成新种出现的过程。该理论比较合理地解释了地球生物演化史上许多物种突然爆发式出现的现象，与传统的达尔文主义认为演化是一个缓慢与持续的过程，物种会适应环境的变迁相比，它指出了生物界不但有渐进式演化，也有飞跃式进化。③ 事实上，这也点出了制度的演化过程，在这个学说中，学者们假设的制度变迁可以用一句话来表示，这就是"间断—均衡理论"。

克拉斯纳主张制度在一定时间内会稳定地存在着，直到制度内外的矛盾在超过制度的缓冲能力的临界点时被激化（崩溃），原有的制度就会被另一种新的制度完全取代。④ 但是，这个"一定时间"到底是多长时间并没有被提及。考虑到自然科学不同于难以量化的社会科学的学术

① 欧洲的历史从 15 世纪起变化加快。从 18 世纪末则开始了加速演变。因此，19 世纪被称为"历史性世纪"。在 19 世纪，生命自有史以来被看成一种演进过程。人类作为一个种类，走出静止状态而进入运动状态。拉马克在 1815 年到 1822 年提出物种适应的演进模式。达尔文提出物种天择的演进模式（《物种起源》，1859）。从此以后，进化论在全球各地流传风行，进化论本身也在流行的过程中加速演变。——参见 ［法］埃德加·莫兰：《反思欧洲》，康征、齐小曼译，生活·读书·新知三联书店 2005 年版，第 62 页。

② Eldridge，Niles and Stephen J. Gould. *Punctuated Equilibria*：*An Alternative to Phyletic Gradualism*. In Thomas J. M. Schopf, ed. , Models in Paleobiology. San Francisco：Freeman Cooper；Raup, David M. 1991. *Extinction*：*Bad Genes or Bad Luck*? New York：W. W. Norton and Company.

③ Ibid.

④ Kranser, Stephen D. , 1984. "Approaches to the State：Alternative Conceptions and Historical Dynamics", *Comparative Politics*, Vol. 16，pp. 240 – 243.

特点时，这个所谓的一定时间要被当作相对的概念来理解。另外，如果可能的话，与研究单一事例相比，对于多种事例的比较研究可能会更得当。例如，如果某个制度每30年才变一次，那么它与每10年变一次的制度相比，就是绝对性的变化。但是，与每100年变化一次的制度相比，它又可以被称为有持续性的变化。制度在长期的角度看来是不稳定的，但是会经历一些危机的影响带来相对性而突然的改变。在制度的稳定时期，制度为自变量，形塑了政治结果与政策；而在制度毁坏时期，制度转向为因变量，反身为政治的结果与政策所形塑。制度本身的形塑就取决于危机所造成的冲突力量。这样的理论逻辑表示制度的作用有时可能是"制度形塑政治"，有时却是"政治形塑制度"，因此制度变迁的路径就没有那么明确，制度变迁的研究就必须同时顾虑到这两个变量在不同时期的作用①，因此制度结构为"间断—均衡理论"提供了一个重要的基础。图8-1可以表现包含这个变化类型的学者的主张。

图 8 - 1　间断—均衡理论模型（激进的、绝对的变迁）

"间断—均衡"意味着制度会在特定的均衡下维持一段时间，之后产生改变，变动后的制度就重新形成另一个均衡，继续运行下去。制度均衡是这样一种状态，即在行为者的谈判力量及构成经济交换总体的一系列合约谈判给定时，没有一个行为者会发现将资源用于再建立协约是有利可图的。这说明制度需求与制度供给达到均衡，制度的供给适应了制度需求。在这种状态下，人们对既定的制度安排达到满意，无意也无力改变现行制度。制度非均衡是指人们对现存制度的一种不满意或不满

① 胡婉玲：《论历史制度主义的制度变迁理论》，《新世纪智库论坛》2001 年第 16 期。

足，意欲改变而又尚未改变的状态，实际上制度供给与制度需求出现了不一致。制度变迁实际上是对制度非均衡的一种反应。当供大于求时，需要取消一些制度，当供小于求时，需要增加一些新制度，当供求一致时，又恢复到制度均衡状态。① 但制度变迁有时也不在制度设计者的控制范围内，制度的演化是一个相当复杂的过程。

伊门卡特（E. M. Immergut）对于历史制度主义的论述，可以看出制度变迁过程的高度复杂性。② 他认为历史事件具有一定的因果关系（causality），同时历史亦具有偶发性（contingencies of history）与不规则性（irregularities of history）。事实上，行动者在不同时间点的想法，可能受到更多偶发性与非预期因素的影响而产生改变。倘若仅是单以路径相依做出解释，将会形成只能解释"历史当中发生了哪些事情？"，而无法解释"这些事情是如何发生？"的情形。因此，历史制度主义对于不确定的结果与历史中偶发性因素（contingencies of history）都是相当的强调。③ 因为如此，我们对制度变迁的方向必须要将时间序列拉长，借以观察制度是如何受到预期与非预期因素的改变。而不是仅以理性选择学派路径相依的观点，来看待制度的变迁方向。④ 制度变迁的方向不是在追求一个终极均衡的状态，而是从一个均衡遭遇变动后，再趋向下一个均衡。

二　间断—均衡式制度变迁

间断—均衡理论（Punctuated-equilibrium theory）主要用于政治制度的纵向研究以及在政治决策的研究之中。政治中的间断—均衡来源于

---

① 董栓成：《中国农村土地制度改革路径优化》，社会科学文献出版社 2008 年版，第 35—36 页。

② Immergut, Ellen M. 1998, "The Theoretical Core of the New Institutionalism", *Politics and Society*, Vol. 26, p. 23.

③ 维柯（1668—1744）把历史作为"新科学"，认为历史学从不同于物理科学的法则。后来，历史学有了不同的学派。一些学者描述历史并从当代人的角度来思考历史；另一些学者则从理论角度来寻找历史中的决定性因素；还有学者从哲学角度来思考人类在历史中的变异过程。我们也可以说欧洲带来了关于变异的概念和进化的思想。事实上，在古希腊希罗多德和修昔底德的著作中产生了历史的概念。在中国哲学以及苏格拉底之前一个世纪希腊埃菲斯的赫拉克利特的著作里，就阐述了关于变异的重要概念。在欧洲文化里，对历史的系统研究有追求建立历史规律的倾向和以变异论和进化论的观点来构造哲学体系的倾向。——参见［法］埃德加·莫兰《反思欧洲》，康征、齐小曼译，生活·读书·新知三联书店 2005 年版，第 61—62 页。

④ 胡婉玲：《论历史制度主义的制度变迁理论》，《新世纪智库论坛》2001 年第 16 期。

政治家们不能同时处理所有的重要问题，而政府则必须要这样做。政治科学中一些研究表明，虽然议程设置和政策制定通常通过经济学中的边际调整来进行平衡推进，但是它们也经常突然转向，不再像过去那样渐进发展。[①] 渐进主义的有限性理论和偏好最大化的无限性理论都不能很好地解释间断—均衡理论所关注的剧烈变化和停滞两方面的现象。间断—均衡理论政策过程通常由一种稳定和渐进主义逻辑所驱动，但是偶尔也会出现不同于过去的重大变迁。小规模和大规模的政策变迁都来自政治系统与行动决策之间的互动，这种互动能让稳定性和流动性或是短暂平衡等模式相结合。没有任何的政治系统能够很好地处理其面对的所有的问题。

间断—均衡框架（Punctuated – Equilibrium Framework）最初由弗兰克·R. 鲍姆加特纳（Baumgartner）和布赖恩·D. 琼斯（Jones）于1993年提出，该框架认为，美国的政策制定具有长期的渐进变迁伴随短期的重大政策变迁的特点。当政策制定反对者力图形成新的"政策愿景"（Policy image），利用美国政策多样化这一特征的时候，就有可能发生短期的重大政策变迁。间断—均衡框架最初用来解释立法的变迁，最近被扩大用来解释包括联邦政府预算的长期变迁在内的一些特别复杂的问题。[②]

间断—均衡框架的关键在于政策垄断的思想，与政策子系统的思想相对应。政策垄断是指政策制定中，由最重要的行为者所组成的集中的、封闭的体系。垄断者热衷于把政策制定封闭起来，因为在一个封闭的体系中，垄断者可以通过各种形式对政策进行控制。[③] 可是，政治问题的讨论通常可以分散到一系列以问题为导向的政策子系统当中。这些子系统可能是由单一利益主导，也可能处于几种利益的斗争之中。还有可能在一段时间后发生破碎，也可能另外建立一个新的子系统。正是政策子系统的并行处理能力和宏观政治系统的串行处理需要结合，才产生

---

① Kingdon, John. 1995. *Agendas, Alternatives and Public Policies*, 2d. ed. Boston: Little, Brown. (Originally published in 1985); Baumgartner, Frank R. and Bryan D. Jones. 1991. "Agenda Dynamics and Policy Subsystems", *Journal of Politics* 53: 1044 – 1074; Kelly, Sean. 1994. "Punctuated Change and the Era of Divided Government". In L. Dodd and C. Jillson (eds.), *New Perspectives on American Politics.* Washington, D. C.: Congressional Quarterly.

② Jones, Bryan, Frank Baumgartner and James True. 1998. "Policy Punctuations: U. S. Budget Authority, 1947 – 1995," *Journal of Politics* 60 (February), pp. 1 – 33.

③ 陈庆云：《公共政策分析》（第二版），北京大学出版社2011年版，第337页。

了很多政策的非渐进式突变现象。赫伯特·西蒙指出了个人和组织决策制定中并行和串行过程的区别。一些决策结构能够并行处理同时发生的许多问题。另一些则逐一处理问题，一次一个或者几个。政治系统不能同时处理它所面对的所有问题，因此一些政策子系统形式的存在，可以认为是允许政治系统并行处理问题的一种机制。成千上万的问题能够同时在不同的专家团队中得到考虑。这种利益的平衡并不完全地排斥变化。子系统中的问题处理过程，可以有调适性的政治活动，应环境变化而做出的利益妥协和微小行动会造成渐进性变迁。但是，并行处理一些重大政策，却会构成对于政策变迁的障碍，这是因为并行处理不是高度议程化的政治过程。所以，当并行处理过程中断时，它们就需要逐个处理，即政策重大问题需要一次一个或是最多一次几个的方式加以考虑、讨论和决定。①

　　然而，间断—均衡理论并不是集中地探讨纯粹的渐进性政策理论或纯粹的理性选择理论的问题，而是将政策过程放在政治制度和有限理性政策制定的一种双重基础之上，强调政策过程中议程设置和政策制定的相互联系，以拓展现有议程设置理论，来处理政策停滞和政策断续的问题。当政策制定同时存在跳跃和几乎停滞的时期，大多数政策领域的特点是停滞而非危机。但是，危机也经常发生。尽管在多数情况下，公共政策的进展和前一年没有两样，但是有时重大政府项目会有剧烈的变化。观察表明，稳定性和变迁都是政策过程中的重要因素。已经有政策模型用来解释，或者至少对变迁和稳定两者之一进行更加成功的解释。而间断—均衡理论则可以同时解释两者。另外，间断—均衡理论还包括均衡或几乎停滞的时期，那时子系统在处理一个问题；还包括不均衡时期，那时一个问题则被纳入宏观政治议程中。当一个问题领域处于宏观政治议程时，客观环境中的微小变化都可能引起政策上的重大变化，可以认为该系统正在经历正向反馈，② 当一个政策到了宏观政治制度的串

① Herbert Simon. 1957. *Models of Man*. John Wiley. Presents mathematical models of human behaviour; 1977. *Models of Discovery：and other topics in the methods of science*. Dordrecht, Holland：Reidel；1983. *Reason in Human Affairs*, Stanford University Press.

② ［美］詹姆斯·L. 特鲁、布赖恩·D. 琼斯、弗兰克·R. 鲍姆加特纳：《断续—平衡理论：解读美国政策制度中的变迁和稳定性》，载保罗·A. 萨巴蒂尔编《政策过程理论》，彭宗超、钟开斌等译，生活·读书·三联书店 2004 年版，第 125—148 页。

行处理过程之际，它便处于改变，并受到媒体和公众高度关注的环境中。① 这时重大变迁将会出现。

当然，我们也必须知道间断—均衡建立在人类决策的有限理性之上，它强有力的理论解释与现实中的国家决策高度一致。它可以解释稳定的和渐进性的变化时期，也能够解释发生剧烈变革以及大规模变化时期。渐进性的调整——甚至停滞——是经常发生的，但现实并不总是如此。断续与剧烈的政策偏移并非失常，外部性被剔除后，用线性数学和中心限制理论还是能够对其进行分析与说明。

第三节　渐进的、持续性的制度变迁：路径依赖理论

一　路径依赖理论

历史制度主义在进行制度变迁分析时最重要的论点之一是"路径依赖"（path dependence）观点，② 路径依赖类似于物理学中的"惯性"，一旦进入某一路径，无论是好的还是坏的，就可能对这种路径产生依赖。也就是强调前一个阶段的政策选择往往会决定和影响后一个阶段的政策方案。它们非常强调社会因果关系中的路径依赖特性，否定同样的运作力量（operative force）会在每个地方产生同样的结果。认为某一运作力量所造成的影响会受到继承过去的既定环境因素而产生差异的结果，这些环境因素中最显著的就是制度，因为制度是历史中推动某一路径发展的重要因素。③

早期历史制度主义在追寻政策历史的过程中所看到的是，某种政策方案的选择和实施往往受制于既定的政策制定模式，而既定政策模式的形成又是一个历史的过程。历史制度主义在制度变迁的研究上相当重要

① Jones, Bryan D. 1994. *Reconceiving Decision – making in Democratic Politics: Attention, Choice and Public Policy.* Chicago: University of Chicago Press, p. 185.

② Hall, Peter A. and Taylor, Rosmary C. R. 1996. "Politic Science and the three new institutionalisms", *Political Studies*, Vol. 44, p. 7.

③ Kranser, Stephen D. 1984. "Approaches to the State: Alternative Conceptions and Historical Dynamics", *Comparative Politics*, Vol. 16, pp. 66 – 94.

的观点就是"路径依赖"，路径依赖可以从广义与狭义的构想来进行区分。比如说，威廉·塞维尔（William Sewell）认为，路径依赖意指"在时间中早前一刻发生了什么，将影响后来一刻的事件次序的可能结果"。[①] 这个用法可能只包含松散却又不十分有用的"历史是要紧的"诊断。简言之，广义上的路径依赖就是指前一阶段的事件可能会对后一阶段的事件产生某种影响和制约作用；"路径依赖"的狭义构想由玛格丽特·李维提出："路径依赖如果要意指什么的话，它一定是指：一旦某一国家或地区开始步入某条轨道，逆转的成本非常高昂。其他选择点是存在的，但若干制度安排的确立阻碍了最初选择的轻易逆转。"[②] 简言之，狭义上的路径依赖则主要通过"报酬递增"一词来表现自己的意义，即一旦采用某种制度模式之后，沿着同一条路径深入下去的可能性会增大，其原因在于这一制度模式提供了相对于其他制度之下更大的收益。[③] 只要这种制度固定下来之后，学习效应、适应性预期和退出成本的增加，将使制度的改变变得越来越困难。其实关于自我增强机制（self－reinforcing mechanisms）和路径依赖的研究，最早是由阿瑟（W. Brian Arthur）1988 年为针对技术演变过程而提出的。诺斯把前人关于技术演变过程中的自我强化现象的论证推广到制度变迁方面，提出了制度变迁的路径依赖理论。对于这个类型的变化，诺斯用了一句话表示——路径依赖性。

　　路径依赖的主张通常指出，开端是极为重要的。理解自我强化的过程，对于探究大量关于时间性的议题是极为有用的。探究路径依赖的起源和结果，可以帮助理解强烈的惯性或"黏性"，而这是很多方面政治发展的特征；也是许多政治经常源自特定制度安排（institutional arrangement）的持续结果。而且，认同路径依赖的普遍性，就迫使人们关注在时间上遥远的事件或过程的因果重要性。路径依赖的过程举例说

---

① Sewell, William H. 1996. "Three Temporalities: Toward an Eventful Sociology", in Terrance McDonald, ed. The Histories Turn in the Human Science , Ann Arbor: University of Michigan Press. pp. 262 – 263.

② Levi, Margaret (1997). "A Model, a Method and a Map: Rational Choice in Comparative and Historical Analysis", in Mark L. Lichbach an Alan S. Zuckenman, eds , Comparative Politics: Rationality, Culture and Structure, Cambridge: Cambridge University Press, p. 28.

③ Pierson, Paul. 2000. "Increasing Returns, Path Dependence and the Study of Politics", *American Political Science Review*, Vol. 94, No. 2, pp. 252 – 254.

明了阿瑟·斯汀康比（Arthur Stinchcombe）所说的"历史因果性"（historical causation），即某一时间点的事件或过程所引起的动态会自行繁衍，即使原来的事情或过程不再重现。最后要注意的是，正反馈也可以证成对时间秩序议题之关注。在路径依赖的过程中，事件的秩序可能造成根本的差别。在所有这些方面中，路径依赖强调社会过程独特的时间界限。①

诺斯认为制度是在稳定中持续变化着的。他认为制度的框架发生很大的变化的情况，只是具有充分协商力的人从中看到了利益，大部分的制度变迁都是渐进的。战争、革命、征服、自然灾害等，虽然能成为绝对的制度变迁的源泉，但制度变迁还是压倒性的、渐进的、持续的。因为非正式的制约是与社会密切地衔接在一起的，所以就像革命或征服这样绝对的变化也绝不可能是彻底的。正式的制度虽然能一夜之间发生改变，但是具体的、有意图性的政策想要冲破已经形成的非正式的制度习惯、传统、行为准绳等，也是非常困难的。

另外，诺斯还认为制度是按照一定的路径变化的。这个路径是按照"从制度和行为者的共生性的关系中产生的锁定"，"人们认知机会集合中的变化，并对其反应的回流过程"形成的。② 由于制度的框架和行为者之间匹配的关系，通过现存的路径变化为全新的路径进而产生激进的制度变迁，这在现实中很难实现。另外，由于行为者获得的信息不够完整，特别是低效率地处理导致在现实条件下很难向有效的制度过渡。很多人因为是在现存制度的框架下思考和处理信息，想要向全新的制度转变绝对不是一件容易的事情。这个类型的制度变迁与图 8 - 2 的表达一致。

这个模型与强调持续性为制度核心要素的类型 2、类型 4 有所区别，在此模型中考虑到了现实制度变迁中的复杂性，严重的权力不均衡可以导致断绝性的制度变迁，但也要考虑非正式的制度有产生断绝制度变迁的可能性。例如，英国和西班牙破坏了它们的非洲殖民地国家的各种文化制度——建设在北非的益格鲁—撒克逊族式社会，还有在南非的

① ［美］保罗·皮尔逊：《时间中的政治：历史、制度与社会分析》，黎汉基、黄佩璇译，江苏人民出版社 2014 年版，第 13 页。

② Douglass C. North. 1990. *Structure and Change in Economic History*. New York：W. W. Norton and Company，pp. 6 - 94.

拉丁式社会。因此，不难看出在一定的条件下断绝性的制度变迁也有产生的可能。

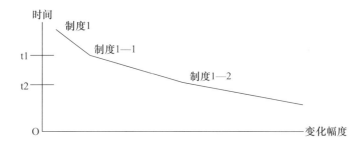

图 8 - 2　渐进的、持续的制度变迁（路径依赖理论模型）

二　路径依赖式制度变迁

路径依赖已变成一个时髦的字眼，经常缺乏清晰的含义。可是，以更严格的方式把这个理念应用到社会过程的分析中，这意味着着眼于自我强化或正反馈（positive feedback）过程在政治系统中的动态。这种过程的有趣之处在于它们可能因为早期相对轻微的干扰（perturbations）而大受影响。因此，这种过程可以产生一个以上的结果。然而，一旦特定的路径确立以后，自我强化的过程将使逆转变得非常困难。[①] 诺斯把路径依赖解释为"过去对现在和未来的强大影响"，指出"历史确实是起作用的，人们今天的各种决定、各种选择实际上受到历史因素的影响"。诺斯认为，制度变迁过程与技术变迁过程一样，存在报酬递增和自我强化的机制。这种机制使制度变迁一旦选择了一个独特的路径，它的既定方向会在以后的发展过程中得到自我强化，不管过去排除的方案是否能更高效地运转，都要继续维持下去已经采用的这个路径。诺斯提出"报酬递增"和"由显著的交易费用所决定的不完全市场"两个观点来主张制度变迁的路径依赖理论。报酬递增由高额的固定费用、学习效应、协调效应、适应性预期这四种自我强化性规律而表现出来。起初创设制度的时候需要投入相当的初始设置成本。并且一旦创设的制度拥

① ［美］保罗·皮尔逊：《时间中的政治：历史、制度与社会分析》，黎汉基、黄佩璇译，江苏人民出版社 2014 年版，第 12 页。

有了显著的学习效应加上与其他组织的缔约产生协调效应，固有的制度使关于永久性的怀疑减少形成了适应性预期。如果市场是完全竞争状态，就不会形成报酬递增的问题。但是，市场处于不完全竞争状态信息回流是片面的，所以交易费用适量的话，行为者的主观模式和不完全的回流会根据理念形成一致的路径。如果行为者的主观模式根据完全的信息回流被修正，虽然不会出现路径依赖；但假若信息不完全的话，行为者关于现状的观念可能会慢慢发生变化。所以，人们过去做出的选择决定了他们现在可能的选择。沿着既定的路径，经济和政治制度的变迁可能进入良性的循环轨道，迅速优化；也可能顺着错误的路径往下滑，甚至被"锁定"（lock - in）在某种无效率的状态而导致停滞。一旦进入锁定状态，要摆脱就十分困难。①

除此之外，还需要了解制度的模式设置包含了组织的行为者获得知识和技术的方向，那个方向成为社会长期发展的决定性要因。即制度的模式中被挤出的刺激对在那个环境中与收支相符合的技术和知识的选择，进而对行为者的学习产生很大的影响。谋划制度变迁的核心不仅要选择行为者依赖的制度模式中存在的对策，还要拥有虽与达成目标相关联的不完全的知识。人们的主观模式反映了人们的想法、理念和信念等东西。如果信息回流正确、人们的主观模式和现实的真实模式一致的话，人们做出的决定会导致所预料的结果。但是，信息回流不正确的话会出现预料之外的结果。

与诺斯的制度变迁理论相关的一个要注意的问题是路径依赖性虽然缩小行为者能够选择的对策领域并按时使之与已有的决策联系，但并不能具体决定未来的命运，也不能指出必然的路径。② 行为者一般不仅受到制度的影响，也会对新登场的制度造成独立的影响。因此，事前对未来出现的具体制度路径无法正确地预测。

---

① 马广奇：《制度变迁：评述与启示》，《生产力研究》2005 年第 7 期。
② Douglass C. North. 1990. *Structure and Change in Economic History*. New York：W. W. Norton and Company, pp. 78 - 104.

第四节　渐进的、间断的制度变迁：
碎片式理论

一　碎片式理论

美国耶鲁大学的斯蒂芬·斯科罗内克（Stephen Skowronek）教授在1982年出版的《建立一个新美国——国家行政能力的扩张，1877—1920》一书中试图为我们解答，美国是如何从一个由政党和法院主导的国家转变为一个新的行政（官僚制）国家。他认为，职业化的军官、公务员、独立管制委员会的成员竭力避免受压力政治和赞助人的控制，政府的自主性、职业性和网络化趋势大大加强。在他看来，新的制度形式和程序并不是产生于"政府对外在环境需求（工业化等）自动式或反射式的回应"[1]，而是在与原有制度安排反复进行的政治和制度斗争中才得以建立起来的。

该书从立法、司法和行政三种权力相互博弈的角度来论述行政国家的建构过程。作者认为，国家建构的过程虽涉及组织形式、运用程序和组成人员的转变，但其中最关键的一点就是权力关系的重新调整。所谓的国家建构，在作者看来，并不是个别机构创新，而是一种建立在讨价还价基础上的对原有政府整套运作模式的系统性变革。

同时，他还认为，美国19世纪末国家建构的历史不是一蹴而就的，而是经历了两个阶段：1877—1900年的"碎片阶段"（patchwork）和1900—1920年的"重构阶段"（reconstitution）。1877—1900年，国会迫于公众舆论和改革推动者的压力，出台了一系列的法律，如1883年的《彭德尔顿法》（the Pendleton Civil Service Act）。在这些新法律的指导下，政府试图扩张行政职能，各种新的政府机构和服务项目纷纷涌现，公众的需求得到一定程度的满足。[2] 正如泽利尔所说，当历史学家们呼吁加倍重视历史综合之时，他们实际上已经发现了关于进步时代的

---

[1]　Stephen Skowronek. 1982. *Building a New American State*：*The Expansion of National Administrative Capacities*，1877 – 1920. Cambridge：Cambridge University Press, p. 7.

[2]　吴乔：《从碎片走向重构："建立一个新美国"评述》，《公共行政评论》2009年第6期。

研究存在一种碎片的问题。在这一背景下，《建立一个新美国》一书的出版，恰好弥补了当时研究中存在的缺陷。

此书的另一个重要贡献在于它"向学者们介绍了历史制度主义这一新兴的研究领域，提供了一种分析政府和公共政策的多学科路径"。该书向我们提供了一种"对制度发展的开拓性检验和对于超越那些只对社会和企业需求进行回应的标准精英的政治行动者的讨论"。与其他学者致力于探讨政府现有制度是如何通过回应阶级冲突、危机或政党重组等问题演变而来的研究路径不同的是，作者试图从一种历史的视角来理解政治，把美国的国家建构看作是一个在现有制度框架下创造新的政府体制的过程，运用历史数据检验制度如何在一段长时期内建构政策以及政策如何重构政治，政治又如何影响制度。通过他的分析，我们不难发现这样一个现象：政治行动者嵌入在制度环境之中的，而制度因素是推动历史沿着某一路径发展的相对稳定和最为核心的因素之一。

"随着《建立一个新美国》一书的出版，斯科罗内克成为极少数能影响多个学术领域研究的学者之一"。① 在这之后，关于美国制度发展和变迁的研究蓬勃兴起。可以说，这本经典著作的问世具有开拓性的意义，它对政治学、历史学和社会学科关于政府的研究产生了重大影响。

用一句话表示这个类型的制度变迁，那么斯科罗内克的碎片式理论最合适了。从制度变迁的结果层面来说，新的制度看起来和现有的制度从本质上不同的话，就可以说这个变化是断绝性的。但是，因为制度变迁的过程和类型 2 中的不同，并不迅猛，而是表现为渐进式的发展更为合适。而且也和类型 3 中的不同，新的制度随着环境条件的变化而相应地去适应并不是比较平和顺畅地表现出来。那是通过依照现存的制度性机制而形成的权力机构的影响中产生的政治斗争而形成的。而且，一旦形成的制度表现出了历史性，将在一定时间内维持下来。这一点也表现出了与类型 3 的不同。这个类型的制度变迁如图 8 - 3 所示。

这个模型通过渐进变化也揭示了从本质上其他新制度的变化可能性。特别是比起渐进变化过程中当事者的顺利的协商其中表现出的政治斗争更值得瞩目。和诺斯的路径依赖性变化不同，关联的利害关系人为

① Zelizer, J. E. 2003. Roundtable: "Twenty Years after Building a New American State", *Social Science History*, Vol, 27, pp. 425 - 441.

了守护既得利益或者为了占据更多权力互相纠葛。

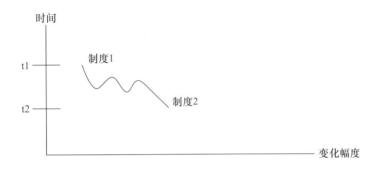

图 8 - 3 渐进的、间断的制度变迁（碎片式理论模型）

二 碎片式制度变迁

制度变迁从 1877 年到 1920 年长期发展形成。虽然克拉斯纳如图 8 - 1 所示主张制度变迁在很短的时期内迅猛地发生。

斯科罗内克并不那么认为。而且如图 8 - 2 所示，制度看起来并不是呈适应性地顺畅地进化发展。他主张不能认为制度变迁在变化的环境条件中会反应为自然地适应。进而关于制度变迁甚至主张功能主义的说明歪曲制度变迁的历史。

环境变化不过只是为了刺激制度变迁。关联的行为者并不会对这种环境变化带着相适应的革新责任自动反应。行为者将潜在的制度按照政治的估算对自己地位造成的影响来计算，而且不想错过制度性的权利或者是想更加确保自己的权利在制度变迁的过程中互相纠缠斗争。新的制度便是如此通过变化无常的政治斗争和妥协而登场的。①

第五节 结语

历史制度主义存在一种放大历史视角的特点。由于历史制度主义在分析关键节点的背景分析时，并不注重那些由行为主义和理性选择理论

---

① Stephen Skowronek. 1982. *Building a New American State*: *The Expansion of National Administrative Capacities*, 1877 - 1920. Cambridge: Cambridge University Press, pp. 4, 12, 15.

所处理的微小事件，而是致力于发掘重大的政治事件和对人类产生相当大影响的政治事件。他们研究的对象，如国家与社会革命、国家建设、民主化及福利国家的出现和发展，都是一些在人类社会特定时期内不那么经常发生的稀有事件，某一个重大事件的发生都有着独特时代背景的影响。但是，某些重要条件和背景的变化往往是非常缓慢的，重大变革需要相当长的一段时间才能使某些因素凝聚在一起并起到作用。并且，变迁的过程都是短时段内很难看清，即使能够找到一些短期因素，也可能只是一些变量之间的偶然聚合，变量与结果之间并不是一种结构性的因果关系。因此，历史制度主义在分析一些重大事件和进程时，就必须从事件变迁的历史中发掘出那些因果关系。历史制度主义的分析往往借由数十年的历史发展资料来检视，因此对于制度变迁的掌握能够有一套比较完整的历史脉络。

当在政治生活上面临需要改变的临界点时，美国哈佛大学学者皮尔森（PaulPierson）特别重视当时行为者对制度的选择，认为这是决定政治制度质量的关键。因此在历史制度主义中，制度变迁过程总体上被分成了制度存续的"正常时期"（Normal Periods）和造成制度变革的"关键节点"（Critical Junctures）时期。正常时期的制度变迁遵循着路径依赖发展，制度与环境及其制度内部都保持着某种平衡。一旦正式走入了某一制度之后，制度的自我强化机制就会使制度不断得到巩固和强化，直至新的危机出现，环境和条件的变化又有可能使制度的功能发生改变。当制度变迁的过程出现关键节点时，制度的重大变革将可能出现。关键节点出现后产生的冲突结果会达到一个新的平衡点，于是就逐渐构成新的制度。①

---

① Alley, Blind, 2001, "New Institutionalist Explanations for Institutional Change: A Note of Caution", *Politics*, Vol. 21 （2）, pp. 137 – 145.

下　篇

公共行政与政府治理理论

第九章 公共信托理论：公共资源保护的理想与现实

现代公共信托理论起源于罗马法，形成于英国，发展于美国，并在美国生根发芽，从一种具有自然法理念的价值信条转化为具有操作意义的普通法的现实法条。虽然遭受了对于信托前提虚化、信托关系虚构以及信托主体虚设的怀疑和否定，但是公共信托理论对于确立政府作为自然资源的所有者、限制政府转让公共信托资源及改变其用途、界定"公共利益"并进行公共审查、以社会契约的形式平衡各方利益、维护代内及代际平等方面具有突出的贡献。并尝试着探究了公共资源保护的第三条道路。

第一节 绪言

公共信托制度脱胎于信托（trust）制度，而现代信托起源于英国。被法律史学家梅特兰（Mait－land）称为英国人对法学领域做出的最大贡献，就是历经数百年发展起来的信托理念，它是普通法皇冠上的宝石。[1] 信托（trust）一词就其原意，与对其他人的信任有关。公共信托原则中"信托"一词的使用更多的是从这一词的原意出发，而与"信托"这种特定的法律关系无太大关联。[2] 根据《中华人民共和国信托法》第 2 条规定，所谓信托，是指"委托人基于对受托人的信任，将其财产权委托给受托人，由受托人按委托人的意愿以自己的名义，为受益人的利益或者特定目的，进行管理或者处分的行为"。

---

① 何宝玉：《英国信托法原理与判例》，法律出版社 2001 年版，第 1 页。
② 吴真：《公共信托原则研究》，博士学位论文，吉林大学，2006 年。

根据信托目的是为特定受益人的利益还是为了不特定社会公众的利益，信托可以分为私益信托与公益信托；根据信托是否按照当事人的意愿而设立，可以分为意定信托、法定信托和推定信托；根据信托创设方式的不同还可将信托分为明示信托、隐含信托和法定信托。不同种类和不同样态的信托，反映了信托本质的不同侧面，构成要件与法律效果也大相径庭。但是，无论它如何灵活，其基本法理是维系信托制度的主线。

一般认为，最能凸显信托特色的基本法观念有四个：第一，所有权与利益相分离。这是区别于其他类似财产管理制度的根本特质。第二，信托财产的独立性。信托一旦有效设立，信托财产即从委托人、受托人以及受益人的自有财产中分离出来，而成为一独立运作的财产，仅服从于信托目的。有的学者形象地将之称为信托的"闭锁效应"——"信托一旦设立，信托财产即自行封闭与外界隔绝"。第三，有限责任。信托的内部关系仅表现为受托人和受益人之间的权利义务关系。就外部关系而言，委托人、受托人及受益人实质上对因信托事务所发生的债务（合同之债和侵权之债）都只以信托财产为限负有限责任，这也是信托法的一项基本原则。第四，信托管理的连续性。首先，信托不因受托人的欠缺而影响其成立。英美衡平法上有句格言："法院不会因欠缺受托人而宣告信托无效（The court will not allow a trust to fall for want of a trustee）。"其次，已成立的信托不因受托人的更迭而影响其存续。最后，公益信托中的"类似原则"，即当公益信托所定目的不能实现或实现已无意义时，只要委托人在信托文件中有将全部财产运用于公益事业，则公益信托并不终止，法院将使信托财产运用于与初始信托"尽可能类似"的其他一些公益目的之上，从而使公益信托继续存在下去。① 下面来比较一下"信托"与"代理""委托"之间的差异：

（1）信托与代理。代理是指代理人依据代理权，以被代理人的名义与第三人称实施民事法律行为，而后果由该代理人承担。信托与代理的区别在于：①当事人不同。信托为委托人、受托人和受益人三方，代理只有代理人和被代理人两方。②财产权属不同。信托财产的所有权和收益权分离，受托人虽然不享有信托财产的收益，但取得法律上和形式

---

① 侯宇：《美国公共信托理论的形成与发展》，《中外法学》2009 年第 4 期。

上的所有权。代理所涉及的财产权和收益都属于被代理人。③使用名义不同。信托中受托人以自己的名义对外活动。代理中代理人需要以被代理人的名义行事。④法律后果承担的主体不同。信托行为的法律后果由受托人承担，代理行为的法律后果则由被代理人承担。⑤解约的方式不同。信托一经成立，委托人和受托人的死亡并不影响信托的存续。代理中通常为人的关系，代理关系因其中一方死亡而终止。

（2）信托与委托。委托是指一方受他方委托，按委托人指示以委托人名义或者自己的名义，为委托人处理事务的行为。两者都是基于彼此的信任而产生。信托与委托的区别在于：①法律对合同主体及主体资格的要求不同。委托合同的当事人是委托人和受托人，委托合同的主体十分广泛，法律对受托人没有特别的要求。信托合同的当事人是委托人、受托人、受益人三方关系，并且由于信托属于金融业范畴，对受托人的法律要求严格，一般是由相关部门批准的专门经营信托业务的法人。②委托事务的性质和范围不同。委托是一般合同关系，所涉及范围没有特备限定，除财务委托外还有事务委托，比如委托邻居看孩子。而信托的实质是财产管理关系。③合同是否有偿不同。信托合同是有偿的，信托公司是以收取报酬为目的。委托合同可以是有偿的也可以是无偿的。④合同解除规定不同。就委托而言，双方当事人有一方或者双方有意解除，可随时提出解除合同。而信托合同解除是有限制的，不得随意解除。信托中委托人中途可以解除信托关系，并且信托关系中并不因为委托人的去世等情况而解除，也不因受委托人的辞任而终止。①

第二节　公共信托理论之变迁

一　早期的公共信托观念：罗马法

尽管学者们对公共信托（Public Trust Doctrine，PTD）理论的起源存在异议，但是通常认为，英国普通法孕育出的信托理论最终可追溯至

---

① 霍玉芬：《信托法要论》，中国政法大学出版社2003年版，第44—45、47—48页。

罗马法。① 其来源与罗马法中的遗产信托（fideicommissum）有继承关系，也与罗马法中的使用权（usus）或用益权（ususfructus）制度有关联。②

从古罗马开始，人们就注意到这样一个事实，即尽管作为私法的民法，其基本思想和理论为物权的界定和功能发挥提供了一个相当完备的框架，但有一些物品却有着特殊的性质，它们不适合由私人所有，或者在特定情况下即使由私人所有，其权利人也不得排除公众对这些物品享有天然的利益。③ 根据罗马法，"基于自然法④，空气、流水、海洋都是属于所有人的公共财产。"⑤ 因此，所有罗马市民都有权利用这些公共财产。公共信托思想强调，不能为了私人利益而限制或者改变特定自然资源供社会公众自由利用的状态，从而使得它与那些可以排他占有、不允许自由利用的自然资源相区别。共有物由全人类共同享用，任何个人和团体，无论是否为罗马人，都可以不受限制地利用。公有物⑥由全体罗马市民自由使用，这是它们不能成为私人所有权的客体的根本原因。如果公共使用的目的消失，公有物仍可成为私权的标的。如可航行河流具有公共性质，但是，在河流改道后，遗弃的旧河道丧失了公共性，就归毗于土地的所有人。罗马法中有关共有物和公有物的规定，本质上体现了对空气、水流、海洋和海岸等自然资源的共同权利思想，其目的就是保障社会全体成员对特定自然资源的公共使用。任何人，包括国家在内，

---

① 在美国，随着公共信托理论在适用范围上的不断拓展以及对宪法与环境法的影响，引起不少"忧心忡忡"的学者的不安。尽管经历了 20 世纪 70 年代的"复兴"和 80 年代以来的"蓬勃"发展，但是，对公共信托理论正当性基础的质疑却从未停止过。

② 余辉：《信托法律制度的肇始——英国 1536 年〈用益法〉》，《环球法律评论》2003 年秋季号。

③ 吴真：《公共信托原则研究》，博士学位论文，吉林大学，2006 年。

④ 今人所言之自然法，是指 19 世纪以后由西方传来的一个专门概念。在西方文化史上，自然法的观点不但渊源久远，更在法律与社会的变革中间产生过重要的影响。然而，所谓"自然法"并非任何一个元老院、国王、议会或者教皇制定的规则，它不是一般意义上的所谓"实在法"，毋宁说，它是实在法的准则或者依据，是一套价值评判的标准。在这种意义上，我们不妨称之为"道德法"。——参见梁治平《寻求自然秩序中的和谐》，商务印书馆 2002 年版，第 344—345 页。

⑤ The Institutes of Justinian bk. 2, tit. 1, pts. 1 – 6, at 65. "By natural law, these things are common property of: air, running water, the sea and with it the shores of the sea".

⑥ 公有物（res publicae）指全体公民公共享有的物。其所有权一般属于国家，不得为私人所有。公共土地、牧场、公路、河川等都属于公有物。

都无权对共有物和公用物进行排他性的占有，侵害社会公众的使用权。①

二　公共信托理论的雏形：英国法

公元 1066 年，诺曼底公爵威廉征服了英格兰，成为英国的新君主。这对英国历史的发展产生了巨大的影响，其中最为突出的便是将西欧普遍实行的封建制度导入英国。在英国，可航行水域和潮间地的公共所有权同样为地方封建领主所持有，他们为了捕鱼的便利，在河流中架设了大量的堰坝、鱼梁（Kydell）等设施，以供捕鱼使用。由于河道中布满了鱼梁和其他类似设施，河道的通行权受到了极大的阻碍。为了保护商业自由，促进内河运输与贸易发展，1215 年 6 月 15 日，英国贵族胁迫英王约翰签署《自由大宪章》（以下简称《大宪章》），根据《大宪章》之规定，除海岸以外，其他在泰晤士河、美得威河及全英格兰各地一切河流上的堰坝与鱼梁概须拆除。《大宪章》在后世被不停地违反，但它仍被视为是保护公共利益原则的回归，尤其是在通航和捕鱼权利方面。

由于《大宪章》只是对内陆水域上的权利进行规定，因此，到了 16 世纪英国，海岸依然可以为私人所有。伊丽莎白一世认为这严重损害了英国的制海权。1569 年，伊丽莎白女王意欲收回对海岸的统治权力，以缓解占据大部分海岸的领主因妨害商人、渔民自由利用海岸而引发的矛盾。为了给英王的行为提供理论支持，英国当时的法学家 T. 迪基斯提出了表面证据（Prima Facie）理论。依据该理论，除非有明确的证据表明国王授予某个人对海岸的所有权，否则国王将被"推定"是高潮线以下的海岸的所有人。

同时，霍尔大法官描述了在可航行水域存在的三种类型的权利：私人权利（Jus Privatum）、公共权利（Jus Publicum）以及国王的权利（Jus Regium）。公共权利本质上代表了未能组织起来的公众对公共信托资源的权利，在受潮汐影响的水域的背景中，这样的公共权利被定义为诸如进入水域钓鱼和航行的权利。公共权利理论事实上包含了两个性质不同的法则：其一，海和海岸属于国王所有，国王既要服从于公共权利又负有管理的义务，国王不能在转让海岸时妨害公共的利用；其二，国王虽可以自由转让作为私有财产的海岸，然而由于保留了公共的权利，

---

① 邱实：《公共信托原则的发展与绿色财产权理论的建构》，《法学评论》2009 年第 6 期。

所以受让人的私人权利（Jus Privatum）应当服从于公共权利，特别是人们生活所必要的某些地役权。① 就英国法院而言，也基本认同这样一种观念，法定所有权被认为由国家享有，而衡平法所有权由公众享有。由此，国家作为受托人有义务为了公众的利益管理财产。② 即国王基于全体国民的信托而占有自然资源，虽然国王享有土地和水等资源在法律上的所有权，但衡平法上的权利——受益权，则属于由议会所代表的全体国民。③ 因此，公共信托理论在英国普通法所体现的价值主要是对国王权力的限制。从本质上讲，这种限制与王权和议会之间的斗争密切相关。所以说，公共信托理论其实是议会以公益为目的，通过扩大或减少公众基于公共信托理论的各项权利，实现对王权的限制的一种手段或工具。

三　公共信托理论的形成：美国法

美国公共信托理论的起源是非常复杂的。诸如美国南部的佛罗里达、路易斯安那、得克萨斯州，其公共信托理论主要起源于西班牙和法国，而在美国东部各州，其公共信托理论则起源于罗马法④，并发展于中世纪的英国。⑤ 随着英国在北美建立殖民地，其普通法和公共信托理论亦随之输入。公共信托理论（jus publicum）在美国被正式地接受是通过英国普通法的。但是，与英国不同的是，公共信托理论在美国的形成与发展过程中，法院起着不可替代的作用，公共信托理论通过浩如烟海的普通法判例逐渐得以确立。

1821 年，美国审理了第一个关于公共信托的案件——Arnold v. Mundy 案⑥。1876 年，美国最高法院通过 Barney v. Keokuk⑦ 案，正式

---

① 肖泽晨：《公物法研究》，法律出版社 2009 年版，第 87 页。

② 吴真：《公共信托原则研究》，博士学位论文，吉林大学，2006 年。

③ Sharon M. Kelly, *The Public Trust and the Constitution: Routes to Judicial Overview of Resource Management Decisions in Virginia*, Virginia Law Review, May, 1989.

④ 罗马法将物分为可交易物和不可交易物，前者指可以归个人所有的并且可以用来进行交易的物品，又称为财产物；后者指不可以归个人所有的且不可用来交易的物品，又称为非财产物。不可交易又可分为神法上的非财产物和人法上的非财产物，前者包括寺院、陵墓等为宗教目的服务的物品以及被认为受到神保护的诸如城市城墙等物品，后者则是一些与宗教目的无关的共用物（res communes omnium）、公物（res publicae）、团体物（res universitatis）等。

⑤ 中国法学会行政法学研究会编：《财产权与行政法保护：中国法学会行政法学研究会 2007 年年会论文集》，武汉大学出版社 2008 年版，第 766 页。

⑥ 肖泽晨：《公物法研究》，法律出版社 2009 年版，第 87 页。

⑦ Barney v. Keokuk, 94 U. S. 324（1876）.

认可了英国普通法中的公共信托理论在司法中的适用。1970 年，美国学者萨克斯（Sax）在其对 Illinois Central Railroad v. Illinois 一案的评论文章中，对公共信托理论的潜在影响作出了详尽的论述，他认为："阳光、水、野生动植物等环境要素是全体公民的共有财产；公民为了管理它们的共有财产，而将其委托给政府，政府与公民从而建立起信托关系。"他还据此提出了环境权的概念。此外，萨克斯还总结出了管理公共财产的基本准则：①信托财产必须以财产本身的性质直接供公众使用，而不是以抽象的一般公益供公用；②信托财产应维持并增进广大的一般民众利用的便利，不应限定于特定的少数人利用；③即使私人出有适当或较高的价格，信托财产也不得让渡给私人。① 简言之，也就是说要求公共信托财产的管理应当符合"应直接面向一般民众""以供广大民众使用为目的"以及"不得转让"三个原则。

在 20 世纪 70 年代，从加利福尼亚诞生的生态环境保护主义的浪潮席卷了整个美国，这一思潮在民众中散布了"生态环保意识"，使人们从此以后对环境破坏问题注意有加。正是在这一波环境保护运动的推动下，公共信托理论开始被人们广泛接受。萨克斯的观点不仅导致了普通法上旨在保护自然资源和环境的公共信托理论的复兴，也推动了各州将公共信托理论写入宪法，或在宪法中确立公民拥有清新、健康的环境的权利。如今，公共信托作为一项宪法原则被写入美国许多州的宪法和环境法中。如宾夕法尼亚、蒙大拿、阿拉斯加、夏威夷、路易斯安那等十多个州的宪法中明确指出，州政府是州公共自然资源的信托受托人，维持和保护自然环境是其职责。

近年来，公共信托理论在美国的适用出现了新的发展，这主要体现在以下两方面：首先，针对可能对公共资源造成危害的州（或国家）行为（包括行政行为和立法行为在内），各法院不再仅仅依赖公共信托理论，而是综合公共信托理论、州宪法相关条款或州环保法律来宣布其无效；其次，针对政府通过征收方式对私人财产的开发行为，各法院在综合考虑公共信托理论、州宪法相关条款或州环保法律的基础上予以积极支持。②

---

①　Sax, Joseph L. "*The Public Trust Doctrine in Natural Resource Law: Effective Judicial Intervention*", Michigan Law Review. The Michigan Law Review Association. Vol. 68, 1970.

②　侯宇：《美国公共信托理论的形成与发展》，《中外法学》2009 年第 4 期。

综上，通过对公共信托理论历史发展的梳理，我们发现，起源于罗马法，形成于英国普通法的公共信托理论，无论是在欧洲大陆，还是在英国，都没有得到实质性的运用与发展。只有在美国，该理论不仅在司法实践中得到广泛的应用，而且为研究者所追捧，对美国的宪法、环境法、自然资源法、财产法、土地管理法以及其他法律也产生了重要的影响。

四 新公共信托时代的来临

1970 年约瑟夫·萨克斯教授在《密歇根法律评论》上发表了题为《自然资源法中的公共信托理论：有效的司法干预》的专题论文，开创了公共信托理论的新纪元，标志着新公共信托时代的来临。约瑟夫将公共信托理论运用于环保领域，并主张通过唤起这一古老的原则来保护水资源，呼吁在未来发展更为广阔的公共信托理论，使该理论能够解释更大范围的自然资源的价值。[①] 他认为，水、空气等与人类生活密不可分的环境要素不是无主物，而是全体国民的共有财产，国民可以将他们的共有财产委托政府管理。此时，国民与政府之间的关系是委托人与受托人的关系。政府应当为全体国民管理好这些财产，未经委托人许可，不得自行处理这些财产。[②] 新公共信托理论主张从古老的信托理论中追根溯源，并提出了这样的概念：某些资源是公共资源以至于排斥在传统自由意识下的私人所有制。而当传统的公共信托发展到基于商业目的而利用资源的公共权利时，新公共信托理论提出了"资源委托代理人"原则。[③]

自从约瑟夫·萨克斯教授于 20 世纪 70 年代早期将公共信托理论予以复兴，并使之成为环境保护法律诉求的重要工具以来，该理论便作为保护公共自然资源的有力武器，受到越来越多人的青睐。萨克斯教授的主张是革命性的，因为这一主张试图扩展公共信托理论的范围使其能够

---

① Erin Ryan：《公共信托及对该理论的质疑》，张顺伟译，中国民商法律网，http：//old. civillaw. com. cn/article/default. asp？ id = 37574，此英文原文 2001 年发表于《Environmental Law》期刊。

② Joseph L. Sax, *The Public Trust Doctrine in Natural Resource Law：Effective Judicial Intervention*, 68 MICH. L. REV. 471（1970）.

③ Erin Ryan：《公共信托及对该理论的质疑》，张顺伟译，中国民商法律网，http：//old. civillaw. com. cn/article/default. asp？ id = 37574，此英文原文 2001 年发表于《Environmental Law》期刊。

包含环境保护，同时这一主张也为法院提供了普通法上的基础，证明了法院可以在判决自然资源案件中采用标准化的模式。

到 20 世纪末，公共信托理论已经逐步通过法院的判决，运用于对树木森林、公园、野生动物、古迹、进出海滩以及整个生态系统的保护。同时该理论对所保护的自然资源的用途也有所扩张，受信托保护的该种自然资源的公共用途从传统的商业、航行和捕捞，扩张至娱乐、美学、休闲、科学研究、资源与环境保护等方面。① 从 PTD 的扩张中，我们还可以发现，美国事实上存在着两类 PTD：第一类是保护地点（place）的 PTD。在这类 PTD 中，法院的作用是仲裁财产权。只要某一区域被认为披上了公共信托的外衣，法律就禁止对这一区域的土地进行销售。第二类是保护用途（use）的 PTD。在这类 PTD 中，法院的作用除了仲裁财产权外，还要对受保护和不受保护的用途进行分类，确认相互排斥的用途，并按照解决这些现实问题的答案，对该区域的土地进行合理的分配。② 由上可见，PTD 是一个非常灵活的理论，是一个可供法官创造的理论或普通法，可以为了满足时刻变化的条件以及从公共信托理论中受益的公众的需要，不断地为法院的意见所修正。③

第三节　公共信托理论的主要内容

一　公共信托理论的定义

公共信托理论指的是政府受全体人民的委托，作为受托人有义务为了维护诸如海洋、湿地、湖泊、河流等脆弱资源的公共信托用途而进行管理，因而不能如同私人财产所有者一样随意处置这种资源的用途，而作为受益人的公众则有权基于该资源本来的公共信托用途而对其加以使用，并在政府不履行其信托义务时，有权向法院起诉，以强制政府履行

① 中国法学会行政法学研究会编：《财产权与行政法保护：中国法学会行政法学研究会 2007 年年会论文集》，武汉大学出版社 2008 年版，第 766、774—775 页。

② Randal David Orton, *Inventing the Public Trust Doctrine*：*California Water Law and the Mono Lake Controversy*, University of California, 1992, p. 80.

③ 中国法学会行政法学研究会编：《财产权与行政法保护：中国法学会行政法学研究会 2007 年年会论文集》，武汉大学出版 2008 年版，第 775—776 页。

义务。公共信托理论常常被人们描述为一个有着古老起源但又难以捉摸的随时代和环境变化而变化的普通法理论。公共信托理论最初可能是运用私人信托中的"物"（res）、"受托人"（trustee）、"财产授予人"（settlor）以及"受益人"（beneficiaries）来解释的："物"是指信托所关注的事物；"受托人"是指承担责任和行使权利的实体；"受益人"是指有资格在法院要求受托人解释其行为之理由的人；"财产授予人"是指创造信托的人。然而，现在所说的公共信托理论已经超出了这些基本的概念。对公共信托理论作出一种有用的定义，则应将它描述为一个行政规则或者方法论标准。①

斯莱德（Slade）等学者在1990年对PTD做出了一个描述性的定义，即"PTD主张一个州的公共信托土地、水资源以及野生动植物资源是为了全体人民的利益，以信托的形式由州拥有的，而公众则有权为了广泛认可的多种公共用途而充分享用这些公共信托土地、水资源以及野生动植物资源。"②尽管这样的描述性定义没有告诉我们PTD是什么，但从一般的意义上为人们提供了有关PTD含义和内容的观点。公共信托最基本的含义，即国家为了全体公民的利益控制或持有公共信托土地、水和资源，不能通过转让这些资源而使其成为私人所有，也不能改变这些资源的本来用途，而公众则有权为了不同的公共用途和目的而充分使用它们。③

萨克斯教授则将PTD界定为"……一种主张，即州不能授予私人对公产的所有权，以赋权他们去界定或改变公共用途"，"公共信托概念不是别的，而是民主化的手段"。在美国现代普通法中，强调一般公众对某种形式的财产相比对其他形式的财产有更大的利害关系，完全要归功于对PTD这一理论的接受。对于美国的PTD，萨克斯曾评论说："在所有美国法律已有的概念中，似乎只有公共信托理论有其宽度和实质内容，它作为一般性的应用工具，对于公民寻求有关资源管理问题的

---

① 中国法学会行政法学研究会编：《财产权与行政法保护：中国法学会行政法学研究会2007年年会论文集》，武汉大学出版社2008年版，第762—763页。

② Randal David Orton, *Inventing the Public Trust Doctrine: California Water Law and the Mono Lake Controversy*, University of California, 1992, pp. 25–26.

③ 中国法学会行政法学研究会编：《财产权与行政法保护：中国法学会行政法学研究会2007年年会论文集》，武汉大学出版社2008年版，第764页。

一种综合性的法律方法是有用的。"① 美国现代公共信托理论事实上已经是各部门法的混合物，它的底端是财产法，上面还覆盖了行政法、信托法和宪法。② 按照萨克斯教授的观点，有三种思想可以作为公共信托理论的概念支撑：一是"某些利益对每个公民来说天生就是如此重要，以致每个公民对它们的自由利用往往表明社会是所有公民的社会而不是奴隶的社会"。二是"某些利益完全是因自然的慷慨而给予人的特别恩赐，因而它们应当属于全体人民"。三是"某些资源具有其特别的公共性，从而使它们不适合用作私人用途"。公共信托利益本身并不是一个静态的或固定的概念，而是一个随着人们的需要和环境的变化而变化的概念。与之相对应，公共信托理论也只能是一个模糊的、不断变化（包括适用领域的扩张与公共用途的扩张）的理论。③ 萨克斯教授也承认，即使在一个较大的范围内，也不存在处理公共信托财产的普遍理念。他认为，公共信托理论的真正问题在于它是否在以下两个极端之间有某种意义：一是以公共信托的名义，是否存在某种可由司法执行的权利——能限制政府处理诸如海岸地和公园土地等具有特殊利益的资源的活动。二是是否存在比一般应用于限制政府处置行为更严格的限制。④

二　公共信托理论的本质

依传统信托法，无论是私益信托还是公益信托，都是委托人基于对受托人的信任，将其财产权委托给受托人，由受托人按委托人的意愿以自己的名义，为受益人的利益或者特定目的，进行管理或者处分的行为。对于委托人与受托人之间信托关系的达成，最为基本也是最为常见的形式就是双方当事人之间的协议，即委托人与受托人之间为特定目的就特定事项，通过协议的方式，明确各自在信托关系中的权利义务。也就是说，在该信托关系中，信托的目的、信托财产的范围、委托人的权利、受托人的义务、受益人的权利以及信托财产的管理要求等，均要求

---

① Joseph L. Sax，*The Public Trust Doctrine in Natural Resources Law：Effective Judicial Intervention.* 68 MICH. L. REV. 471，474（1970）.

② Lloyd R. Cohen，*The Public Trust Doctrine：An Economic Perspective*，29 Cal. W. L. Rev. 239，274（1992 – 1993）.

③ 中国法学会行政法学研究会编：《财产权与行政法保护：中国法学会行政法学研究会2007 年年会论文集》，武汉大学出版社 2008 年版，第764—765 页。

④ Joseph L. Sax，*The Public Trust Doctrine in Natural Resources Law：Effective Judicial Intervention*，68 MICH. L. REV. 471. 477（1970）.

信托当事人通过协议的方式予以确定。

而在公共信托中巧妙地运用了法律学中一个具有神奇色彩的概念——法律拟制——来实现对这一困境的有效克服。说其神奇，"不仅因为它思维上的非逻辑性，还因为它内容上的虚假性。在崇尚逻辑和真实的西方法律文化中，这的确够神奇的。拟制①，不仅在认识上被视为是'真'的，从而对解释问题有所助益，而且在实践上被当作是'真'的，进而对解决问题有所帮助。拟制是一种富有诗意的模拟性决断或决断性虚构，拟制的这一目的论属性，是社会秩序的内在要求"。②

公共信托理论就其实质而言，正是通过抽象的法律拟制，确立社会公众与政府之间关于环境与自然资源管理和保护的信托契约。在这样的社会契约中，"政府为维护公共信托利益负有持续监管公共信托资源的义务，不得随意改变公共信托资源的公共用途。而社会公众则是受益人，只享有权利，不承担义务，而且在政府不履行其义务时，公民有权通过诉讼程序强制其履行义务。"③ 确立这种关系的目的就在于授予主体（社会公众）以权利——这种权利伴随着公共信托理论的发展而不断扩张，由早期的特定自然资源，主要限于可航行水域及其底土、潮间地、海岸等逐步扩展到对整个环境资源的权利——环境权。然后，通过社会公众（群体或者个人）环境权的行使——主要是通过诉讼的方式来实现。而作为公共信托理论的主要执行者——法院，在司法能动主义（Judicial Activism）的推动下对公众的环境权予以确认、保护并实施救济，从而实现对环境与自然资源的保护。公共信托理论为广大环保人士保护自然资源和环境提供了强有力的武器。

三　公共信托原则

公共信托原则借用了信托关系的框架，赋予了社会公众使用公共资源的权利，并限制了地役权所有人的权利。大量公共信托原则的判例与财产的使用或利用无关，而是涉及财产的所有权属，更确切地说，是限

---

① 拟制（英语：Fiction，德语：Fiktion）系使法律能对生活关系有合理的规范，依据法律政策，将特定事实确定，而不考虑真实为何，在法条文字中，拟制以"视为"表示；由于拟制为法律政策上的一种拟定，并以立法手段将法律适用的价值判断决定生活关系中的事实，故不容许举反证加以推翻，此与推定不同。

② 卢鹏：《拟制问题研究》，上海人民出版社 2009 年版，第 1 页。

③ 肖泽晨：《公物法研究》，法律出版社 2009 年版，第 106—107 页。

制政府将国有资源不适当地让渡给私人。公共信托原则的内涵可以概括为：政府对一些特殊的财产应承担起受托人的义务，即依财产本身的性质最大限度地保障社会公众能实现对这些财产所应当享有的权益。公共信托原则仅仅体现了在特定的财产领域，政府必须履行相应义务，保证社会公众能充分而持久地享有对这些财产的权利这样一种思想。它没有预先设定任何确定而具体的事实状态，也没有对各方主体的权利和义务作出具体规定，比如政府的信托义务具体内容、社会公众对信托财产享有的具体权利等都没有具体指明。当然，公共信托原则也没有对原则的违反规定任何确定的法律责任。公共信托原则对法律的制定产生了深远的影响，但公共信托原则并非法律规则和法律概念，而是一项法律原则。[①] 公共信托原则界定的是政府与公众的关系，由法律作出规定，不可能完全体现当事人的自由意志。尽管有人认为公共信托原则根植于自然法[②]，体现了社会契约论的思想，但"社会契约"与私法上的契约毕竟区别甚大。公共信托原则的这一概念包含了三个重要因素：公共信托财产、政府义务和社会公众的权益，这三个要素在逻辑上具有紧密的内在关系。公共信托财产区别于一般财产的特殊性质是公共信托原则产生的根源和起点。这些特殊性可以概括为：公共信托财产的用途都具有公共性质，因此都是为公众所需（或至少是某一区域内部分公众）；公共信托财产具有一定的稀缺性，因此对整个人类具有重要意义；某一人使用公共信托财产的同时不会影响和排除他人对该财产的使用。信托财产的这些特征决定了对这一领域不应适用传统私法上的物权制度，特别是所有权制度。由此政府必须承担起相应的保护信托财产的义务，其出售、开发和利用信托财产的行为都必须服从这一义务，且这一义务的存在和履行不以国家对信托财产享有所有权为条件，也就是即使信托财产由于某种原因或通过某种方式为私人所有或占有，政府对该信托财产的信托义务仍不得免除。政府履行信托义务的目的在于保障社会公众能在合理的范围内充分享有对信托财产的权益。

　　有时信托范围的确是一个相当模糊的概念，它可以远远超出传统的

① 吴真：《公共信托原则研究》，博士学位论文，吉林大学，2006年。

② J. Stevens, *The Public Trust: A Sovereign's Ancient Prerogative Becomes the People's Environmental Right*, (1980), 14 U. C. Davis L. Rev. pp. 195, 197 – 200.

水域范围而延伸至土地、森林、野生动物、古生物化石、电磁波等，因此，公共信托财产的范围从未通过任何方式固定下来一直是争议的焦点。公共信托原则受益人受益范围同样没有也不可能得以确定。由于公共信托是为了保障公众使用公共资源的利益而存在的，因此，我们姑且把公众作为受益人。20世纪公共信托原则已扩展到在国家航行水域中洗浴、游泳、划船和进行通常意义的娱乐的权利，并且此时人们认为不断变化的公共需要应该被纳入公共信托用途之中。在公共信托中，被作为受益人的公众由不同时代、不同地域、不同经济状况、不同价值观的无数个体构成。[1]

第四节　对于公共信托理论的评判

一　公共信托理论的优点

（一）确认政府作为脆弱公共资源的所有者

公共信托虽然使国家或州享有管理权，而公众仅享有收益权，但是公众的这种收益权是根植于其所享有实质意义上的所有权。可以说，公众享有的是一种保留的所有权，它时刻制约着国家或州的管理权。因此，这种双重所有权使得管理效率大为提高，进而有助于公共信托财产的公用功能的发挥。

越来越多的人主张，将自然资源作为人类的共同财产，并不必然导致哈定（Hardin）所说的"公地悲剧"[2]（the tragedy of the commons），而将对公共资源的"虚幻所有权"在私人所有者之间进行分配，反而可能会导致市场失灵的悲剧。因此，维护自然资源处于人类共有并由主权者所控制的状态，制约公权力、最大限度地维护公共信托财产，对于维护自然资源的本来公共用途是非常关键的。在美国奥杜邦案中，布鲁萨德法官指出："公共信托不仅仅肯定了国家为了公共目的而使用公共财产的权力，也肯定了国家保护人们共同拥有的河流、湖泊、沼泽地以

---

[1]　吴真：《公共信托原则研究》，博士学位论文，吉林大学，2006年。

[2]　土地作为公共资源的一种，它的所有权为全体社会成员所共同享有，也是人类社会经济发展共同的基础。但是，因为公共资源进入的经济成本为零的原因，人们往往为了追求收益的最大化，对于公共资源进行透支开发，所以"公共用地的悲剧化"的现象时常发生。

及潮间地等遗产的义务，仅仅在放弃该权利与信托目的一致的少数情形下，国家才可以放弃该权利。"① 也就是说，保护河流、湖泊等脆弱的人类共同遗产是主权者的义务，这种义务不能通过立法机关或者行政机关加以放弃。由上可见，PTD 确认了政府作为某些脆弱资源的法律上的所有者，有义务保护这些脆弱资源的公共用途得以实现且不得放弃这种义务。②

（二）支持政府维护公共福祉的行为

由于在公共信托法律关系中，政府是公共信托财产的管理人，它是为了受益人（即信托人、实际的财产所有人）的利益而进行管理活动的。因此，公共信托理论从根本上是支持政府维护公共福祉的行为，只是该政府不得有损害受益人的情形发生。例如，发源于 1980 年的社区土地信托制度。③

（三）对抗征收请求

公共信托可作为从财产权赖以存在的背景来严格限制对私人财产权利益利用的标准。因为政府对私人财产的开发行为无疑构成征收，随之而来的则是必须对被征收人予以公正的补偿，而这必然会对公众造成不必要的负担。于是，求助于公共信托理论，可以否认对私人财产的不必要利用或开发行为。

---

① National Audubon Society v. *Superior Court of Alpine County*，33 Cal. 3d 419，441（1983）.

② 中国法学会行政法学研究会编：《财产权与行政法保护：中国法学会行政法学研究会2007 年年会论文集》，武汉大学出版社 2008 年版，第 776—777 页。

③ 社区土地信托（Community Land Trust）是不以营利为目的的社区土地信托公司（简称 CLTs），通过保留土地所有权而只出卖住房所有权的形式，向符合条件的低收入者出售其能够负担得起的住房的发展模式。其成功经验是多渠道保障土地和资金来源、多举措保持住房永久可负担性和包容性发展等。第一个城市社区土地信托于 1981 年在辛辛那提（Cincinnati）成立，由普世教会协会为了防止低收入非裔美国人离开他们的社区而成立。CLTs 主要由社区里的居民、非营利组织或者政府（政府一般在发展后期介入）等为发起人，组织和管理从募集资金、购买土地或住房、建造或改造房屋、出售房屋到售后监管等各环节。社区土地信托模式通过租约对住房的使用和转售进行着高度的控制，当房主出售其住房时，CLTs 有优先购买权。房主也可以将房屋出售给符合购买条件的其他低收入者（一般住满 8 个月后便可转售房屋），出售价格要按照原房屋买卖合同中约定的方式计算，既要保证住房出售者得到合理的房屋价值补偿，又要确保出售价格在未来低收入购房者的承受范围内，以此保留这些房屋的负担能力，使未来居民也有相同的拥有可承受住房的机会。参考虞晓芬、邓雨婷《美国共享权益住房制度与启示》，《中国房地产》2014 年第 11 期。

（四）遏制州（或国家）行为的滥用

由于公共信托财产权也是采取双重所有权做法，州或联邦实行的是管理权，而它们这些公权力最容易被滥用，引发腐败，所以必须予以严厉遏制，否则受益人的权利将受到无法弥补的损害。美国法院认为，公共信托甚至高于某些法定权利。这意味着，政府有权对公共信托财产做出必要的限制，更意味着政府有责任为了公共利益而保护公共财产。因此，州（国家）行为必须遵照公共信托的要求，否则司法机关将运用司法审查手段予以制裁。①

（五）作为司法解释的工具和严格审查的准则

公共信托成为司法机关制约立法机关的利器，法院运用该理论来纠正立法机关向某些特殊利益群体倾斜的不当做法。司法机关是最不危险的部门，因此法院运用公共信托是确保信托人的利益免受侵害的最佳选择。萨克斯教授认为："公共信托法并非处理公共领域的一系列实体规则的总和，它只是法院用来弥补立法和行政过程出现的漏洞的一种技术手段。"

（六）作为一种社会契约②平衡各方利益

在民主思想深入人心的18—19世纪，人们开始在人民主权理论中去寻找公共信托的委托人。继受于卢梭的"社会契约论"，如果民众是根本的主权所在，则不难理解有人把民众作为公共信托的委托人，把国家作为受托人，民众自己是受益人。③ 公共信托资源的所有权即使是一个"阴暗的所有权"，也没有任何事物能够阻止社会创设自己设计和选择的规则。在PTD中，主角者的义务，即为维护公共信托资源的多元公共用途而对公共信托资源的使用进行持续监管的义务，在性质上更多的是一个社会契约。在公共信托理论中，公共信托财产上实际存在两个所有者：一个是由国家或州作为受托人，行使法律上的所有权；另一个

---

① 侯宇：《美国公共信托理论的形成与发展》，《中外法学》2009年第4期。

② 卢梭认为，人是生而自由的，又是在枷锁中的，但人可以摆脱枷锁而争取自由。摆脱枷锁的途径只有一个：团结起来形成集体，形成一种力量的总和以便克服阻力。这种共同的力量是为保护这个集体中的每个个人，当然，每个个人都要服从这个集体。形成这个集体的具有法律约束力的就是社会契约。社会契约简单地说就是："我们每个人都以其自身及其全部的力量共同置于公意的最高指导之下，而且我们在共同体中接纳每一个成员作为全体的不可分割的一部分。"

③ 吴真：《公共信托原则研究》，博士学位论文，吉林大学，2006年。

则是人民，作为衡平意义上的所有者（equitable owners）或财产授予者，享受公共信托利益。

不过，只有当"人民"被视作一个实体，国家或州被作为另一个实体对待时，这种利益的分离才有意义。这种利益的分离，可以使人民无法取消自己的平衡利益，而财产也不会脱离信托的约束而被转让。在这样的社会契约中，国家为维护公共信托利益负有持续监管公共信托资源的义务，不得随意改变公共信托资源的公共用途，而人民则是受益人，只享有权利，而不承担义务，在国家不履行其义务时，人民有权通过诉讼程序强制其履行义务。①

（七）维护代内的平等与世代间的平等

公共信托除了协调信托资源的公共用途冲突外，还是一个维护平等的理论。它作为保护某些具有公共用途的资源的方法，不仅能保障这些资源在今天的人们中进行平等分配，维护了代内的平等，而且使未来世代对这些资源的使用也得到了保护，从而维护了代际间的平等。② 一位学者将代际平等的规则归纳为：第一保护选择权，即每一代人都应保护自然与文化资源多样性的基础，以避免未来世代人的选择权遭受不公正的限制。第二保护质量，即"每一代人都应当……以维持星球的质量，确保我们的星球能够毫无损伤地遗留给我们的下一代"。第三保护使用权，即每一代人都应为其成员提供"平等使用上代人遗产的权利……以及保护未来世代人的这种权利"。③

（八）作为促进区域资源管理的工具

从资源环境管理的角度而言，要实现向基于生态的管理模式转变，就必须实行多重管辖权，联邦、州和地方都应当在跨区域的资源管理中发挥作用。不是因为谁管理着某种特别的资源，而是由某种特别资源的性质决定，使它应当服从于公共信托。因此，各州 PTD 之间的共性相比相互之间的细微差别来说要重要得多。正是 PTD 的共性或者其基本

---

① 中国法学会行政法学研究会编：《财产权与行政法保护：中国法学会行政法学研究会2007 年年会论文集》，武汉大学出版社 2008 年版，第 781—782 页。

② TiM Johns, *Proceedings of the* 2001 *Symposium on Managing Hawai'i's Public Trust Doc·trine*, 24 Hawaii. L. Rev. 21, 38（2001）.

③ Edith Brown Weiss, *Our Rights and Obligations to Future Generations for the Environment.* 84 AM. J. INT'L L. 198, 201 – 202（1990）.

要素，为各州管理自己的资源或者各州共有的资源提供了共同的基础，从而可以把各州尽力履行作为受托人的义务的努力捆绑在一起，使 PTD 成为促进跨区域资源管理的工具。①

二 公共信托理论的缺点

（一）公共信托理论的虚无

1. 信托前提虚无

信托的前提是所有权，至少是占有权，也就是托付人拥有"信托财产"，这也是公共信托理论成立的基本前提。如果说早期的公共信托理论，将可航行水域下的土地等作为"信托财产"，并以信托的方式对这些"财产"进行管理，尽管有些牵强，但尚能理解。然而，伴随着公共信托理论适用范围的不断扩张，如果将森林、河流、海洋、大气、生态系统以及整体人类生存的环境作为"财产"，则过于主观和一厢情愿。这是因为环境，包括作为环境要素的大气、水、海洋等，在环境的意义上永远都不是财产。它们既不可能为任何人所拥有，也不能被一群人集体拥有。它们是不因人的意志而自然存在的客观自然，既不因人类是否设定权利而生，也不因人类权利意识的有无而灭。

2. 信托关系虚构

对于公共信托理论赖以确立的基础——法律拟制，在西方法律思想发展史上，就已经被不少著名的法学家进行过批评和质疑。英国法学家边沁（Bentham）尖刻地批评说："拟制是为了实现正义？简直是商业上的诈骗""是最有害最低级的谎言"。不仅以法律拟制作为公共信托理论的基础受到人们的质疑，同时作为公共信托关系基本形成框架的社会契约理论，也受到学者们的批判。

3. 信托主体虚设

关于委托人，在封建社会，委托人是国王；民主社会中，根据卢梭的社会契约论来理解，委托人就是公共信托的委托人，依据信托法，个人或团体不得同时为同一信托的受托人和受益人，而且"一个人不得成为自己的受托人，因为这样的信托毫无意义"。② 国家与民众的根本

---

① Kristen M. Fletcher, *Regional Ocean Governance*: *The Role of the Public Trust Doctrine*, 16 Duke Envtl. Law and Pol'y Forum 187（2006）.

② P. Haskel. *Preface to Wills*. Trusts and Administration 84（1987）.

一致的利益关系决定了民众作为委托人有悖于信托法的基本精神。

关于受托主体，即使按照一般信托法的框架勉强虚构出公共信托关系的各项主体要素，这种信托关系能否有效成立，仍有诸多疑问。这是因为，作为信托"受托人"的政府，根本就不受信托关系的约束。

（二）公共信托理论在环境资源保护中的功能障碍

（1）以单项资源或单个环境要素为保护对象的公共信托理论无法实现对环境、资源与生态的整体保护。

（2）以权利思维为基础的公共信托理论不可能真正解决环境资源问题。

（3）单纯强调政府的环境管理职责同样无法实现环境问题的根本解决。①

环境的整体性决定了任何一个单个的人或主体的努力，相对于整体环境恶化的趋势而言都无济于事。同时，人类环境的共同性决定了所有主体都应当参与对环境的保护，每一个社会成员都负有保护环境的义务。② 因为，只有所有人共同致力于环境保护，才能够真正实现环境保护之目标。

三　对新公共信托理论的批判

新公共信托理论的展开导致了那些给予环境保护以特权的人与那些主张区分私有财产权利保护层次的人之间的争论。有些学者，如萨克斯教授，视公共信托理论为在法院中寻求保护自然资源的最大的希望；而有些学者，如拉扎勒斯，则担心诉诸该理论会阻碍自然资源法中更为进步的思想的发展。罗马法认为"基于自然法，空气、流水、海洋都是属于所有人的公共财产。"正如拉扎勒斯教授所指出的，以上的说法并没有表明这是罗马的真实实践还是只是其理想、希望，但是这种传统公共信托理论却在中世纪渗入习惯法和普通法之中。在美国，早在18世纪80年代，公共信托理论就被联邦法院用来对抗水资源的私人所有，在随后的150年里，大量的案例引用了这一学说来保护公众利用水资源捕鱼和航行的权利。

尽管公共信托理论自20世纪70年代早期，便作为保护公共自然资

---

① 李冰强：《公共信托理论批判》，法律出版社2017年版，第138—150页。

② 胡中华：《论环境保护之为普遍义务》，博士学位论文，中国海洋大学，2011年。

源的有力的武器被许多人欢迎，同时也受到了许多人的攻击，这些反对者认为基于财产权的公共信托理论的运用将会通过确定所有权来管理自然资源，从而阻碍由政府作为资源管理人主导下的自然资源管理理论的发展。争议集中在以萨克斯教授为代表的公共信托理论的支持者和以理查德·拉扎勒斯教授为代表的持反对意见的环境法学者们之间。萨克斯教授于 1970 年发表的论文影响到了无数的环境保护成文法，包括联邦环境政策法，如果从公共信托理论发展的速度和影响的范围上来看，萨克斯教授的学说已经获得了完满的成功。然而，关于该理论也产生了反对的声音。甚至从环保阵营中也产生了反对的理论，尤其是以理查德·拉扎勒斯教授的著作为代表批评。

1980 年拉扎勒斯教授出版了批评公共信托理论的最有趣和最有影响力的著作。尽管对该理论的谴责是彻底的，拉扎勒斯教授的著作仍代表了一种公平的、更为理性的批判，其通过提出一个大胆的设想迎合了对于私人自治这一基础理论的传统尊重，认为社会将会最终淘汰在自然资源管理领域内过时的私人所有权方式。对于拉扎勒斯教授而言，公共信托理论回避的一个重要问题就是政府形态的改变。近半个世纪以来，工业化的迅猛发展、战争作用、社会的城市化，使得将先前政府架构制定者想象的有限行政架构转变为了罗斯福新政时强大的行政体系，并被形容为"基于主权、警察权利的持续增长而侵蚀私人所有权的统治"，而早期的主权权力则被限制在保护私有财产权免受来自国内和国外的侵犯的排他性权利。在对于公共信托理论的分析上，拉扎勒斯教授却不是中立的，他发现了萨克斯教授在公共信托方法运用中理论的不连续的缺陷，发现了公共信托所依赖的理论在历史上存在或然性或者其本身就是个备受争论的法律理想，同时，其也发现了该理论仅仅是依靠对环保存在偏好的判决，而这种依赖也使该理论的基础脆弱。

一言以蔽之，拉扎勒斯的观点提出了政府的发展已经彻底改变了公共信托理论的基石，拉扎勒斯将其定义为"一种必要的法律基础，其确保了（政府的）一种公共的义务去做出对环境有影响的决定。"拉扎勒斯指出我们的社会已经超越了对于公共信托的需要。"因为公共信托理论是基于与现今的政府的角色不同的政府形态及这一政府与自然环境之间的关系而建立的"，同时"公共信托理论继续像以前那样抵制着在自然资源利用上短视的发达国家的政府，而不是正确地对待政府"。拉扎勒斯教授最后指出，公共信托理论辜负了公众的期望，其没有设计一种具体化的财产权利制度来倾向于真诚地处理这类问题，即在现今关于自然资源的不稳定的公共政策面前，私人财产所有权者在对于自然资源使用中存在着合理期望的问题。并且，由于公共信托理论不愿向具有同样基础，但内容飘忽不定的其他理论妥协，使其加剧了财产所有者的焦虑，并加剧"自由的意识形态的持续增长的冲突"，而这也将阻止而不是促进有效的自然资源法的统一系统的形成。尽管拉扎勒斯教授从多方面抨击了以公共信托理论作为基础的环境保护的手段，但从根本上来说，他的批评来源于对其暗示的所有权体制的反感。拉扎勒斯教授所关心的并不是在涉及地方自然资源案件中公共信托理论的运用中令人不满的结果，而是那种运用今天的公共信托理论去解决明天的问题的不令人满意的法律体制。

其他学者也同样表示出了对于公共信托理论的正确性的失望情绪，认为公共信托理论在环境法中需要包括更为进步、更为"绿色"的方法来调整人类与资源之间的特殊关系。Delgado 教授指出"公共信托的模式对于环保思想的创新具有一种天生的阻碍作用。信托只能是基于自然、基于保护，它的作用是保护资源并对其进行某种利用。"Delgado 教授批评具有支配性的新公共信托理论对于财产权利的保护，并由于先入为主而掩盖了在当时突出的其他选择性模式，包括利奥波德的环境伦理、环境女权主义等。Delgado 和拉扎勒斯教授提出了未来资源法的详细的替代结构，在这个结构中，自然资源的私人权利的概念将会被多样化的所有权的确立所取代，这些权利由成文法创造，并通过政府协调下的授权来管理。有趣的是，对于萨克斯的新公共信托理论的最严厉的批评在于，有的学者主张，只有民主才能授权公共的免责判决去推翻立法机关基于民主立场的决定，并使私人财产所有者利用资源的合理期望破灭并不提供补偿。相关的批评指出对于新公共信托理论范围的无限制扩大使它远离了该理论的初衷并缺少了法理学上的正当性，同时也会导致与其他实体法的价值相冲突。然而，在最近的公共信托的法理中，这些问题由于公共信托理论在各州宪法中被大规模采用而被搁置了。只要没有和宪法中的程序性限制相冲突，它们就代表了公共信托理论在法令上的表述，用作特别设定和从民主的立场来限制立法机关对信托价值的破坏。

事实上，尽管萨克斯的理论给许多环保支持者带来了革命性的福音，给私人所有权倡导者带来了惊恐，但该理论仍通过"信托"概念的引入而忠实于财产法的传统基本原则。普通法对于财产法的设定是基于传统的所有权绝对理论的，这一理论将财产的私人自治放在首位，通过所有权来设定物品，并提升了作为组成财产权的权利束中最重要的所有权以排除他人干涉的权利。① 许多左翼环保人士反对传统的所有权绝对理论，因为它将私人自治高于对于世界上人和人以外的组成部分之间的考虑，并没有考虑到它们之间的生态关联性。正如 Frazier 教授所说的，倡导"绿色所有权"的理论家们并不争论私人自治的价值，但是他们主张在对于私人自治与公共利益之间的权利分配中寻找更好的平衡，并且应该强调责任以限制我们与构成所谓"财产"的物之间的关系。

第五节 结语

一 公共信托理论之认同

公共信托，毕竟是一种信托，在这一信托中，一系列特别指定的私有财产权权利束被特别地授予了公众，同时委托政府作为委托代理人进行小心照顾。公共信托的基本原理认为对于自然资源的有益利用是水上的所有权的基础、标准和限制。当利用不再被认为是有益时，尽管使用人长期占有，但这种利用仍要受到基于现代观念上"有益使用"概念的批判。在历史上，公共信托理论是为了提供一种公共所有权基础以排斥私人所有权在自然资源上被认为是违背公共利益的利用。然而，在最近的几十年里，在自然资源法的新近发展趋势中，其已逐步改变了自然资源上的私人所有权的色彩，取而代之的是国家对于这些资源的权力的概念。这种趋势，现在正在重塑自然资源法，这一法律将是对现今社会价值观和资源本身的特点更好的反映。基于对废止的法律体系的持续抵

---

① Erin Ryan：《公共信托及对该理论的质疑》，张顺伟译，中国民商法律网，http：// old. civillaw. com. cn/article/default. asp？ id = 37574，此英文原文 2001 年发表于《Environmental Law》期刊。

制，公共信托理论使对于自然资源法的分析变得模糊，并使自然资源法修改的过程变得困难。公共信托理论是基于调和的信念的：尽管公共利益来源于个人利益的发展，但是公共利益却比私人利益的综合来得大；尽管财产所有权应该被衷心地尊重，但是在水上的权利、土地上的权利等并不是绝对的，而是应该为了作为整体的公民的利益，通过理性的方法而规制的；"信托"的概念必须被严肃地对待。

　　萨克斯教授对信托理论创新后的 30 年后，也就是拉扎勒斯教授对该理论提出异议的十五年后，公共信托理论已经成为了在自然资源法中的一个令人敬畏的理论，如果仅仅是从法律的表面而不是实质上来看。尽管人们仍然在呼吁对于该理论的扩大利用，但是该理论并没有对除水以外的其他自然资源的保护做出多大的贡献。但是，情况也并没有回到像拉扎勒斯教授所希望的那种状态。萨克斯教授的论文继续被无数的案例和法律评论引用，定期的座谈会仍然提供学术论坛来交流公共信托理论对于环境法的价值。在最近的讨论会中，卡罗尔教授提出一种认识公共信托发展历史的引人深思的观点：不仅是萨克斯教授的论述，更是他善于在"自然资源的公共信托"（被创造出的）的概念中巧妙地利用修辞学的技巧，使该理论在我们现代关于自然资源管理的讨论中被广为人知和被广泛地涉及。过去的十年里，公共信托理论的反对者们的声音很少被听到了，这也许正反映了拉扎勒斯教授所担心的，信托理念已经扎根于自然资源法中了。如 Delgado 教授所警告的，也许是信托理论排外性使得其他可选择的理论被忽视了，因为大多数 20 世纪 60 年代末和 70 年代初出现的革命性的激进的观点被 80 年代的保守潮流所吞噬了，这应该是一种正确的描述。近十年来（反对者们）沉默的原因可能是因为社会对环境价值在法律中的认识的发展（salad days）而导致的法律现实发生了惊人变化。①

二　公共资源保护的第三条道路

　　公共资源的保护与治理是经济学的核心问题之一。传统上对此一般有两种思路，一是将公共资源私有化，以市场自身的机制保护资源并有

---

　　①　Erin Ryan：《公共信托及对该理论的质疑》，张顺伟译，中国民商法律网，http://old. civillaw. com. cn/article/default. asp? id＝37574，此英文原文 2001 年发表于《Environmental Law》期刊。

效利用。二是对公共资源进行政府管制，如发放配额或收取费用，限制获取公共资源，以克服外部性、"搭便车"等现象。

然而，两种对策都可能力有不逮，甚至引发其他重重弊端。比如，管理者会受到部门预算、政策和个人利益的约束；同时，他们对资源的保护和利用，缺少最切实、最一致的利益关联。而且管理者并不是资源的直接利用者、相关者，缺乏主客观信息。因此，政府管制的效率往往不高，成本亦难以控制。另外，某些情况下，私有化资源的成本极为高昂，或者出于资源自身的特点，几乎不可能成功，比如公海等公共资源就很难为私人所有。美国国际法学家 Ralph J. Gillis 博士在 2008 年一次主题为"海洋公共信托"的论坛上提出，公海作为共有物（res communis）现在可以被确定为"互惠公共信托财产"，国际社会是互惠受托人，它们的居民是互惠受益人。在关于海上资源和环境管理、生命和财产安全的公约安排中，存在着正在演化的海洋公共信托的内容。这些发展也同样体现在习惯海洋法之中，特别是公约非成员国也遵守公约条款或这些条款根据非成员国的航海自由惯例而制定的时候。此外，脱离当地惯例、习俗，自上而下武断的产权分配方案也有失败的风险。

经济学的进一步深入研究发现，公共资源保护并非只有以上非此即彼两种对策。除了可以以较低成本建立排他性的使用权、从而促成私有化的公共资源之外，其他的公共资源，可以按照竞争性分为两类，即公共物品和公共池塘资源。公共物品的使用具有非竞争性，而公共池塘资源的使用具有竞争性。案例研究表明，使用上具有非竞争性的公共物品，如运河、灯塔、烟火、农业所需的蜜蜂等，都未必不能以市场方式提供。而使用上具有竞争性、易为私人所消耗的公共池塘资源，如海洋渔业、草原牧地、森林、地下水等，则可能会产生资源耗尽的"公地悲剧"。因为在自然状态下，人们预期其他人会消耗资源，所以自己也无激励保护性使用资源，因此，每个使用者理性的选择都是尽可能多地消耗资源。

但理论上的"公地悲剧"实际上未必会发生，公共池塘资源所在的社区可能会自发形成保护机制，演化出相关的文化和习俗，保护当地人赖以为生的资源。新制度经济学学者，诺贝尔经济学奖获得者埃莉诺·奥斯特罗姆的研究表明，在公共池塘资源的保护中，不可忽视当地自治、自发生成规则的重要性。因为当地社区成员较为固定，成员之间相互拥有资源使用者的特征信息，并能以长期的反复博弈，演化出较为稳定的合作模式。

当然，资源的社区治理不能解决所有问题，也需要在市场化经济的基础上，结合政府的法治支持。经济学家认识到，因为各种资源和当地文化千差万别，治理公共池塘资源的方式也会因地制宜，各有不同。对资源的保护和利用，需要了解资源自身的特点，例如其存量、边界和消耗方式、利用者等；明确利益激励是人们消耗资源的首要原因；分析当地习俗惯例对资源所发挥的正面或负面的作用；分析政府介入的成本和利弊。总之，利用多中心的文化自适应机制和当地社区的信息优势，发扬利益相关人的企业家精神，以避免自上而下的管制和分配的弊端。①

---

① 观点转引自吴荻枫（风灵）《公共资源保护的第三条道路》，搜狐网，http://www.sohu.com/a/195257724_488810。

第十章　政府干预理论：以市场失灵为动因的国家行为

在市场经济中，经济运行是通过市场价格机制来达到调节人类经济活动的目的，实现社会资源的优化配置。理论逻辑和人类社会实践都证明，作为资源配置的基础性或决定性机制，市场经济显示出巨大的优越性。但当前主流政府经济学理论认为，市场存在着频繁的、大量的缺陷是政府干预有理的主要依据，这些缺陷是市场本身不能解决的，必须由政府这只"有形的手"来干预市场那只"无形的手"。政府经济学对政府经济活动的必要性、政府经济活动的领域等问题的研究以"市场失灵"为起点，政府干预正式自此开始。中国政府对于宏观调控的历史由来已久，形成了非常独特的"北京共识"[①]发展模式，也取得了一定的成绩，但是政府与市场的关系研究还将会是一个长期值得探究的问题。

第一节　绪言

20 世纪五六十年代美国的政治科学、社会学理论和政策决策议题很少会提到国家，主流的研究视角是多元主义和结构功能主义，其最主要的特征就是采用社会中心论的方法来解释政府的行为。在这些视角中，国家被视为过时的概念，代表着对国家特定宪政原则的干瘪无味的法律条文主义研究。取而代之的"多元主义和集团"概念则被认为是更适合普遍性的研究。第二次世界大战后的发展事实使得原本以社会中心论来解释社会变革和政治现象的创举，变得愈加不可靠。随着 20 世

---

① "北京共识"是对中国模式的概括，其核心是强大的政府及其对经济事务的干预，而"华盛顿共识"是对西方模式的概括，其核心是自由放任的市场。

纪 30—50 年代"凯恩斯革命"的兴起，国家宏观调控成为标杆做法，公共社会开支在发达资本主义民主国家蓬勃发展。到 20 世纪 70 年代中叶，英国和美国都确定无疑地在更为激烈且不确定的国际经济竞争中遭受巨压，在这样一个节骨眼上，以国家作为行为主体和作为有社会影响力的制度结构的观点开始流行。20 世纪 70 年代以来，回归国家学派兴起，强调国家在政治生活中的重大影响力，并将国家视为具有相对独立的自主性的行动者。在以国家为中心的视野下能够看到社会中心论者所忽略的因素，一定程度上肯定了政治过程相对于社会经济过程的独特性。

当前学术界正在进行着一场变革，自 2000 年以来，比较社会科学研究领域突然兴起了对"国家"的兴趣。国家无论是作为一个行为主体或一种制度组织都受到了高度的重视。[1] 有效的国家干预目前已被认为是资本主义成功因素里不可分割的一部分，经济腾飞愈加明显地成为权威政治下秩序和高效率的结果。当代社会更愿意采纳"新国家主义"理念，国家社会模式作为一种新的宏观范式，蕴含着对国家与经济、社会之间关系的重新思考。国家的角色不再只束缚在维持国内政治经济秩序的桎梏中。反之，国家必须面对外部政经环境的剧烈变迁，研拟出解决之道。[2] 当代的社会科学家在采纳国家中心主义的解释的同时，不只是将它应用于极权主义国家和后发展国家，还应用于英国和美国自身。由于对大型公共部门的争论已经在资本主义民主国家中占据了政治舞台的中心地位，也由于在这样一个不确定的竞争性的众多实体相互依赖的世界中，宏观社会科学层面正进行着理论体系的转变，整个转变过程中将预示着对国家、社会和市场经济之间关系的重新思考。[3]

第二节　市场存在失灵吗

金融奇才索罗斯有句名言："市场总是错的"。他所讲的现象在经

---

① ［美］彼德·埃文斯、迪特里希·鲁施迈耶、西达·斯考克波：《找回国家》，方力维、莫宜端等译，生活·读书·新知三联书店 2009 年版，第 2—7 页。
② ［台］胡婉玲：《论历史制度主义的制度变迁理论》，《新世纪智库论坛》2001 年第 16 期。
③ ［美］彼德·埃文斯、迪特里希·鲁施迈耶、西达·斯考克波：《找回国家》，方力维、莫宜端等译，生活·读书·新知三联书店 2009 年版，第 7 页。

济学中被称为"蛛网模型"。① 但是 20 世纪 70 年代以卢卡斯为代表的合理预期学派大行其道，经济学家批评这种蛛网模型忽略了决策人合理预期的作用，因此蛛网模型在 20 世纪 80 年代不再流行。但也有经济学家认为合理预期高估了决策者的完全理性，实际生活中，人们的决策往往是基于有限理性，而蛛网模型正是基于有限理性。特别是当考虑到很多商品市场价格的波动时，这些波动的交互影响使人们对一种商品的价格变化趋势无法形成合理预期，他们依然会根据当时的价格做出有时滞的决策，因此蛛网模型还是现实的。②

当然，这与现代主流经济学认为的市场存在失灵还有所不同，这里提出的导致市场无效或失灵的原因主要有四个，即垄断、信息、外部效应（或称溢出效应）③ 和公共产品。

一　政府垄断还是市场垄断

从最一般的意义上讲，垄断是指对市场的控制。它使控制者有可能获得高于正常盈利水平的垄断收益。垄断的存在会大大降低市场配置社会资源的效率，使整个经济偏离帕累托最优状态。垄断可分为垄断状态和垄断行为两个层面。垄断最初是指政府赋予某些企业或个人以特权，只允许被授权者从事某些活动，而不允许其他企业或个人从事这些活动，这样的行为被叫作特许经营或者许可证政策。后来，经济学用垄断来说明市场结构问题。

传统理论认为，在一些行业，如电信、供电、供水、燃气、铁路等行业中，大规模生产可以降低单位成本，提高收益，即存在着规模经济。在规模经济显著的行业，特别容易形成垄断，这就是所谓的自然垄

---

① 蛛网理论（Cobweb Theorem）：某些商品的价格与产量变动相互影响，引起规律性的循环变动的理论。1930 年由美国的舒尔茨、荷兰的 J. 丁伯根和意大利的里奇各自独立提出。由于价格和产量的连续变动用图形表示犹如蛛网，1934 年英国的卡尔多将这种理论命名为"蛛网理论"。典型案例：以猪肉供求为例，如果猪肉供不应求，其价格就高于供求均衡的价格，养猪人在此价格下会把供给增加到高于需求的水平。但因为小猪长成大猪需半年时间，故此在猪长大前，虽然小猪数量已超过它们长大后市场对猪肉的需求量，市场上仍然是供不应求，所以价格仍居高不下，人们也不断按此价格增加小猪。半年后，小猪变成猪肉，供不应求变成供过于求，猪肉高价的泡沫终于吹破，于是人们又按低于均衡水平的猪肉大量减少小猪饲养，半年后又造成供不应求。生产需求、供给对价格反应有时间差导致了市场会发生这种波动。

② 杨小凯：《杨小凯谈经济》，中国社会科学出版社 2004 年版，第 163 页。

③ "溢出效应"意味着一种物品的消费可能会带动其他物品的消费。

断。有观点认为，自然垄断行业以政府投资为主具有自然的合理性。但在自然垄断下，政府投资建立的垄断企业或被赋予特权的垄断者凭借自身的垄断优势，往往使产品的价格和产出水平偏离社会资源最优配置的要求，降低了资源的配置效率。

当代主流经济学认为，市场经济本身会产生垄断并无力消除。要消除垄断、保护竞争，不可能完全依靠市场机制本身得到解决，从而需要政府的干预和规制。因此，不少国家制定了反垄断法，并把反垄断法提高到经济宪法的角度，对市场上的有关现象实施反垄断规制。垄断使垄断者有可能获得高于正常盈利水平的垄断收益，但该问题需要结合具体情境。如果是因为企业创新生产了一种新产品，而没有替代产品，我们可以说，就这个产品市场来说这就是一个完全垄断者，企业获得高于正常盈利水平的收益，是市场竞争的必然逻辑。如果只是由于政府赋予特权的结果，反垄断就应该是反对政府强加的垄断。

实践中，政府反垄断具有两面性：一方面实际上是政府创造了大量的垄断，另一方面又对市场进行了规制。这种政府的规制出现了一系列弊端：政府部门规模庞大，行政支出、规制管理费用不断上升，财政赤字增加；受规制的产业受到政府保护，可以稳定地得到利益，漠视消费者的需求，服务单一，成本上升，效率下降，供给不足；规制成本可能大于由此带来的收益；规制压制了创新，庇护了无效率；由于价格与边际成本不一致，导致了资源的不良配置，推动了以成本扩张、浪费为主的竞争，否定了公众对新产品质量和价格的选择，而这在竞争性市场上是可以实现的；在技术进步迅速、人们消费需求多样化的现代社会，刻板僵化的行政管制越来越呈现出负面影响。实际上，如果没有政府赋予的垄断，传统理论所谓的市场垄断都是可竞争的，铁路、航空、公路运输等都属于"结构性竞争"产业。

金融市场的发展，使各种资本的投资领域和业务量可以大规模和快速度运转，某一个产业的繁荣或预期繁荣，会促使产业资本向该产业迅速转移。也就是说，现代金融和资本市场，使得一家或少数企业垄断市场的局面不再可能持续。政府管制起到的是加强垄断的作用。政府放松市场的进入规制，会更有利于新厂商的进入，从而扩大市场供给，满足不断增长的需求，从而促进竞争。

二　信息完备与败德行为

市场系统由众多独立的决定来调节，有人认为，做出决定的那些个体甚至连最低标准的完备信息也得不到，信息不充分、不对称也是导致市场失灵的原因之一。但把不完美的或者错误的决定归咎于不完备信息是不准确的，信息不完备并不意味着人在市场上是盲目行事的，市场竞争乃是一个发现过程。市场经济运行机制是以价格为杠杆的供求规律，在信息不可能绝对充分、确定的情况下，价格是决策指示器。市场还具有声誉机制，利用信息不对称搞欺诈的市场主体不可能长久存在下去，建立良好的声誉，树立优质的品牌，是企业立足市场的重要动力。在市场上，能够长期生存下来的都是声誉良好的企业。政府不可能拥有或获得比市场更充分的信息。政府部门，一个官员，难道会比众多的企业经营者或消费者了解的市场信息还多吗？

三　外部性与利益分担

尽管所有人的活动都会给活动主体以外的社会上其他成员带来影响是一种常识，但现代主流经济学理论所说的外部效应或外部影响是指，经济活动主体的行为对他本身以外的人产生了有益或有害的影响时，活动主体自己并不能够通过市场的价格机制得到补偿或支付代价的现象。外部效应被分为"正的外部效应"和"负的外部效应"，其中包括"生产的正/负外部效应"和"消费的正/负外部效应"。

主流的经济学理论认为，在"正外部效应"存在的情况下，厂商和个人从自身利益出发，不会从事或很少会从事具有"正外部效应"的活动。在"负外部效应"存在的情况下，厂商和个人从自身利益出发，会不过量从事具有负外部效应的活动。这是市场不能解决的问题，但果真如此吗？

灯塔常被用以说明生产的正外部效应的存在。外部性理论认为，灯塔建造者提供灯塔服务需要支出相应费用，但灯塔建造者无法通过市场交易使自己付出的代价得到补偿，这样一来，就没有人建灯塔了，于是就必须由政府来建造。这种明显罔顾事实，歪曲历史的说法，竟然在理论界流行了这么长的时间。还有，比如生产者搞技术创新，显然也有生产的正外部性，但推动技术创新却是企业在市场经济中强大而永恒的动力。

那么，消费的外部性呢？当某个人对自己的房屋和草坪进行了保养时，他的隔壁邻居也从中得到了不用支付报酬的好处，人们注射预防传染病的疫苗，使他人也因此减少了传染上这种疾病的可能，沿街居民在阳台上放几盆花赏心悦目，美化了环境，过路人也受益。这些都被认为是消费的"正外部效应"。这种情况发生了吗？事实是，一个都没有发生。人们消费如果给他人一种欣赏的结果，本来就是消费者消费产品所得到的利益。穿着漂亮衣服的姑娘走在大街上，成了一道美丽的风景线，但价格可是十分昂贵的，这难道还要政府帮着埋单吗？

企业排放污水、烟尘，消费者吸烟、在公共场所随意丢弃果皮、纸屑等被认为是具有"负外部效应"的行为。外部性理论认为，在存在"负外部效应"的情况下，厂商和个人会不顾其行为给他人带来的危害而大量地从事只对其自己有利的活动。对此，张五常认为外部效应是没有意义的概念，问题的实质是交易费用。若把清洁空气变成可以在市场上能买卖的东西，就需要界定清洁空气的产权。这种界定的费用可能太高，但不明确界定产权，会造成事后交易费用（表现为激励机制中的问题）。所谓外部效应问题，实质是这两类交易费用之间的冲突问题。前一类交易费用增加，后一类交易费用可能减少。实际上，所有人的活动都会对活动主体以外的社会上其他人产生影响，产权理论已经表明，产权界限不明才是外部效应产生的主要原因。只要明确界定产权，就可以解决所谓的外部效应问题。明确界定了产权，市场就是有效率的，这也被称为"科斯定理"："当不存在交易费用时，不论产权做何种分配，经济效率不会受影响，而当交易费用不为零时，产权的分配可能会对效率有影响。"① 而产权界定问题在人类社会的发展进程中，是由自发秩序所产生的道德来解决的，政府要做的就是维护这一道德。政府干预解决所谓的外部性问题不仅具有一系列难以克服的缺陷，而且被历史证明只有百害而无一利。

四　公共产品与政府职能

市场机制依靠价格的变动来调节资源的流动，以实现资本的最佳配置。但是在现实中，市场经济对某些产品供求的调节却无能为力，或调节作用甚微，这种产品就是公共产品。公共产品被认为是引起市场价格显示个人偏好的机制失灵的一个重要原因。公共产品的生产和消费问题

---

① 杨小凯：《杨小凯谈经济》，中国社会科学出版社 2004 年版，第 149—150 页。

不能由市场来解决。由此可推导出政府的重要职能就是要向社会提供公共产品。通常认为，当公共产品的生产者付出相应的代价生产出公共产品后，公共产品的生产者不能得到相应的补偿或回报。这样一来，就没有人生产这种人们本来所需要的产品了。于是认为，这些产品就应该由政府来生产。但科斯通过灯塔理论的研究，已经明确地予以否定了，也得到了经济学界的公认。

在公共产品理论中，常常不讲条件而简单地下定义说，不具备消费或使用上的排他性的产品就是公共产品。我们要明确指出的是，这其实是需要时空条件的。在不严格要求消费者必须在同时空进行消费或使用时，不具有消费或使用上的排他性的产品；或者说，所谓的公共产品应当具有"非竞争性"和"非排他性"的双重属性。① 否则，人类社会根本就不存在公共产品。比如，灯塔，说灯塔既可指引一条船顺利航行，也可指引多条船顺利航行。试想，多条船能在同一时空使用灯塔吗？实际上，如果不严格时空条件，一些观点想当然地认为的私人产品也具有"非排他"的特性。比如，一条裤子，在不同时间就可以由不同的人来穿。严格时空条件，所谓的不会因为消费者数量或消费量的增加而导致生产成本的增加的说法就是一个错误。

如果从技术条件来说，在过去还可称之为公共产品的产品应该由政府来进行生产，但随着科学技术的进步和社会的发展，我们在现实当中已经很难再找到所谓的公共产品，更不要说必须由政府进行生产了。日本有举办花火大会（即烟火表演）的传统，燃放烟花数千枚到数万枚的花火大会都是民间行为，并非由政府来提供。花火大会往往会有一个独立的法人作为主办方，而对主办方出资的主要是各种非政府组织，如工商业团体、旅游业协会和宗教法人团体。花火大会给了我们反思公共物品的经济学经典教条的实例。"搭便车"现象固然存在，但并不能得出结论——私人合作不能产生克服"搭便车"现象的机制，公共物品必须由政府来提供。②

---

① Jean – Jacques GABAS et Philippe HUGON，"Les biens Publics mondiaux et la coopération internationale"，L'économie politique，n°12，2001，http：//gesd. Free. Fr/gabugon. pdf.

② 吴荻枫（风灵）：《公共物品与智猪博弈》，搜狐网，http：//www. sohu. com/a/208623331_ 488810。

第三节　经济波动与政府干预

　　所谓政府干预论是一种主张加强对私人经济活动干预，扩大政府干预和参与社会经济活动的范围，在一定程度上承担多种生产、交换、分配和消费等经济职能的经济思想。政府干预主义的渊源从古典经济学追溯起，亚当·斯密以理性经济人假设为基础，推崇市场机制这只"看不见的手"，反对政府干预经济；到 19 世纪瓦格纳提出"国家活动不断增加的法则"即"瓦格纳法则"认为，为适应较高的社会发展的需求，政府活动的增加和扩展成为必然；再到凯恩斯提出，要全面发挥国家调控的作用，政府不应该再仅仅消极地扮演社会秩序的维持者的角色，还应该成为社会生活与经济领域的积极干预者，并由此形成了干预主义的政府职能论。政府干预的概念具有广泛性，可以从干预主体、干预受体和干预范围三个层面展开描述。干预主体包括国家机关（权力机关、行政机关、司法机关）的干预以及国家授权"第三部门"所进行的干预；干预受体既包括社会组织，又包括作为自然人的公民；干预的范围既包括政治干预和经济干预，又包括文化干预和社会干预。

　　通常认为，古典政府干预主义盛行于 15 世纪至 16 世纪。主要表现是要求建立强有力的统一国家政权以消除封建割据，消除商业资本活动的障碍，保证商人在市场上畅通无阻地进行商业活动。一些从事国际贸易的商业活动更希望通过国家政权的力量，更加安全地开展对外贸易和实施贸易保护主义政策，以获得更大的利益。从 17 世纪至 20 世纪 20 年代通常被称作是古典经济自由主义逐步取代古典政府干预主义的时期。古典经济自由主义认为，在自由竞争市场下，各种产品的价格和生产要素的价格都可随着市场供求变化而自由地涨落，从而通过价格体系的自动调节作用，必然会使一切可利用的生产资源（包括劳动力和生产资料）被用于生产，实现充分就业。换言之，古典经济自由主义认为，市场竞争是实现资源最优配置的理想模式，政府不应当干预市场而是采取自由放任的做法，政府对经济活动的干预会阻碍市场机制发挥作用，给经济带来扭曲，从而造成社会福利的损失。只需让市场力量自由发挥作用，经济均衡总是会自行实现的。有了市场机制这样一只"看不见的手"，就不再需要政府干预社会的经济活动了。但是 20 世纪 30 年代爆发的经济危机让人们对古典经济自由主义理论产生了质疑。

从 20 世纪 30 年代到现在，经济波动一直存在，人们对此问题的研究也始终没有中断过，提出了各种各样的解释。凯恩斯用他的有效需求理论、心理规律与行为规律理论，既推断出有效需求不足的不可避免性，又得出必须依靠对国民收入的人为调整才能使储蓄和投资处于充分就业均衡状态的论断。它推翻了否认生产过剩危机的传统理论，摒弃了通过市场自动调节可实现充分就业的传统观点，否定传统的健全财政原则的政策目标。凯恩斯认为，市场经济本身存在缺陷，必须引入政府对经济的干预，从而否定了在"看不见的手"引导下能够自我完善的市场机制。按照凯恩斯理论，均衡是由有效需求决定的。有效需求不足，就会导致失业和经济危机。

凯恩斯的有效需求不足理论是建立在三个基本心理规律基础上的，但这些规律似乎都是不正确的："边际消费倾向递减规律"在长期是不存在的；而"资本边际效率递减规律"只有在没有创新情况下才有道理；"流动偏好规律"涉及资本市场问题。事实上，经济周期波动从建立起现代意义上金融体系以后，主要是一个货币现象，货币数量的增减才是引起经济波动的罪魁祸首，也就是说，现代经济波动正是政府造成的。凯恩斯理论所导致的政府缺陷或者说社会恶果在现实中已经普遍存在。

现代经济波动理论是建立在凯恩斯理论基础之上的，但凯恩斯理论是个谬误。新自由主义经济学系统地批判了以政府干预为特征的凯恩斯主义理论，强调市场机制的作用，主张限制政府干预的领域，并开始了对政府干预与市场调节如何正确结合的新探讨。

从发展史可以看出，熊彼特的创新理论对经济周期的变化有一定的解释力。该理论认为，经济周期是创新所引起的旧均衡的破坏和向新均衡的过渡，是创新所带来的自然的、必然的客观现象。由创新引起的经济周期的过程是：创新为创新者带来了超额利润，引起其他企业的依次，形成"创新浪潮"；于是引起对投资品需求的增加，银行信用扩大、生产增长，导致经济走向繁荣；随着创新的普及，盈利机会逐渐减少，超额利润消失，投资下降，信用收缩，经济由繁荣走向萧条。在一个动态社会，经济波动或周期非但不可避免，实则是经济发展的正常表现。诺贝尔经济学奖得主罗伯特·索罗对于经济成长进行了重新思考，提出了外生经济成长理论，认为经济的成长源自于所谓的外生成长和内生成长之间的差别。按照他的模型，经济成长是由经济理论不能预见的所谓外生的技术进步所推动。索罗假定资产的边际生产力递减，因而长期经济成长在没有外生技术进步时成为不可能。①

　　为什么错误的市场缺陷论能长期流行呢？为什么世界各国的政府都那么乐意实践政府干预主义呢？一种错误理论一旦占据了主流地位并被掌握公权力的政府所利用，或和强势政治利益相关者的利益纠缠在一起，即使是错误也会被渲染、被坚持。就像日心说一样。世界各国政府都那么乐意实践政府干预主义的原因，还由于政府本身存在自扩张机制。要解决这个问题，不仅是经济改革问题，还是政治改革问题，几乎所有国家或地区的政府都难以抵御政府主导主义或凯恩斯主义的诱惑。帕金森定理对此做了很好的说明——政府都有一个自我扩张机制。而用经济人理论来分析政府行为具有十分重要的价值：作为经济人的选民总是希望选举代表自己利益的人；而政治家的所有许诺、冠冕堂皇的言论、慷慨激昂的行为举止，也是追求权力、地位和声誉等利益的经济人行为，这就决定了一个社会必须用相应的制度对从事公共活动的人的行为予以规范。在民主制度下，这种规范的最终力量来源于给从事公共活动的人授权的民众，从事公共活动的人要接受公民的有效监督。在确立制度、制定法律、授予从事公共政治活动人士以权力时，充分考虑经济人假说是非常必要的。这种分析的价值在于把市场秩序与政治制度统一起来，从而建设一种自由的、有效率的社会秩序。经济人假说有助于理解人类的各种行为和他们所建立的诸多制度的运行，有助于理解人们所信奉的价值观，也有助于理解人们帮助他人的方式的社会准则。政府经济学理论应充分运用这方面的研究，通过预算制度，以及其他相关制度有效地规范政府行为。②

---

① 杨小凯：《杨小凯谈经济》，中国社会科学出版社 2004 年版，第 122 页。
② 鲁照旺、赵新峰：《政府经济学》，中国财政经济出版社 2015 年版，第 80—90、99—115 页。

第四节　结语：中国式的政府干预

历史地看，任何一个能被国家的统治阶级采用经济学理论，都因为其理论主张在当政者看来是符合国家经济发展要求的。阿姆斯特朗·威廉斯总结中国的发展是凭借中央集权的政府、控制人口增长的严格规定和政府操控的经济，在一段相对较短的时间内确立了某种程度的秩序和标准。美国著名经济学家大卫·M. 科茨把中国的经济转型称作是"国家指导型转型战略"。他认为，中国的国家指导型战略既注重转型又兼顾发展，是唯一能实现经济转型和发展的有效途径。他甚至警告说，"如果中国放弃了它先前的战略而采纳了新自由主义的途径，那么可能会损害中国的经济发展"。① 俄罗斯经济学院教授弗拉基米尔·波波夫也曾说："中国的发展模式，或者说东亚的发展模式，对所有发展中国家具有无法抗拒的诱惑力，因为这种模式引发了世界经济史上前所未有的一轮增长……这种模式与美国开出的新自由主义经济处方可谓背道而驰。"②

中国的经济波动除了和货币周期有关，与财政政策也有很大的关系。中国还没有建立起较为完善的市场经济体制，相较于市场经济比较完善的国家，更经常运用强力财政政策。自改革开放以来，中国实行的是一种自上而下、政府主导市场经济发展的模式，也就是说宏观调控一直扮演着主导的重要作用。需求与供给的问题是周期性问题的表象，是中国政府干预的必要前提。例如，1992 年党的十四大以来，中国政府一共进行了四次大的宏观调控：一是 1993—1996 年的宏观调控。从1992 年下半年开始，中国经济生活中出现的房地产热、开发区热、集资热、股票热以及由此而导致的投资需求和消费需求的急剧增长，能源、交通、重要原材料和资金的全面紧缺，使通货膨胀转向通货飞涨。为了遏制经济过热和通货膨胀日益加剧的势头，国家采取了包括总量控

---

① 〔美〕大卫·M. 科茨：《国家在经济转型中的作用——中俄经济转型经验比较》（上），陈晓译，《国外理论动态》2005 年第 1 期。

② 詹得雄：《国外热议"中国模式"及其启示》，《党员文摘》2008 年第 12 期。

制、结构调整、加强和稳定农业基础、控制固定资产投资的过快增长、实行从紧的货币政策与财政政策等在内的一系列宏观调控政策，经过三年左右的时间，有效地抑制了过快增长的投资需求和消费需求，价格涨幅显著回落，国民经济呈现出"高增长、低通胀"的良好势头，成功实现了经济的"软着陆"。二是1998—2002年的宏观调控。由于前一阶段宏观调控、体制转轨的成效，再加上1997年东南亚爆发的严重经济危机和1998年中国遭遇的历史上罕见的特大洪涝灾害，以及中国经济的国际化进程的加快，中国国内商品供求逐步开始由卖方市场转向买方市场，有效需求不足成了影响经济发展的主要因素，经济增幅出现了回落的势头，中国又出现了明显的通货紧缩。面对这种情况，国家由过去"从紧"的财政政策和货币政策转向了旨在"扩大内需"的积极的财政政策和稳健的货币政策，采取了包括增发国债、扩大政府支出、加强基础设施建设、取消贷款规模限额管理、灵活运用利率手段、适当增加中低收入阶层居民的收入等在内的宏观调控政策，从而在很大程度上提高了群众的消费水平，出现了前所未有的购房、购车、旅游等消费热潮。三是2003—2011年的宏观调控。从2003年下半年开始，中国经济运行中又出现了一些不稳定、不健康因素，主要表现为投资增长势头过猛乃至过剩、通货膨胀压力日渐加剧、土地征收失控、社会分配不公日益突出等。面对这些问题，国家加强和改善了宏观调控决策，在实施总量调控的同时，注重调整和优化投资结构，力求做到松紧适度，得到了明显的效果。自2007年开始，中国经济增长又出现了增长偏快和结构性的通货膨胀的趋势。为了防止全面性的通货膨胀，国家采取了包括增加市场投放、加大农业生产扶持力度、加强市场和价格监管、保障成品油供应、妥善安排低收入群体生活等在内的一系列措施，同时国家还启动了对粮、油、肉、蛋、奶、液化气等重要商品和居民基本生活必需品的临时价格干预措施，从而保证了重要商品和服务价格的基本稳定和市场的正常供应，安定了人们的生活。特别是从2008年世界金融危机以来，中国中央政府为了应对此次危机，采取了进一步扩大内需的措施，自国家层面投入了约4万亿元基础建设资金，希望能够刺激经济的较快增长。四是2014年以来的宏观调控。自2014年世界经济进入新常态，中国经济也呈现出低水平波动增长，并且存在着长期停滞的风险，人口红利式微，收入分配呈恶化趋势。在如此严峻的经济新常态背景下，中国的政府的干预政策必然会呈现出它的"新公共性",然而这种新公共性将"新"在哪里,将考验着中国政府决策者们的智慧。

当然,政府干预是一把"双刃剑"。一方面,如果干预得好,将有利于促进经济持续稳定地发展。在中国式的政府干预模式下,我们习惯于把中国当作一个经济奇迹,甚至把它当作为一个政治模式。对于中国这样一个还处于发展中的经济体,政府干预成为其稳定的城墙,政府主导与市场经济相结合是中国模式的突出特点。中国政府干预政策在其整个变迁中,从政策伊始的初步均衡到政策渐退期再到政策渐进期直至到现当下以及未来的新均衡发展趋势,政府不断利用市场力量改善政府功能,也不断在改善与扩展市场中发挥积极的干预作用。也就是说,利用政府弥补市场缺陷,同时利用市场克服政府失败;另一方面,政府干预也有可能导致对经济的摧残。在相当长的一段时间里,在经济高度集中的体制下,国人饱受"干预之苦"。出现这种情况出于两个原因,一是对过去的干预至今心有余悸;二是我们至今仍没有完全摆脱全面干预的束缚,部分干预措施不仅没有造福于民,反而给人民带来了伤害。客观来讲,总体上中国过去所采取的干预措施主要是宏观层面的调控措施,它是有效、有益和成功的。尽管在多变的国内和国际形势下,中国在过去的干预中也存在着某种不成功的干预,但是不能因此完全否定政府干预的成效或者拒绝政府干预。① 认识它的复杂性比简单化处理可能会更加准确。

今天的学界也已经超越了中国作为第二大经济体为何表现如此出色这样一个基本问题;但事实是,与其他国家相比,它总体而言仍然表现出众,与此同时许多有关国家政治经济发展的疑问仍然没有得到解答。尽管中国政府都更多地采取了偏向市场的政策,积极推动国内市场的自由化,扩大它们的国际经济往来,但是中国政府依然扮演了十分强势的角色。除此之外,中国的公司治理依然与西方国家不尽相同,官僚系统和商界的纽带依然十分强大,国家仍然将经济增长视为一种需要强力去补给、追求和推动的因素。确实,过去的十多年人们继续目睹了中国的繁荣,尤其是中国的经济要比 30 年前人们所可以预想的好很多。尽管

---

① 李昌麒:《论经济法语境中的国家干预》,《重庆大学学报》(社会科学版) 2008 年第 4 期。

也面临诸多挑战，但它仍然拥有巨大的增长潜力。无论是对于学者还是政策制定者而言，中国如何组织和管理政府与市场之间的互动，依然是一个十分值得研究的领域。① 以 19 世纪以前英国经济学家亨利·西奇威克（Henry Sidgwick）所做的评论作为总结几乎再合适不过了："不能认为，缺乏政府干预的不干涉主义无论何时都是合适的；而在任何特殊情况下，政府过度干预所产生的不可避免的缺点也许比私有企业的缺陷更严重。"②

---

① 康灿雄：《裙带资本主义：韩国和菲律宾的腐败与发展》，李巍、石岩、王寅译，上海人民出版社 2017 年版，中文版序言。

② Sidgwick, Henry, *Principles of Political Economy*, Mac – Millan, London, 1887, p. 414; Cairncross, Alexande, "The Market and the State", in Thomas Wilson and A. S. Skinner (eds.), *Essays in Honour of Adam Smith*, Oxford Clarendon Press, London, 1976.

第十一章　国家理论：从实相到虚像的共同体

社会科学一向都是围绕着国家这个中心轴运转的。之所以这样说，是因为国家构成了一个假想无需证明的构架，作为社会科学的分析对象的种种过程便发生于其间。造成这种状况的原因是，现代社会结构不言而喻地处于现代国家之内。① 然而，从20世纪50年代开始，西方政治学研究开始对于国家中心主义的研究范式表示出极大的怀疑。至20世纪80年代，随着西方国家社会中心论陷入了价值祛除之后的理论迷惘，一些学者提出，重新重视国家的作用，看重国家对社会因素的整合以及国家在国内外事务中的相对自主性，"回归国家"的呼声再次响起。进入21世纪以来，随着全球化的浪潮不断推进，新的运输通信技术的高速发展，网络国家和虚体国家的说法也开始出现。这是否意味着国家已从一个实相的共同体进入了一个虚像的想象共同体呢？

第一节　绪言

20世纪50年代至80年代，西方政治学研究中以多元主义政治学、集团政治学、结构功能主义等为代表的社会中心论，强调着社会因素对政治体系的决定性作用。②

20世纪60年代，以戴维·伊斯顿、卡尔·多伊奇等为代表的一批学者开始认识到国家中心主义范式存在的问题，进而在其政治分析中放弃使用"国家"的概念，继而采用政治体系、代理者、政治角色等分

---

① 华勒斯坦等著：《开放社会科学：重建社会科学报告书》，刘锋译，牛津大学出版社1996年版，第70页。

② Fred Block, *Revising State Theory：Essays in Politics and Post - industrialism*, Philadelphia：Temple University Press, 1987.

析概念，将国家视作一个政治体系，考察其中社会政治行为的互动及其对该体系行为的影响。① 厌弃国家主义的研究取向在美国公共行政中根深蒂固，但如 60 年代末 70 年代初出现如此泛滥的反国家主义研究的现象是美国行政学史上未有的。明瑙布鲁克会议（Minnow brook Conference）由弗兰克·马里尼（Frank Marini）进行会议记录与编辑，并以《走向新公共行政：明瑙布鲁克观点》为题出版；文森特·奥斯特罗姆（Vincent Ostrom）于 1973 年撰写《美国公共行政的知识危机》一书（修订于 1974 年），这两本书以不同的方法论对国家主义展开了猛烈的抨击，主张为公共行政奠定新的基础。

　　20 世纪 70 年代，以激进的 16 世纪掘土派、平等派的立场为导向，更多反国家主义的著作出现，呼应了明瑙布鲁克"刀耕火种式"的观点并将其发挥到了可能的极端。弗雷德里克·C. 赛厄（Frederick C. Thayer）在《等级制的终结！竞争的终结！》（1973）一书中意识到官僚制及其相关的竞争问题是当今世界社会罪恶的渊薮。向小的、和谐的自然社群的回归，是 20 世纪六七十年代受明瑙布鲁克观点影响的研究中的一个令人感兴趣的看法。社群至上主义者关注的主题是：平衡权利和责任，培养家庭、居住区、工作场所的道德纽带和作为实现更美好社会基础的公民品行。他们把对个人主义者范式和多元主义者范式的排斥作为他们著作的主要前提。奥斯特罗姆主张以激进的反国家主义取代威尔逊—韦伯范式，构建其所谓的"民主行政的范式"——它具有"多个决策中心""大众参与""分裂的、重叠的、分权的管辖权"等特征，这恰恰与威尔逊—韦伯范式的特征相反。简言之，奥斯特罗姆寻求把"公共选择"（与"个人选择"相对照）作为美国行政学的"新模型"。与六七十年代公共选择学说相联系的是类似公共选择倡导者的新保守主义者，"新保守信念"认为，大政府是个不容易对付的家伙，政府机构与垄断企业十分相似，运转大多无效率且浪费，这是因为缺乏市场竞争。因此新保守主义者竭力主张对国家机器进行显微手术。②

---

　　①　赵可金：《全球公民社会与民族国家》，上海三联书店 2008 年版，第 223 页。
　　②　［美］里查德·J. 斯蒂尔曼（Richard J. St iuman，Ⅱ）：《美国公共行政重建运动：从"狂热"的反国家主义到 90 年代"适度"的反国家主义》（上），《北京行政学院学报》1999 年第 4 期。

20 世纪 80 年代后，随着社会中心论陷入了价值祛除之后的理论迷惘，一些学者提出，重新重视国家的作用，看重国家对社会因素的整合以及国家在国内外事务中的相对自主性，被称为"回归国家学派"。① 1985 年，《国家回归》（*Bring the State Back in*）一书的出版，使国家重新成为社会科学调查中的一个普通对象。不过令人深感奇怪的是，一向自称为新制度主义（或国家主心论）的某些学者在极力避免对制度作出分析，这使得新制度主义呈现出两种发展趋势：其一，将国家组织视为社会机构；其二，不再把国家机构当作各种政治事件的参与者，而是把它视作能够左右事件结果的约束者。由此可见，相对于前辈们在制度分析方面的进步，后续研究着实退步不少。② 总体来看，学者们对于国家的质疑和批评仿佛走了一个圆圈，重新回归原点。这一学术历程充分表明，对于国际社会来说，国家这一概念既不可完全漠视，也不能过于依赖。③ 20 世纪 80 年代末，政府和官僚阶级曾豪情万丈地宣称，国家包括他们自己在内都将无条件地为资本积累和市场服务，一切活动都将服从资本积累和市场的需要。但是，经过十年历程，他们终于发现自己的自由反而被资本主义发展带来的新条款和人们针对资本主义在思想上的解放所限制，最终他们放弃了资本主义国家是国家发展的唯一方向。④

到了 20 世纪 90 年代，美国行政学兴起了一场新的反对运动。它部分地调整了过去 20 年的一些矫枉过正的行为。这是一场或许最好宽泛地定义为"重建运动"的运动。他们重新思考这一领域的基本问题，为老的行政问题提出新的答案，即何谓"有效公共行政"？这一看法其实可追溯到 20 世纪六七十年代，有关有效公共行政的价值基础包括了以下几个方面：市民广泛参与行政；行政职能最大程度的分权；完全"经济的"公共行政；公共行政官员的职能主要限于专业人员或技术员

① ［美］斯科克波尔：《国家与社会革命》，桂冠图书股份有限公司 1998 年版；何俊志：《结构、历史与行为——历史制度主义对政治科学的重构》，复旦大学出版社 2004 年版，第 135—138 页。

② ［美］史丹利·阿若诺威兹、彼得·布拉提斯：《逝去的范式：反思国家理论》，李中译，吉林人民出版社 2008 年版，第 2、15 页。

③ 赵可金：《全球公民社会与民族国家》，上海三联书店 2008 年版，第 224 页。

④ ［美］史丹利·阿若诺威兹、彼得·布拉提斯：《逝去的范式：反思国家理论》，李中译，吉林人民出版社 2008 年版，第 98 页。

职能，不关心国家计划、长治久安。另则，何谓"称心生活的意义"？谁该是治理者？行动的标准是什么？社群的性质是什么？行政该集中还是该分散？公民品行、公共利益、责任和义务等老概念是否需要再定义？至此，这一领域立即陷入了围绕这些或其他重要的行政问题所引发的旷日持久的争论中。

戴维·奥斯本（David Osborne）和特德·盖布勒（Ted Gaebler）在《重塑政府：企业精神如何改革着公营部门》一书中提出了，要使政府工作有效的途径，既非老式的 30 年代新政时期的"大型官僚组织"，也非 80 年代里根—布什时代的自由市场或公共选择，在依赖于传统大政府与依赖于取缔政府之间，还存在着"第三条途径"。本书逐章概括了这一"重塑"如何发生和如何会发生：即政府"掌舵而不是划桨""鼓励竞争而不是垄断""任务驱动而不是规则驱动""满足消费者而不是官僚的需要""关注投资而不是花费""分权而不是集权"等。作者尝试在国家主义和自由放任主义两个极端之间规划"一条中间途径"。

重建公共行政派认为"重建者"，无论是个人还是集体，均赞成官僚机构和官僚在美国政府体制中扮演更加有影响力、更加集中的、合法的角色。其中，斯代弗提出了一个使人兴奋的论点，它类似于弗吉尼亚工学院重建者的看法，处理了今日公共行政领域中一个主要的、也许是最主要的两难困境，即公共行政特有的合法性。[①] 而"工具途径"提出了重新定义并重建美国行政科学的替代性方案。技术人员的视角在美国行政科学领域有着悠久和厚重的传统，它发端于泰罗的"科学管理"，历经 POSDCORB（管理七职能）、成本—收益分析、PPBS（项目计划预算系统）、MBO（目标管理）和许多其他据称是实施公共行政的"最好方法"。"工具途径"诞生于对公共行政领域支配研究范式的不满。概括地说，萨拉芒和他的合著者认为，传统公共行政既没有充分解释又没有面对当代公共部门项目的指挥和实施的现实。

因此，不难看出正是由于冷战的结束、激烈的全球经济竞争、选民对政府的不满意、人口的转移、技术的革新等促使了公共行政，无论是

---

① ［美］里查德·J. 斯蒂尔曼（Richard J. St iuman, II）：《美国公共行政重建运动：从"狂热"的反国家主义到 90 年代"适度"的反国家主义》（上），《北京行政学院学报》1999年第 4 期。

在制度层面上，还是在技术层面上，进行"自我重建"。所有的学派都建议从根本上对公共行政概念化或重新概念化，并且无论是集体还是个人，正尝试采取不同途径矫正过去 20 年以来公共行政极端反国家主义的取向。不过，没有人倡导强行政国家，甚至也没有人沿袭国家理论中的欧洲传统的"国家"定义。"重塑者"几乎不能说是"国家主义者"，因为他们对把企业家主义的行为准则推广到政府中表现出了明显的热情。而"新官僚制视角"把公共行政视作是多元主义政治力量的相互作用，没有给出"公共行政"的定义，甚至未能确定"公共行政"是否存在。

自 21 世纪以来，美国的行政科学与欧洲行政科学，对行政国家的概念产生了不同程度的忽视或规避。实用的美国人发现，利用手段、过程和方法定义公共行政要容易得多，把公共行政往往定义为"做的"活动。①

第二节　新国家主义理论

自 20 世纪晚期以来，国家概念和国家理论的复兴突出地受到了全球化进程加速的推进。怎样才能有效地发挥市场自我调节的配置功能和发现功能，而不至于造成背离民主制自由社会的不平等分配和社会代价？一股世界性的市民社会思潮作为对 20 世纪炽盛的"国家主义"的回应而出现。② 新国家主义作为一种过渡形式和混合体制的象征，涵盖了最近几十年来世界所有的经济发达而政治滞后的社会模式，是新集体主义、新权威主义、新保守主义的总根源。西方国家的现代化是自发的社会过程，而第三世界后发的工业化过程则是带有自主性的国家行为。③ 在奉行新国家主义的社会形态中，主张政府干预以及国家宏观调

---

① ［美］里查德·J. 斯蒂尔曼（Richard J. St iuman, II）：《美国公共行政重建运动：从"狂热"的反国家主义到90 年代"适度"的反国家主义》（下），《北京行政学院学报》2000年第 1 期。

② 储珩：《论国家理论复兴的必然性》，《学术论坛》2008 年第 6 期。

③ 郭洪纪：《新国家主义的政治前景》，《河北学刊》1997 年第 6 期。

控，① 而经济腾飞显然是权威政治下的秩序和高效率的结果。作为对公民效忠国家的奖赏，国家协调的方式是让劳动阶层分享一部分的经济成果，这种由国家强制实行的再分配，维持了适当的工资额度，或者缓慢而持续地扩大了福利的范围，其结果是工人和市民都能很好地融入国家，既有爱国精神，又有改良色彩。②

自 19 世纪以来，西方的许多国家以民族共同体作为认同基础的平民主义情感开始出现，国家在国际关系理论中的嵌入（embeddedness）作用逐渐被忽略。构成"社会"的一些复杂社会关系的聚集常常卷入种族、地区、宗教、性别和阶级情感等问题的冲突之中。③ 国家作为一个名词已经成为用来描述政府机关与社会之间关系的通用词语，它离以前所指的国际政治系统中的民族国家已经越来越远了。④ 民族国家只是相对较近才出现的一个政治组织，它是法国革命的产物。民族国家代替了多民族的封建王国、诸侯、宗教领地和帝国体制，民族主义者通过独立的领土来维持他们的认同。宗教、伦理或者其他近于次国家（sub - national）情感的增长将从根本上威胁到民族国家体系，而全球化步伐的加速又加大了对它的威胁。⑤

全球化和"国家化"正在成为公共行政的重要影响因子。我们知道 20 世纪 70 年代末 80 年代初，由撒切尔夫人和里根推动的私有化运动产生了世界范围的影响，在将近 30 年的时间内，世界各国的行政改革都是按照私有化的道路来设计其方案的。私有化否定了基于凯恩斯主义的国家干预，而国家化又正在向体现了新自由主义的私有化运动发起进攻。就私有化运动这项社会工程的设计理念来看，它是在民族国家内部进行行动规划的，而现在正在发生的国家化运动，则是由于全球化引起的，或者说是出于应对全球化的需要而出现的。全球化是建立在人们之间平等的基础上的，一方面淡化了民族国家的地理边界，但同时又强

---

① 李希光：《胡鞍钢与"新国家主义"》，《经济世界》1996 年第 8 期。

② 郭洪纪：《新国家主义的政治前景》，《河北学刊》1997 年第 6 期。

③ Shaw, M. （1994）Global Society and International Relations: Sociological Concepts and Political Perspective, Cambridge: Polity, pp. 89, 92.

④ ［美］史丹利·阿若诺威兹、彼得·布拉提斯：《逝去的范式：反思国家理论》，李中译，吉林人民出版社 2008 年版，第 89 页。

⑤ ［英］罗宾·科恩、保罗·肯尼迪：《全球社会学》，文军等译，社会科学文献出版社 2001 年版，第 18 页。

化了民族国家的心理边界，带来新的支配与从属的界限，为国家化提供了支持，特别是当"国家竞争力"的理念为人们所接受的时候，国家化也就获得了强大的动力，使政府的行动有了开展的全球空间。① 全球化对抗国家保护主义具有不可低估的能量。如果只是一味地强调国家对全球化的重要性，那么不可能发现新的东西，更无法找寻到属于我们这个时代的能决定国家行为的发展模式。从传统的国际政治向全球政治转换的过程中，从制度变迁的意义上来说，国家必然存在着一个结构转型的过程，任何一个国家在制度和思想上发生变化时都有其特定的历史原因，非一日之功。② 在全球化的推动下，随着全球市场经济一体化格局的形成和全球公民社会部门的壮大，现代国家形态必将逐渐脱去民族的外衣和民族基础，向着新的国家形态转变。现代国家并非在全球化冲击下濒于削弱而是实现制度转型。

从制度变迁的角度来说，国家形态转型的直接原因是，特定的国家制度由于面临外部安全威胁的变化和内部社会秩序矛盾的尖锐化，不得不在制度上做出调整，最终导致国家制度形态的变迁。③ 近些年来，国际政治与比较政治学科领域，也开始注意到全球性国际分工与经济形态转变对国家的影响。国家的角色不再只是维持国内政经秩序与准备发动战争之上，国家更需要面对外部政经环境的剧烈变迁，研拟出解决之道。④ 而且，全球公民社会的兴起不是否定或者削弱国家主权，而是促使从制度层面对民族国家主权的制度进行重构。国家在其结构形态上，是一个矗立在流动的社会之上的制度行为体，随着社会生产力的不断发展和社会关系的变化，国家不断变换着其制度内容，在某一阶段上，比较重要的制度内容在更高的阶段可能趋于消亡，但作为一个制度行为体的国家却依然存在，国家依然履行着十分重要的职能。⑤ 虽然历史制度主义对国家结构的议题与国家中心论同样感兴趣，但历史制度主义并不仅止于从组织之间的互动出发，更强调国家的行动、政策的形式，并且

---

① 张康之：《探寻新的组织形态的行政学研究》，《中共福建省委党校学报》2009 年第 1 期。
② ［美］史丹利·阿若诺威兹、彼得·布拉提斯：《逝去的范式：反思国家理论》，李中译，吉林人民出版社 2008 年版，第 83、98 页。
③ 赵可金：《全球公民社会与民族国家》，上海三联书店 2008 年版，第 224—225、237 页。
④ ［台］胡婉玲：《论历史制度主义的制度变迁理论》，《新世纪智库论坛》2001 年，第 16、94 页。
⑤ 赵可金：《全球公民社会与民族国家》，上海三联书店 2008 年版，第 224、241 页。

提升到较高层次的制度脉络中，以期了解此互动的过程。换言之，国家中心论与历史主义皆重视非决定性因素的影响，这使国家在被作为一个行动者的假定之下，具有更高的行动能力。[1] 但我们并没有对制度在空间中的实践操作进行研究，其原因是：一方面，许多研究者把制度看作了社会活动的参与者；另一方面，研究者把制度看作了一个为帮助我们更好地理解某些法规通过的原因而存在的独立变量，无须深入地研究和解释。[2] 美国学者米格代尔（Migdal）在受到古普塔（Gupta）通过观察国家的"日常实践"和话语建构来尝试进行一种国家人种学研究的影响，[3] 对国家进行了一个新的定义，他认为国家是一个权力的场域，其标志是使用暴力和威胁使用暴力，并为以下两个方面所形塑：（1）一个领土内具有凝聚性和控制力的、代表生活于领土之上的民众的组织的观念；（2）国家各个组成部分的实际实践。这里谈到的观念包含两种意义上的边界：第一种，一国与其他国家之间的边界；第二种，国家——尤其是（公共的）人员和机构——与服从于其所制定规则的（私人的）群体间的社会边界。同样，这种实践也有助于认知、加强和证实许多东西，不仅是国家控制的领土元素，也包括在许多方面国家与其他社会组成的社会分界（公私分界）。各种仪式，如加冕礼、就职仪式等，就庄严地确认了这一分界的存在。在上述数不尽的方式的推动下，国家作为一个特殊的甚至高高在上的社会体的形象更加凸显出来了。[4]

第三节　新制度主义国家理论

新古典经济学把非市场的制度，如国家和组织，看作是市场的替代

---

[1] ［台］胡婉玲：《论历史制度主义的制度变迁理论》，《新世纪智库论坛》2001年，第16页、88页。

[2] ［美］史丹利·阿若诺威兹、彼得·布拉提斯：《逝去的范式：反思国家理论》，李中译，吉林人民出版社2008年版，第15—16页。

[3] Akhil Gupta, "Blurred Boundaries: The Discourse of Corruption, the Culture of Politics and the Imagined State", *American Ethnologist* 22（May 1995），pp. 375 – 402.

[4] ［美］乔尔·S. 米格代尔（Joel S. Migdal）：《社会中的国家：国家与社会如何相互改变与相互构成》，李扬、郭一聪译，江苏人民出版社2013年版，第16—19页。

物；与此相反，新制度经济学认为国家既可能发挥增进市场制度的补充作用，又可能由于自身利益而阻碍市场的发展。① 希克斯于 1969 年在《经济史理论》中指出，市场经济的演化自始至终离不开国家的介入，所有发展到现在的社会几乎不存在没有政府而形成对产权最基本的保护的。② 在向市场经济缓慢演进的历史过程中，只有在国家认同并出面确立了市场经济的两大基石（即法律和货币制度）之后，这种"自发秩序"的扩展过程才可能持续不断。③

　　近代制度经济学的代表人物之一的康芒斯认为国家是接管物质制裁权力的组织。④ 新制度主义在国家的理论上，新制度主义者们宣称拥护马克斯·韦伯的理论，通常会区分所谓的"强势国家"与"弱势国家"，主张按照国家免予受社会施加压力的"相对自主性"来决定国家的权力大小。⑤ 主张国家是具有自主性的，宣称国家并非是一种"工具"或是"竞技场"，也不会依照某种阶级的利益而运作。接受这种理论的学者强调公民社会在经济和国家之间的介入，以解释国家形式的变化。换句话说，国家的公务人员有着他们自己的利益，而他们也会独立地（也是与之冲突的）在社会里追求扮演参与者的角色。由于国家控制了强迫的工具，并且使许多公民社会里的团体必须倚赖着国家，国家的公务人员在一定程度上也会对公民社会施加他们自己的偏好。

　　在国家理论上，新制度经济学的主要贡献是把国家作为影响经济绩效和制度变迁的内生变量纳入分析框架，并运用经济理论研究了国家的起源、作用和演变等问题。但缺乏公认的国家理论是新制度经济学研究中的缺陷。⑥ 新制度经济学把国家定义为由个人组成，这些人受制于一个单一的、以使用暴力作为强制实施手段的最终第三方，它的地域边界

---

① ［日］青木昌彦：《比较制度分析——起因和一些初步的结论》，载孙宽平《转轨、规则与制度选择》，社会科学文献出版社 2004 年版，第 129 页。

② 宇燕、盛洪：《旧邦新命——两位读书人漫谈中国与世界》，上海三联书店 2004 年版，第 24 页。

③ 张宇燕、何帆：《由财政压力引起的制度变迁》，载盛洪、张宇燕主编《从计划经济到市场经济》，中国财政经济出版社 1998 年版，第 7 页。

④ ［英］马尔科姆·卢瑟福：《经济学中的制度——老制度主义和新制度主义》，中国社会科学出版社 1999 年版，第 122 页。

⑤ ［德］马克斯·韦伯：《经济与社会》，阎克文译，商务印书馆 2010 年版，第 731 页。

⑥ 卢现祥、朱巧玲：《新制度经济学》，北京大学出版社 2010 年版，第 343 页。

以它的强制实施力来划分。① 新制度经济学视角下的国家定义，具有以下的特点：第一，国家是一种具有暴力潜能的组织，并且是一种具有垄断权的制度安排，它的主要功能是提供法律和秩序。第二，国家是一种第三方实施的暴力机制，它在一定程度上比其他机制更有利于契约的实施。第三，国家与产权的关系，要从考虑个人效用最大化行为来发展对官僚主义和国家的理解。而对于国家的分析，可以从个体权力与国家的关系、集体行动与国家的关系以及法治化社会与国家的关系三个层次建立起分析的制度框架。②

人类创建了政府这样的制度安排来保护每个人所谓平等的权利。政府是什么？简单来说，政府就是合法的暴力。③ 创制政府的行为绝不是一项契约，而只是一项法律；行政权力的受任者绝不是人民的主人，而只是人民的官吏；只要人民愿意就可以委任他们，也可以撤换他们。对于这些官吏来说，绝不是什么订约的问题，而只是服从的问题；在承担国家所赋予他们的职务时，他们只不过是在履行自己的公民义务，而并没有以任何方式来争论条件的权利。④ 而国家是一切天然的强制权利的持有者和代表。巴泽尔从实施机制来定义国家：国家是一种第三方实施的暴力机制，它在一定程度上比其他机制更有利于契约的实施。只有当暴力实施者滥用权力的倾向能被有效制约时，这种实施机制（国家）才会出现。国家愿意实施的法律权力取决于对界定权力与调解纠纷的交易成本的比较。⑤

国家可以制造任何的法，命令它的法官照此办理，命令它的执行官员执行它造的法。不存在什么可以抗衡国家的法律，政治的法就是自然的法。因此，不能设想在国家和社会之间，存在着宣布法的机构——但是，正如国家本身一样，这种机构必然产生于社会，整个司法变成依附于国家，变成为应用国家的法律。倘若国家的法律吞噬了整个社会契约

---

① ［美］约拉姆·巴泽尔：《国家与第三方强制实施的多样性》，载克劳德·梅纳尔《制度、契约与组织——从新制度经济学角度的透视》，经济科学出版社 2003 年版。
② 卢现祥、朱巧玲：《新制度经济学》，北京大学出版社 2010 年版，第 343—344 页。
③ 宇燕、盛洪：《旧邦新命——两位读书人漫谈中国与世界》，上海三联书店 2004 年版，第 24 页。
④ ［法］卢梭：《社会契约论》，何兆武译，商务印书馆 2005 年版，第 127—128 页。
⑤ ［美］R. 科斯：《财产权利与制度变迁——产权学派与新制度学派译文集》，上海三联书店 1991 年版，第 206—207 页。

的法，法的随意基础就表现得更为明显。国家就是社会本身，是社会的受委托者，或者就是社会的理智，社会的理智是由单一的、理智的、社会主体的概念给予的。倘若国家声称自己与社会是一致的，它就是资本主义的制度，并且仍然是资本主义的制度。①

国家通过各种自主性方式将国家意志贯彻到国家领域，进入国民生活之中，便形成国家意识。现代国家有两大建设：建设民族国家与建设民主国家，由此产生两大意识形态：民族主义与民主主义。在西方，民族国家与民主国家的构建是同步的。民族主义与民主主义内在地相统一。② 国家化是一个过程，标志着国家性日益深入地渗透于主权国家领域。国家性是人们对国家整体和代表国家主权的中央权威性的认同，即整体性和中央权威性。代表着整体国家的中央统治权威集中体现了国家意志，反映了国家的自主性。

第四节　未来的国家治理

在全球化的背景下，国家治理的复杂性不断提升，例如，某类决策的速度必须加快，这有利于行政干预，但是行政行为受到监管的程度又会遭受限制。③ 随着交通和电脑信息技术的发展，全球化必然要消除空间、时间及文化的地域阻力，但同时也会进一步形塑分化的地域，国家作为行动的主体将日益显现其困窘处境。④ 在世界相互联系越来越紧密的同时又越来越不完整的条件下，政策、管理、公共法规的日益增长的作用已得到了广泛的认可，很少有人会表示怀疑。⑤

---

① ［德］斐迪南·滕尼斯：《共同体与社会》，林荣远译，商务印书馆1999年版，第319—321页。

② 徐勇：《田野与政治——徐勇学术杂论集》，中国社会科学出版社2009年版，第38页。

③ ［英］哈特利·迪安（Hartley Dean）：《社会政策学十讲》，格致出版社2009年版，第94页。

④ ［台］黄俊杰：《历史经验与国家认同：海峡两岸文化交流及其展望》，载何寄澎、黄俊杰《台湾的文化发展》，台大出版中心2002年版，第277页。

⑤ ［俄］戈尔巴乔夫基金会编：《全球化的边界：当代发展的难题》，赵国顺等译，中央编译出版社2008年版，前言第7页。

随着公开民主形式的发展，国家与公民社会的边界也应更具可渗透性，全球社会①建立的可能性就大大增强。换言之，国家的行政机关必须减少僵化，并且更能直接问责；但与此同时，公民社会的机构（例如都会和居民协会）也不能变成对社会规制患有幽闭恐怖症的媒介。②鲍勃·杰索普（Bob Jessop, 2002）③指出，我们所看到的这一转变实际上包括了国家角色的逐步"空洞化"。在经济政策层面，对凯恩斯主义经济理论的偏离已经缩小了国家干预的范围，现在国家只能集中于提升经济竞争力（而不是直接创造就业等）。在福利政策层面，一直存在着压缩社会支出的压力，并出现了向"工作福利"政策的转变。在政治层面则出现了民族国家权力的减弱。国家在人的感觉上是由"臆想社区"组成的，说它是"臆想"，是因为即使是最小的国家，其成员也从不会知道本国的许多其他人，但这种臆想又是有限度的，即使是最大的国家，其与他国之间也有明显的界限。国家作为一个臆想社区是因为无论现实是多么不平等，其都表达了一种深深的情谊。④ 所以个人被要求进行自我治理，而国家则被局限于远距离的"掌舵"角色（或者如杰索普所说的"元治理"[met governance]）。⑤

随着"全球化"的发展，全球人类社会也开始逐渐形成，全球性业已成为人类存在的新维度。首先，全球化对网络的控制超过了对地方区域的管理。所有这些变动引起了思维上的差异，这是技术进步和政治体制变化的结果，因此当今世界急需创立一种适应全球化现实的政策。⑥ 其次，全球化还是一种关于世界政务的看法——国家的概念正不

---

① 当人类活动超出国家的范围，预示着个人、社会群体、民族和国家的生活条件将发生根本的变化，人类活动就需要建立一个超国家组织，这种组织就被叫作"全球社会"（或全球网络社会）；在这个社会的范围内现有的民族国家构成体作为相对独立的结构单位而存在，称之为大社会。参见［俄］戈尔巴乔夫基金会编《全球化的边界：当代发展的难题》，赵国顺等译，中央编译出版社 2008 年版，第 8 页。

② ［英］哈特利·迪安（Hartley Dean）：《社会政策学十讲》，格致出版社 2009 年版，第151 页。

③ Jessop, B. (2002) *The Future of the Capitalist State*, Cambridge：Polity.

④ ［英］罗宾·科恩、保罗·肯尼迪：《全球社会学》，文军等译，社会科学文献出版社2001 年版，第 128 页。

⑤ ［英］哈特利·迪安（Hartley Dean）：《社会政策学十讲》，格致出版社 2009 年版，第144 页。

⑥ O. Dollfus: *La Mondialisation*, Presses de Science Po, 1997.

断受到侵蚀，各种多边和国际组织的建立，越来越多的国家或地区正在融入像欧盟那样的地区性跨国组织，或与之并列的目的单一的、世界层面的机构（比如世界贸易组织），这些国际组织试图从民族国家手中接管某些政府职能①，最后所有这些都融入一种世界政务的模式。任何形式的普遍或全球政务在最近的将来都存在着固有的限制。所以，流行于21世纪的国际组织的政治形式，不是那些成问题的跨国政务体系，而是为有效实现更适度目标而联合起来的政治共同体。②

一　网络国家

英国社会学家福安东尼·吉登斯认为，全球化的发展，逐步构建了一种全球抽象社会生活模式，即"脱域—再嵌入"的生活模式，这是一个相互联结的复杂全球网络。③工业革命使具有大陆跨度的民族国家成为可能，而信息革命则提供了这样的实现途径。与传统的空间范畴——领土之于国家，民族聚居地之于民族，城镇之于市民社会的大为不同——网络空间之于虚拟社会。这种空间可以视为一种宽泛的"地景"（landscape），在其中社会文化和政治权力等人类行为的基本征候彰显出特有的意义。④

未来科技革命的真正令人惊奇之处可能不在于这种革命所带来的技术奇迹和危险，而是培育它们的各种文明社会机构的健全有力的特征。文明社会是一个由许多网络组成的巨大网络，从个人开始，逐渐扩展到包括家庭、社区组织、宗教团体、社会组织和企业全都由自愿聚集起来的个人所创立。这样的文明社会产生文明国家。文明国家建立在社区的赞同和对当地的、地区的和全国的社区的一种参与感上，国家的权威不靠经常行使强制力量来支撑，而是由公民遵守国家指令的意愿来维护。文明社会可以在全球跨度的规模上将它们自己连接起来，形成跨越地理空间的网络文明，进而有了"网络国家"的出现。网络国家是建立在跨国合作的现有各种形式之上，从而按照语言和文化亲和力的重视信息

---

①　[美] 弗朗西斯·福山：《国家构建：21世纪的国家治理与世界秩序》，黄胜强、许铭原译，中国社会科学出版社2007年版，第112页。

②　[美] 詹姆斯·C. 贝内特：《未来的国家形式》，何百华译，《国外社会科学文摘》2004年第8期。

③　赵可金：《全球公民社会与民族国家》，上海三联书店2008年版，第238页。

④　张凤阳等：《政治哲学关键词》，江苏人民出版社2014年版，第374页。

的路线出现。它不是历史上那种民族国家，尽管它拥有履行经济国家某些传统功能的某种替代性手段，但它是一种把一些较小的政治团体连接起来以使它们能够处理共同关切事项的手段。在网络国家中，原有结构的解体不必也不会无限期地继续进行下去，否则现在继续进行着的民族社区的分歧将会导致由越来越小的民族国家组成的无差别的、不连接的集团——或者更确切地说是部落国家。苏联和南斯拉夫的解体表明了人类为这样的过程所可能付出的代价。①

二　虚体国家

美国《未来学家》刊登的由迈克·迪拉德和珍尼特·埃纳尔合写的《虚体国家的时代即将来临》一文中提出，自城市和国家形成以来，一项具有深远意义的社会政治变革可能不久就会发生，那就是虚体国家的出现。现如今，互联网架起时间和空间的桥梁，给世界各地的成员提供了土壤，让他们调整自己的意识形态并制订未来的发展计划，而这些因某种充满激情的共同事业或一套信仰而集合在一起的个人，构成了虚体国家（V - nations）。在未来时代，利用网络的公开性和相对自由，虚体国家的力量将会超越因共同利益而聚集在一起的简单的网上用户群体，它们将更加雄心勃勃，联合个体创造影响。

"虚体国家"是由理查德·罗斯克兰斯（Richard Rosecrance）最早提出的一个概念。根据他的解释，虚体国家是"一个协商实体"，它依靠国外获得经济使用权，同时，在国内掌握着经济控制权。② 从宏观层面来看，随着虚体国家的出现，不同国家将联系成一个相互依存的系统，国家之间的经济联系成为类似神经的系统：首先把"头脑国家"和"身体国家"连接起来，其次又把这一国家的"头脑"产业与另一国家的"身体"产业连接起来，最后形成一个纵横交错和相互依赖的开放系统。③ 除了经济联系之外，"虚体国家"还将国内政治和国际政治联系起来。国家要在全球化的情况下生存，靠的便是高层次的服务业，靠的是通过信息与资本、技术与劳工的流通，促成本身对于其他国

---

① ［美］詹姆斯·C. 贝内特：《未来的国家形式》，何百华译，《国外社会科学文摘》2004 年第 8 期。

② 赵可金：《全球公民社会与民族国家》，上海三联书店 2008 年版，第 284 页。

③ Richard Rosecrance, *The Rise of the Virtual State：Wealth and Power in the Coming Century*, New York, Basic Books, 1999.

家的掌控，而政府官员常常也是经济大使，促使东道国开放市场、保护知识产权、放宽管制条件等。① 从微观层面来看，在这个系统中，相互联系的各个社会将在目前的"真实"国家之上构成一个拱形空间，它的公民将效忠于一种新式组织，在这个组织里，人们由共同的理想、目标、雄心或需要联合起来。一个人可能同千山万水以外的熟人分享忠于国家的感情，就好像同隔壁的领导一样。这样可能出现种种结果：从高尚到邪恶，或从井然有序到杂乱无章。诚然，虚体国家的形成将会提高人类理解和合作的水平，但这种演变一旦失去控制，就永远改变了我们已经熟知的井然有序的社会。②

第五节　结语

诚然，国家一般是指现代国家的概念，有民族性国家和制度性国家之分，由一般意义上的民族性国家到制度主义（新制度主义）意义上的国家的转变，再到虚体国家的转变只不过是一种国家由建构到解构再到建构的过程。国家永远都不可能消亡，只不过是制度构造上的改变。同时，国家也具有双重的性质：它首先是普遍的、社会的结合，它的存在以及它的建立仿佛在于保护它的各种主体的自由和财产，因此也是表现和执行建立在契约的有效性之上的自然法。即在它与各种单一的个人之间即在一个被委托者和他的委托者们之间，存在着一种自然的法。像任何一种法一样，这种法可能是有争议的，而且可能会有一个特殊的个人或机构对它进行裁决，这个机构是缔约者（一方面是国家，另一方面是所有的个人即社会）建立和承认的。③

---

① 赵可金：《全球公民社会与民族国家》，上海三联书店 2008 年版，第 284—285 页。
② 王洪梅：《"虚体国家"时代将来临》，《青年参考》2002 年 7 月 10 日。
③ ［德］斐迪南·滕尼斯：《共同体与社会：纯粹社会学的基本概念》，林荣远译，商务印书馆 1999 年版，第 318 页。

第十二章　治理与善治理论：从工具理性到价值理性

　　传统与现代内在的张力依然属于当今社会科学主要的研究范畴，治理理论的出现只不过是现代概念迁移的一种表现。提到当今社会科学中很主要的一种研究范式当属"治理理论"不过，当治理的概念从政治学向社会学、行政学，甚至经济学等其他社会科学溢出的时候，"治理"的话语权占据了传统，甚至超越了传统"统治"概念的范畴。治理的种类各种多样，无所不包，比如有公共治理、国家治理、社会治理、政府治理、乡村治理、社区治理等，只要需要就可以在治理的前面加一定语来修饰。当然，治理的话语体系在研究中国问题时也远远突破了政治与行政的边界，研究任何的中国问题，都可以冠上治理的名头，甚至有中国的学者认为中国的治理理论往往有被滥用的嫌疑，或者具有借壳上市的意味。在当前全球政治、经济与社会面临"新常态"的大背景下，如何从公共治理的工具理性主义转向公共伦理的价值理性主义，重构未来的"新公共性"将是公共行政学的一个新的理论范式。

第一节　绪言

　　治理理论作为一种全新的理论，它的诞生与发展有其社会客观性和历史必然性，是福利国家危机、全球化、地方化和信息化时代的必然产物。由于全球化与世界经济一体化对主权国家政府治理提出的新挑战，传统官僚制范式的失效导致政府财政危机和信任危机；大量独立于政府之外的第三部门的兴起以及信息技术革命对传统的政府统治提出的新要求。当时的公共行政学界急需一种能够突破了包括政治—行政二分在内的一系列二分法，来试图融合价值与效率的冲突，这就成为了治理理论兴起的深刻的社会背景，直接影响和推动了治理理论的产生，从而大大推进了公共行政学的发展，有学者据此认为它实现了公共行政学的范式革命。①

一 治理理论兴起的根本原因：经济全球化给政府治理带来的新挑战

经济全球化的发展，产生了一大批有较强影响力的超国家组织和跨国公司，同时新的公共管理领域也开始出现，这给传统的以国家为单位的管理形式——政府统治提出了新的挑战，全球化下新的行政环境直接导致政府部分职能的弱化，对政府的公共行政能力提出了更高的要求。如何提高国家整体竞争力以提升本国在全球化条件下的世界经济地位已成了各国改革的重要动力。国际经济全球化还使各国政府面临越来越多的国际性的问题，这些全球性的问题需要各国政府的通力合作才能解决。因此，从 20 世纪 90 年代起，理论家们抛开以往的政府统治的思维定式，开始寻求一种全新的公共管理模式。在众多的理论当中治理理论成为首选，现代社会的治理模式开始向"共治"发展。

二 治理理论兴起的直接原因：官僚制的失效和重塑政府的呼声

随着全球化和信息时代的到来，适用于工业时代的传统的官僚制已经越来越不能适应时代的发展。过去，理性官僚制为核心的行政管理模式确实发挥了它的巨大的效用，呈现出以往任何一种体制都不具有的理性和高效。但是到 20 世纪中后期，这种管理体制已经开始出现其种种弊端，越来越不能适应时代的要求。由于它们怠惰的、集权化的官僚机构，专注于规则和规制，以及等级制的命令链条，已经不能再有效运转了。传统官僚制下的政府在面对众多社会问题以及提供公共产品和公共服务方面表现出来的低效与无能使人们对政府的信任度不断下降，政府的合法性面临巨大挑战。这迫使世界各国探求新的治国方略和管理方式，其中，治理和善治理论是最有影响力的理论之一，受到国际学术界的广泛关注。可以说，治理理论的兴起是对政府在提供公共产品与公共服务方面的低效的回应，它契合了公众对公共事务管理效能的诉求。②

① 王诗宗：《治理理论与公共行政学范式进步》，《中国社会科学》2010 年第 4 期。
② 马德勇：《善治视角下我国政府治理问题研究》，硕士学位论文，中国海洋大学，2009年。

三　治理理论兴起的重要原因：市场失灵和国家的调节机制发生危机

市场机制由于其自发性和滞后性等特点，因此会存在市场失败现象。为了弥补市场的缺陷和纠正市场失灵，在经历了 20 世纪 30 年代的大危机以后，西方大多数国家实行了凯恩斯主义政府干预，但是到了 70 年代，国家普遍陷入经济停滞，人们同样看到了政府也存在着失败的可能，而且"政府失败"带来的问题比"市场失败"带来的问题可能更大。公共政策失败、公共物品供给的低效率、政府膨胀、机构臃肿、效率低下、寻租腐败等弊端导致政府合法性危机出现，而仅靠国家的计划和命令手段，也无法达到资源配置的最优化。因此，社会急需新的调节机制，① 越来越多的人热衷于以治理机制对付市场和国家协调的失败。

四　治理理论兴起的现实基础：公民社会的日益强大

20 世纪 80 年代以来，随着战后市场经济和民主化浪潮的迅速发展，整个社会的阶层结构开始出现新的发展趋势，大批代表经济与政治利益的社会组织集团开始迅速成长，第三部门组织到了一个发展高潮阶段，社会生活领域发生了重大变革。第三部门的迅速成长使得先前的公共权力完全集中于政府的局面开始被打破，以社会组织集团为主的公民社会承担了越来越多的社会公共事务，发挥着越来越重要的作用。它们的兴起和发展是当代社会的一个重要特征，直接推动了政府"统治"向政府"治理"的转变，改变着整个社会的面貌。

公民社会在公共服务方面能够提供选择和作出有效的回应，为政府职能转变解决了后顾之忧，直接减轻了政府的职责，弥补了以往对政府权力监督的不足和空白，公民社会的发展为政府治理的实现奠定了现实基础。

五　治理理论兴起的革命性作用：知识经济的到来

知识经济作为一种新的经济形态，几乎使各国政府直接面对着技术变迁的冲击。以信息技术为核心的新科技革命是全球企业管理变革和公共行政变革的重要动因。"经济发展主要取决于智力资源，科学技术成为第一生产力，其管理模式是一种联合式的、非严格等级式管理方式，

---

① 王永梅：《善治的理论溯源》，硕士学位论文，南京航空航天大学，2015 年。

其地域特征表现为全球化或一体化。"信息技术的发展为政府治理提供了诸多的前提条件，推动了政府治理的转型。首先，信息技术革命进一步推动了全球化的历史进程，引起产业结构、劳动结构和社会结构的深刻变化，从而使政府面临变革的压力，进而加快了各国政府治理模式转型的步伐。其次，信息技术的革命使得人们之间的相互交流超越了时空的界限，传统政府垄断信息的格局被打破，政府将面对更为复杂的公共事务。传统的政府管理方式面对新的形势在一些领域已经出现失效，互联网具有信息流动性强和政治动员难以控制等特性，给国家治理带来诸多冲突，变革政府治理模式成为必然选择。最后，信息革命提供的众多新技术手段，为网络化的、互动共治的政府治理模式的变革提供了实现的可能，信息技术是互动合作、网络化的治理模式实现的技术基础。

第二节　治理理论的研究途径

英文中的"governance"，源自拉丁文的"gubenare"，有掌舵、导航的意思，被用来指称有关指导的活动，组织引导自身的过程。在汉语中，"governance"被翻译成"治理"，最早出现在市政学中，用来研究如何有效解决城市和地方上的种种问题。

全球治理委员会关于治理的界定具有代表性和权威性，他们认为，治理是各种公共的或私人的机构管理其共同事务的诸多方式的总和，是使相互冲突或不同的利益得以调和并且采取联合行动的持续的过程。这既包括有权迫使人们服从的正式制度和规则，也包括各种同意或认为符合其利益的非正式的制度安排。

治理的内涵至少包括如下几个方面：（1）在治理的主体上，超越企业治理的局限，也突破一国治理的范围，存在着一个由来自不同领域、不同层级的公私行为主体、力量和运动构成的复杂网络结构。（2）在治理的基础上，超越国家权力中心论，国家对内已不再享有唯一的、独占性的统治权威，国家仍然发挥主要作用，但必须和其他行为主体合作；对外，国家主权或自主性观念也逐渐受到各类超国家体制概念的挑战和削弱。（3）在治理的方式上，既实行正式的强制管理，又有行为体之间的民主协商谈判妥协；既采取正统的法规制度，有时所有行为体都自愿接受并享有共同利益的非正式的措施、约束也同样发挥作用。(4) 在治理的目的上，各行为体在互信、互利、相互依存的基础上进行持续不断的协调谈判，参与合作，求同存异，化解冲突与矛盾，维持社会秩序，在满足各参与行为主体利益的同时，最终实现社会发展和公共利益的最大化。①

由于分析角度和对象的不同，学者们对治理的内涵有着不同的理解，在定义远未能达成一致的看法。在 R. 罗茨看来，治理可用于指代任何活动的协调方式，至少有六种不同的用法：作为最小国家的治理、作为公司的治理、作为新公共管理的治理、作为"善治"的治理、作为社会—控制系统的治理和作为自组织网络的治理。实际上，这表明了庞杂的治理理论体系有着不同的研究途径。主要有以下三种研究途径：

一　"政府管理"的途径

这一途径将治理等同于政府管理，侧重从政府部门的角度来理解市场化条件下的公共管理改革，主要包括"最小国家的治理""新公共管理"和"善治"等用法。

新公共管理是对 20 世纪 70 年代末 80 年代初以来西方政府改革的运动的总结，被许多学者和政府官员视为政府治理的新模式。随着西方各国由工业化向后工业化社会转变，科层制这一传统行政模式的有效性大打折扣，变得机构林立，创新乏力，难以迅速适应变化、不稳定的社会环境，甚至日益成为社会经济进一步发展的障碍。一场质疑官僚行政有效性，以追求"3E"(economy, efficiency, effectiveness) 为目标的改革运动在西方国家的公共管理部门延伸开来，成为一种国际性潮流。新公共管理以"经济人"为行为假设，以市场化和管理主义为政策取向，强调结果导向和顾客导向，关注了公共部门的微观经济问题，是新自由主义在国家问题上的表现。②

1989 年，世界银行用"治理危机"来概括非洲国家在现代化进程中面临的主要问题。在世界银行看来，治理等同于单个国家的可统治性，指的是"为了发展而在一个国家的经济与社会资源的管理中运用权力的方式"。非洲国家由于缺乏必需的法律制度和权力规范，无法为

① 吴志成：《西方治理理论评述》，《教学与研究》2004 年第 6 期。
② 陈振明：《公共管理学》，中国人民大学出版社 2005 年版。

处理公共事务提供一个可靠而透明的框架而面临着"发展的危机"。世界银行又提出"善治"的口号，合法、效率、负责、透明、开放构成善治的基本要素，成为规范政治权力的根本要求。①

20 世纪 90 年代中后期，国内学者也开始从政府管理的角度关注治理理论。最早一篇有关"治理"的文章出现在刘军宁等主编的《公共论丛：市场逻辑与国家观念》上。智贤在《Governance：现代"治道"新概念》中将"governance"翻译成"治道"，认为"治道"是关于治理公共事务的道理、方法和逻辑，是对市场经济条件下国家管理经济职能提出的基本要求，主要涉及运用公共权力的方式，旨在提高发展中国家管理公共事务的效能，驾驭经济发展的能力。撇开翻译上的差异，不难看出，当时国内学者对治理的理解源自世界银行等国际经济组织对"善治"的用法，治理被等同于明确政府在现代市场经济中的角色与功能，改革公共部门的管理，建立可预知的法律框架，健全责任制度和规范公共权力，使得市场能够有效地运行，但也能够纠正市场失灵方面存在的问题。徐勇进一步发挥，认为治理不仅涉及公共权力的运作，而且涉及权力的配置，是"统治者或管理者通过公共权力的配置和运作，管理公共事务，以支配、影响和调控社会"。

二 "公民社会"的途径

与将治理等同于"政府管理"的用法不同，在"公民社会"途径看来，治理是公民社会的"自组织网络"，是第三部门在自主追求共同利益的过程中创造的秩序，在公共资源管理、社区服务与发展、同业协会和跨国性的问题网络中普遍存在。

公民社会的自组织网络是一种"没有政府的统治"，是独立于国家体制之外、由个人组成的多元且自主的领域。在西方国家，这一领域具有宽泛的意义，被视为是由自愿追求公共利益的个体、群体和组织组成的公共空间，涉及 NGO、志愿性社团、协会、社区组织、利益团体和公民自发组织的社会运动等第三部门，即莱斯特·萨拉蒙等人所说的"公民社会部门"。他们认为，大量的公民社会组织是 20 世纪最伟大的社会创新，自治、自愿、私人、非利润分配是公民社会部门的基本特征。

公民社会本身被描述为一个同时存在着积极和消极因素的复合体。

① 俞可平：《治理与善治》，社会科学文献出版社 2000 年版。

从积极角度来看，自治的公民社会是共同利益的自愿结合，通过不受国家支配的公民团体或民间组织，社会的各个部分完全可以自我建设、自我协调、自我联系、自我整合和自我满足，从而形成一个制度化的、不需要借助政府及其资源的公共领域；组织成员也完全可以在这一领域中通过公共讨论和公共对话，自主地治理生活领域中的公共事务。这既是保护公民权利、促进社会参与的途径，也是制衡政治权力、防止国家威胁的机制。"自组织的网络"主要从公民社会部门的角度来分析治理，将治理看成是横向联合的"公民参与网络"，是一种"社会中心论"的治理观，可以为政策的制定带来范围更广的理念与价值。另外，从消极的角度来看，公民社会将国家视为一种潜在的威胁，有将国家边缘化的倾向，所以也受到了很多学者的批判。他们明确反对将国家和公民社会对立起来的观点，认为在解决集体问题和提供公共产品方面，公民社会和国家可以相互补充，形成良好的合作关系，公民社会的组织利益可以融合进国家的决策结构中。①

国内学者俞可平也从公民社会部门的角度来关注治理理论，认为"由民间组织独自行使或它们与政府一道行使的社会管理过程，便不再是统治，而是治理"，"治理和善治的本质特征是公民社会组织对社会公共事务的独立管理或与政府的合作管理。"② 不难看出，俞可平以公民社会部门为分析中心，不仅将自治的民间组织视为对政府行为强有力的外部制约，而且将民间组织看作是沟通政府与公民的重要桥梁，影响政府决策和改革的重要因素。

三 "合作网络"的途径

治理的核心原则是一种合作的理念。在管理科学中，合作指的是在工厂或商业组织中人们为了达到共同的目标而采取的联合性行动。合作性的工作关系要求尽量避免甚至排除冲突发生的可能。当这一概念应用在不同背景下的治理文献中时，关于团结与协作的思想被保留了下来。也就是说，在更广阔的范围内，它描述了国家与社会在公共服务供给方面的一种亲密的工作关系。这里，国家与社会都不是单独的主体，而是包括政府和非政府在内占据了两个独特领域的不同的行动者——这些行

---

① 陈振明：《公共管理学》，中国人民大学出版社 2005 年版。
② 俞可平：《治理与善治》，社会科学文献出版社 2000 年版。

动者为了实现共同的目标而发展出合作型关系。这一途径试图在"网络管理"的框架内整合上述两种研究途径。它认为，20世纪90年代以来，私营部门、第三部门以及各种社会运动出现在管理公共事务的大舞台上，这些非政府部门与政府部门联结起相互依存的合作关系（即网络关系），就共同关心的问题采取集体行动。因此，"治理是政府与社会力量通过面对面的合作方式组成的网状管理系统"。合作网络途径综合考虑了政府层面和非政府层面有关治理的用法，用它来描绘相互依存时代公共管理的新模式，对当代公共管理的环境变迁及其发展趋势具有很强的解释能力，所以日益得到学者们、官员们、国际组织和其他社会团体的承认，大有成为主导范式的趋势。国内学者陈振明认为，治理就是对合作网络的管理，又可称为网络管理或网络治理，指的是为了实现与增进公共利益，政府部门和非政府部门（私营部门、第三部门或公民个人）等众多公共行动主体彼此合作，在相互依存的环境中分享公共权力，共同管理公共事务的过程。由于该途径强调，多中心的公共行动者通过制度化的合作机制，可以相互调适目标，共同解决冲突，增进彼此的利益。所以，从这一意义上讲，治理实质上是一种合作管理。但需要指出的一点是，合作并预设国家、私人与第三部门之间的平等地位，也不保障高效率的实现。事实上，在治理学者眼中重要的是这些部门之间的相互配合本身。至于在现实中两者彼此之间的关系，则是依据治理的具体环境随机形成的，这是一种典型的工具理性主导的效用性的考量。①

这一概念也表明，治理与统治追求的目标相通，都需要借助公共权力维持社会秩序和处理公共事务，以促进公共利益的最大化，但两者在实现公共利益的过程上又具有明显的区别，表现在：

（1）管理的主体不同。统治是政府垄断公共事务管理的活动，而治理是政府、企业、社会团体和个人等公共行动者共同处理公共事务的活动。

（2）管理的客体不同。与统治相比，治理的对象更多、范围更广。治理除了要处理公共问题、管理公共资源外（与统治一样），还要解决涉及人群较少的集体事务（如公共池塘资源）。

---

① 李泉：《治理思想的中国表达：政策、结构与话语演变》，中央编译出版社2014年版，第52—55页。

（3）管理的机制不同。统治主要依靠政府的权威，由科层官僚制组织对公共事务进行自上而下、单向度的管理；治理则依靠网络的权威，由公共行动者在互动过程中运用非强制性权力进行协作。统治的机制是控制，治理的机制是信任。

（4）管理的手段不同。统治的手段主要是强制性方式，如行政手段和法律手段，甚至是军事手段；治理则开发出新的管理工具，如合同外包、内部市场、公共哲学、政策社区等。

（5）管理的重点不同。统治以满足统治阶级的整体利益为出发点，强调国家的作用，官僚组织的能力；而治理以满足公民的需求为出发点，强调国家与社会、政府与市场、私域与公域的合作。可以预见，随着历史的发展，统治将随着国家的消亡而消亡，而治理将成为"自由人的联合体"中管理共同事务的社会协调模式。①

在治理的诸多用法中，"只有网络治理才有新的特征"。如表 12 - 1所示：

表 12 - 1　　　　　　　　治理理论的三种研究途径

分析角度	政府管理的途径	公民社会的途径	合作网络的途径
分析的对象	政府部门与市场力量的关系	公民社会（第三部门）与政治国家的关系	多中心的公共行动体系
关系的特征	掌舵与划桨	自治与认同	相互依存
行为假设	理性、自利	利他、人道主义	有反思理性的"复杂人"
政策方案	私有化；工商业的管理手段	授权社团和公民；自我管理和自我服务	建构公共服务供给的合作网络
政策过程的特征	运用市场机制执行政府的决策	通过公共讨论发展自己的政策	通过信息、资源和目标的互动共同规划并执行政策；共同学习
成功的标准	政策目标的实现	自组织的自由	联合行动的实现
失败的原因	模糊的目标；缺乏资源；监控不力等	缺乏资源；沟通的阻塞；得不到政治上的认可	缺乏集体行动的动机；利益、目标和策略上的冲突
补救措施	加强协调和监控	提高公民组织的动员能力和管理能力	加强网络管理：优化互动环境

① 陈振明：《公共管理学》，中国人民大学出版社 2005 年版。

这些新特征有以下几个方面：第一，多中心的公共行动体系；第二，反思理性的"复杂人"，这也是合作网络途径的行为假设；第三，合作互惠的行动策略；第四，共同学习的政策过程。

第三节　从治理到善治

20 世纪的最后一个 10 年见证了治理理论在全球政治和学术领域的崛起。在实践中越来越多的国家将发展经济和推进社会福祉置于首位，并为此变革政治体制，调整施政方式，提高政府效率。这正是 Governance 在国际社会和学术界大行其道的重要原因。[①] 治理（governance）和善治（good governance）理论是 21 世纪国际社会科学的前沿理论之一。它是经济市场化和全球化、政治民主化、国际多极化的产物，反映了 20 世纪晚期以来西方发达国家政治管理和行政管理的新趋势，也反映了发展中国家实现经济社会发展所需要的政治条件，更反映了世界各国对建立新的国际政治经济秩序的愿望。治理和善治理论目前在国内正引起广泛关注。[②]

治理理论在管理方法和技巧上使其更适应现代化社会，却难以保证它的万能性，治理也存在局限，也会失效。治理可以弥补国家和市场在对经济调控过程中的不足，但这并不能代表它可以使用合法的政治暴力，也不可能代替市场配置资源。英国学者杰索普指出"治理的要点在于：目标通过谈判和反思来确定，同时在其过程中加以调整。从这层含义来看，治理的失效可以理解成因为相关各方对原来目标的有效性产生质疑，而新的目标又没重新定义所造成的。"既然治理理论会失效，存在着缺陷，那么如何克服治理的失效、如何使治理更加有效呢？为此，善治理论便应运而生。

善治（Good Governance）即良好的治理，这是随着治理理论的兴起而提出的新概念。善治目标的出现，正是源于治理失效。善治究竟意味

---

① 徐勇：《GOVERNANCE：治理的阐释》，《政治学研究》1997 年第 1 期。
② 唐娟：《治理与善治研究综述》，载《中国政治学年鉴》编辑委员会编《中国政治学年鉴 2003—2005》，中国文联出版社 2006 年版，第 52 页。

着什么？概括起来，善治就是使公共利益最大化的社会管理过程，其本质特征是政府与公民对公共事务的合作管理，是政府与市场、社会的一种新颖关系。关于善治的概念，有三个基本的来源：第一来自中国传统的善政（Good Government）这个政治概念，相比于善治，善政有更悠久的历史。按照中文词面理解，善政即良好的政府。① 善治作为一种政府与公民对公共生活进行合作管理的新型治理模式，通过还政于民，引导公民自愿参与积极合作，从善政走向善治，善治在赋予了公民更多机会和权利参与政府公共政策活动过程的同时，也可以有效保障公共政策对于公共性的维护，实现公共利益最大化的根本要求。② 第二来自西方治理理论中的 good governance（良好的治理）；第三就是俞可平先生对善治的定义。从俞可平对善治的解释来看，善治是使公共利益最大化的社会管理过程，善治的本质特征就在于它是政府与公民对公共生活的合作管理，是政治国家与公民社会的一种新的关系，是两者的最佳状态。③

俞可平提出了善治的六个基本要素：

（1）合法性，是指社会秩序和权威被自觉认可和服从的性质和状态。只有那些被一定范围内的人们内心所体认的权威和秩序，才具有政治学中所说的合法性。合法性越大，善治的程度便越高。取得和增大合法性的主要途径，是尽可能增加公民的共识和政治认同感。

（2）透明性，是指政治信息的公开性。每一个公民都有权获得与自己的利益相关的政府政策的信息，包括立法活动、政策制定、法律条款、政策实施、行政预算、公共开支以及其他有关的政治信息。透明性要求上述这些政治信息能够及时通过各种传媒为公民所知，以便公民能够有效地参与公共决策过程，并且对公共管理过程实施有效的监督。透明程度越高，善治的程度也越高。

（3）责任性，是指人们应当对自己的行为负责。在公共管理中，它特别地指与某一特定职位或机构相连的职责及相应的义务。责任性意

---

① 陈广胜：《走向善治：中国地方政府的模式创新》，浙江大学出版社 2007 年版，第101—103 页。

② 王辛梓：《善治理论视角下基本公共服务公共性的流失及回归》，《群文天地》2012 年第 3 期。

③ 俞可平：《治理与善治》，社会科学文献出版社 2000 年版。

味着管理人员及管理机构由于其承担的职务而必须履行一定的职能和义务。没有履行或不适当地履行他应当履行的职能和义务，就是失职，或者说缺乏责任性。公众，尤其是公职人员和管理机构的责任性越大，表明善治的程度越高。

（4）法治性，法律是公共政治管理的最高准则，任何政府官员和公民都必须依法行事，在法律面前人人平等。法治的直接目标是规范公民的行为，管理社会事务，维持正常的社会生活秩序；但其最终目标在于保护公民的自由、平等及其他基本政治权利。法治是善治的基本要求，没有健全的法制，没有对法律的充分尊重，没有建立在法律之上的社会秩序，就没有善治。

（5）回应性，这一点与上述责任性密切相关，从某种意义上说是责任性的延伸，指的是公共管理人员和管理机构必须对公民的要求作出及时的和负责的反应。在必要时还应当定期地、主动地向公民征询意见、解释政策和回答问题。回应性越大，善治的程度也就越高。

（6）有效性，这主要指管理的效率。它有两方面的基本意义，一是管理机构设置合理，管理程序科学，管理活动灵活；二是最大限度地降低管理成本。善治程度越高，管理的有效性也就越高。①

善治理论的出现可以说是治理失效的必然产物。善治可以被看作是治理的衡量标准和目标取向，所谓善治，即是结果和目标意义上的"良好的治理"或"健全的发展管理"，所以在善治的视野下理解治理的概念，就是将治理看作一种达成和服务于某种好的目标模式的国家构建过程和方式。治理概念存在许多局限，需要新的理论解释和突破，善治理念便产生了。善治中的"善"，既是治理的目标，也是治理的效果，更是治理的方式，强调"情为民所系"。有学者认为，在逻辑上治理是必须以善治为目标，善治是基于治理理论而衍生出来的理想目标，治理强调的就是公民对公共事务的参与和合作，没有公民的自愿积极参加，最多实现的是善政而不是善治，所以，只有将治理置于善治的考量与限制之下，治理才具有良好目标取向，从而不会轻易坠落到传统统治困局中去，善治之于治理犹如宪法之于法律，前者构成了后者的价值评价标准和指导性原则。李辉提到，治理的目标取向是善治，善治可以避

---

① 俞可平：《治理与善治》，社会科学文献出版社 2000 年版。

免"无效治理"，并通过协作管理使公共利益达到最大的一个过程。治理是一种全新的政治分析框架，是一种先进的现代统治模式。它力图发展一套管理公共事务的全新技术，政府不再是管理公共事务的唯一主体。但是治理理论会出现失效，这种失效促使了善治理论的出现。善治理论认为政府不是合法权力的唯一来源，它的本质就是政府和公民对公共事务的合作管理，是一个还政于民的过程。善治已成为诸多国家一种新的政治理念和政府运作方式，建设善治政府开始被视为最理想的政治目标，这是经济发展和公民社会力量壮大的必然结果。[①] 然而在我们国家，无论是治理还是善治，社会条件都不是很成熟，中国的治理乃至善治之路还很长。

第四节 理论评述

不同的学术背景或学术主张，使学者们对"治理"的理解见仁见智。并随着相关研究的增多，一些反思性的声音出现了，其中一个重要的思想倾向是：在公共事务领域，即使是多元主体共存，"社会治理"也只是"政府治理"的一种工具。治理和善治已经成为国内学者分析政治现象的理论工具。[②]

一 治理理论的优点

（一）在一定程度和范围内，发挥弥补政府缺陷、纠正市场失灵的作用

在市场经济条件下，政府与市场这两个对社会经济发展起关键作用的因素各具其长，各有所短，两者都存在缺陷。一方面，市场机制是现代经济运行的基本调节机制，它作为资源配置手段极大地推动了生产力的发展，但市场并非完美无缺，它不可能解决一切问题。实际情况是市场在限制垄断、提供公共品、约束个人的极端自私行为、克服生产的无政府状态、统计成本等方面存在着内在的局限，即存在市场失灵。另一

---

① 杨雨：《从治理到善治》，《商》2015 年第 2 期。

② 唐娟：《治理与善治研究综述》，载《中国政治学年鉴》编辑委员会编《中国政治学年鉴2003—2005》，中国文联出版社 2006 年版，第 53 页。

方面，政府干预是把"双刃剑"，在经济活动中，人民企望政府用"看得见的手"解决"看不见的手"所不能办好的事情，结果却发现，如同市场失灵一样，政府也有缺陷，也会失败。政府无法避免"寻租"行为、低效率、经济问题政治化、决策失误、自身扩展导致资源浪费等现象。正是鉴于市场和国家的失效，越来越多的人呼唤着新的管理方式，期望以治理机制对付市场或国家协调的失败。

（二）维护社会的安全与稳定，促进法治与廉政

治理体系与社会的稳定、安全呈正相关。它通过协调政府与公民或公民与公民之间的利益矛盾，争取公民的积极参与，使公共管理活动获得公民最大限度的自愿同意和自觉认可，尽可能增加公民的共识和政治认同感，从而有效地维护其成员的安全、团结和社会秩序，提供防止体系内部集团之间冲突的规则、程序和应付外来威胁的机制，有助于公共政策的连续和国内和平的维持。一个有效治理的社会也是法治的社会，政府和公民都依法行事，政府用法律规范公民的行为，管理社会事务，充分保护公民的自由、民主、平等及其他基本权利。[1] 政府官员清明廉政，奉公守法，其行为也受到法律的制约。

（三）提高公共管理效率，增强社会公正与责任性

有效治理要求管理机构设置合理、管理程序科学，公共机构正确管理公共开支，最大限度地降低管理成本，提高公共管理的效率。在经济方面，力图使体系内的物质福利最大化，保障社会财富充分公平地分配到最贫穷的成员并使其继续留在体系中的生产体系内，同时保证不同种族、性别、阶层、宗教信仰、文化程度的公民享有真正的社会公正。政治信息灵通透明，便于全体公民了解情况。增强公共机构和公民的责任性，政治领导人实行职责和责任制，其行为向公民负责，公民也能对公共管理过程实施有效的监督。[2]

（四）促使人们在变化的环境中培养较强的创新和学习能力，通过对话与制度化谈判达成共识，建立互信

作为一种协调方式，自组织治理以反思的理性为基础，持续不断地坚持对话，以此产生和交换更多的信息；将参加治理的单位锁定在涉及

---

[1] 吴志成：《西方治理理论评述》，《教学与研究》2004 年第 6 期。
[2] 张磊：《关于治理理论的研究综述》，《长春教育学院学报》2013 年第 14 期。

短期、中期和长期并存运作、相互依赖的一系列决定之中，减少机会主义危害；通过鼓励有关方面的团结，建立相互依赖的关系、共同承担风险。自组织借助制度化的谈判达成共识，建立互信，补充市场交换和政府调控之不足。个别经济伙伴在经济决策方面放弃一部分自主权、换取政治影响和系统更良好的全面运作；国家放弃部分依靠权威自上而下决策的权力，换取对众多经济实体施加影响，以在各经济领域取得更高的效益。

（五）推动政府与公民的良性合作，应对现代社会千差万别的决策问题

现代社会的各子系统和网络日趋独立，从而对治理造成了压力。在这种情况下，除了政府机关和各种机构外，治理还需要公民社会的参与，各种利益集团、网络以及部门间的协商。治理于是推动了国家与社会或政府与公民之间的良性互动，成为各种社会代理者如公共治理部门、私人公司、半公共机构、游说团体、咨询人、公民和消费者协会之间的一种协作方式，使政策的制定更为有效。这种模式比传统的统治方式更能适应社会环境，既强调了公共政策制定中的纵横协调，也强调多元和不统一。①

二　治理理论的困境

（一）治理系统的困境：多领域比较劣势叠加

按照凯特尔的观点，"治理是政府与社会力量通过面对面的合作方式组成的网状管理系统。"② 政府、市场和第三部门作为三种机制构成了公共治理系统。在治理的框架内，三者遵循不同的行动逻辑，政府主要通过等级控制、垄断性权威和强制性权力来提供公共物品和公共服务，市场通过自由竞争机制、价格机制和利润来配置社会资源，第三部门组织则通过道德、志愿、慈善、发言权和集体行动来参与公共治理。治理的理想就是将政府机制的公平导向、市场机制的效率导向以及第三部门的公益导向结合起来，在公私分摊公共事务和公共责任的基础上，既能有效地维护公共利益，又能保障私人利益。换言之，公共治理就是

---

① 马丽娟：《治理理论研究及其价值评述》，《辽宁行政学院学报》2012 年第 10 期。

② D. Kettle. Sharing Power：Public Governance and Private Markets. Washington，D. C：Brookings Institution，1993，22.

整合政府、市场和第三部门的力量,在合作共治中实现三者比较优势的最大化涌现,以达到对公共事务的良善治理。正如全钟燮教授所说,当代治理模式归根结底是人类在国家—市场—公民社会三维关系的组合,寻求不同以往的、更为有效地实现公共利益道路的努力。

然而,公私关系的安排既有让私方利用国家资源谋求私利的危险,也有政府出于国家的或执政党的利益把手伸到市场经济和民间社会中的危险。理论和实践证明,政府有"政府失败",政府无法避免"寻租"行为、低效率、经济问题政治化、决策失误、自身扩展导致资源浪费等现象。市场存在"市场失灵",市场在限制垄断、提供公共品、约束个人的极端自私行为、克服生产的无政府状态、统计成本等方面存在着内在的局限,第三部门也有"志愿失效"。第三部门普遍存在的一些比如组织化程度不高、资源匮乏、行动能力弱、志愿性萎缩、不公平竞争、过度追求特殊利益等问题也是不容忽视的。根据复杂适应性理论,要实现整体性涌现,即整体效应的最优化,要求各组成部分按照系统的结构方式和相互作用、相互补充、相互制约而激发出来,是一种组分之间的相干效应,即相互激发,相互制约方式产生不同的整体涌现性。如果激发不力或结构不良,则会导致整体性失效。① 原本治理理论的出现,就是为了克服政府失败与市场失灵。但在政府、市场和第三部门都起不了作用的地方,合作治理也不一定能有效地发挥作用。治理不能代替政府而享有合法的政治暴力,不能取代市场而自发地对大多数资源进行有效的配置,也不具备第三部门的志愿和公益优势。换言之,相对于权力驱动社会的政府机制而言,治理机制缺乏驱动社会的权力;相对于营利性的市场机制而言,治理机制缺乏驱动公众的利益诱导;相对于公益性的第三部门机制,治理机制缺乏驱动社会的道德力量。如果缺乏有效的整合机制与制度设计,公共治理不但不会显现三方的比较优势、实现系统最优化效应,反而会导致三者比较劣势的叠加,出现更大的治理失败局面。如何发挥三者的比较优势而遏制其比较劣势,实现治理的最优效应,是当前公共治理面临的巨大挑战。②

(二)治理制度的困境:多元行动者集体行动失效

治理理论强调了自组织的优越性,却回避了反思的理性同样也存在

---

① 任剑涛:《中国现代思想脉络中的自由主义》,北京大学出版社 2004 年版,第 291 页。

② 张璋:《公共行政的新理念》,《公共行政》2000 年第 3 期。

的短视、不确定性、私益至上等缺陷问题。即使人们认识到存在相互之间的共同利益，认识到合作可能带来的好处，也不一定就意味着合作是自发的和顺利的。从理性经济人的视角看，个人因总是希望负最小的责任、得到最大的实惠而倾向于机会主义。从集体行动的逻辑看，通过协商解决如何分担集体的成本十分不易，而且成员越多，"搭便车"的动机便越多，投机行为也越难以发现，这就导致集体行动的困境和不确定性。每个行动主体都可能尽最小的责任而获得最大的实惠，作为利益相关者的行动者，从自身利益追求和主体发展的意义上强调其特殊性和个性，而且每个行动主体都会利用自己的资源，力图在权力秩序框架中把自己的特殊性利益上升到普遍性，把自己的特殊规则上升为普遍规则，争取到对自己更多的利益。

没有上下级等级隶属关系的行动主体之间，在集体行动中没有制度约束的情况下，就会导致多元主体"搭便车"的机会主义选择，治理就可能陷入哈丁的"公地悲剧"和奥尔森的"集体行动逻辑"。同时，多元行动主体往往兼具迥异的文化背景，秉持各异的价值观和道德理念，具有不同的偏好、信仰和利益要求，在公共治理过程中，这使得多元主体可能产生普遍的冲突和分歧，难以达成共识。① 例如，仅就社会目标的确定来说，公共治理理论宣扬的"反思的理念"将集体行动的目标选择置于谈判和反思过程之中。而且目标的变动也要靠这种反思来进行。但是，并不是任何谈判都能达成一致的目标，或是达成修改目标的一致性意见。因为，各方主体都会从自身道德立场、利益要求出发，提出有利于最大化实现自身利益的目标和政策方案，并且当彼此目标出现冲突和分歧时，各方都会坚持自己的立场和偏好，互不谅解和妥协，这容易致使公共政策过程陷入无休止的观点、立场纷争之中，公共协商、谈判无法进行，难以达成符合各方利益和获得各方认可的公共政策目标，从而可能使公共治理陷入困境。如何进行制度设计，以避免多元行动主体的集体行动失效是治理理论直面的课题。

（三）治理角色的困境：钟摆中的政府元治理

哈丁的"公地悲剧"和奥尔森的"集体行动逻辑"所昭示的自组

---

① 谭英俊：《批判与反思：西方治理理论的内在缺陷与多维困境》，《天府新论》2008 年第 4 期。

织失灵的危险为政府重新介入治理网络提供了空间和可能。作为克服治理失效的一剂良方，治理理论特别强调政府应该充当元治理的角色。政府元治理主要发挥两个功能，在战略上促进建立共同的远景、鼓励新的制度安排以补充现有治理模式的不足；在制度上提供各种机制，以促进不同行动者在不同地点和行动领域上的功能联系和物质上的相互依存关系。

政府在元治理中应该"作为不同政策主张的人士进行对话的主要组织者，作为有责任保证各个子系统实现某种程度团结的总体机构，作为规章制度的制定者，使有关各方遵循和运用规章制度，实现各自的目的，以及在其他子系统失败的情况下作为最高权力机关负责采取最后一着补救措施"。① 这种元治理角色，要求政府应该具有相当的合法性与权威性，否则，政府难以胜任这个角色要求。然而，治理同时推崇治理主体的多元化与治理机制的多样化则会对政府权威进行削弱。政府并不完全垄断一切合法的权力，各种非政府组织、跨国公司、私人企业、利益集团、社会运动等其他的主体也承担着公共事务的治理之责。

罗西瑙的《没有政府的治理》最清楚地概括了这样一种新的方式和能力，认为任何社会系统都应该也能够承担起那些政府没有能够管起来的职能。治理理论主张多元主体共治的治理格局，进一步提高公民社会相对于国家的自主性，在某种程度上实现了向古典自由主义的回归。在这种理念指导下，大多数的改革都带来这样的结果：架空政府，并且降低政府尤其是职业公务员在社会中的作用。由此出现政府日趋空心化——变得更小更分散的现象，对政府的计划和调控能力造成一定的威胁。

由于治理公共事务多元化的需要，其权威主体必然是流动的，相较于传统政治权威的单一指向性，治理理论中的权威性亦必然是流动的多极指向性，作为合作网络治理中的权威是在谈判商讨中生成的，就解决具体公共事务而形成的权威在其有效范围内是短暂地发生影响的，权威主体的流动性也妨碍了权威对象对权威认同的持久性，阻止对合法权威

---

① J. N. Rosenau. Governance without Government：Order and Change in World Politics. Cambridge：Cambridge University Press，1992：250.

信念的坚定性，使治理缺少传统代议民主那种简单明了的合法性"神话"。

治理理论一方面倡导"没有政府的治理"，主张"国家空心化"，导致政府权威流失而能力削弱。另一方面，则强调政府的"元治理"角色，突出政府在治理中的关键角色，要求政府增进权威、提高治理能力。① 政府在治理的谱系中处于矛盾而且极为尴尬的境地。科学定位政府在治理中的恰当角色是治理理论必须解决的问题。

（四）治理机制的困境：两难选择的"紧箍咒"

治理理论认为，相对于失灵的市场机制和失败的政府机制，治理机制的最大优势在于其具有内在的纠错功能和自组织的反思理性。治理机制通过多元主体沟通、协调、对话和利益诱导来确立公共价值，通过建立相互信任而实现共赢，通过相互合作减少非理性行为。但是，这种看似缜密的机制却充满着矛盾和冲突，价值诉求的两难选择成为困扰治理理论的"紧箍咒"。

第一，共治与合法性。治理理论倡导公共服务和公共物品不应由政府供给或单独供给，而由政府、市场、第三部门合作供给。这样，一方面，许多公众坚持认为提供公共物品和公共服务只能是政府的职责，由其他机构来提供是不合法的，这种观念必然破坏公众对合作网络的信心，削弱治理的合理性。另一方面，许多公众也认可包括政府在内的多元管理主体所构成的对社会公共事务的合作共治网络，这或多或少地转移了公民对政治系统的认同，减少了对政府的"忠诚投入"。② 这种"忠诚投入"的减少导致社会成员对政治统治产生认同危机和信仰危机，从而产生合法性危机。

第二，合作与责任性。治理理论强调通过社会多元主体之间的互动所形成的合作网络来处理社会公共事务，解决社会公共问题。国家与社会、公共部门与私人部门之间的界限和责任便日益变得模糊不清，所以，带来了公私界限的模糊、责任认定的困难，这为公共行动者相互推诿、转嫁责任提供了可能。

---

① ［美］B. 盖伊·彼得斯：《政府未来的治理模式》，吴爱明、夏宏图等译，中国人民大学出版社2001年版，第15页。

② ［英］格里·斯托克：《作为理论的治理：五个论点》，华夏风译，《国际社会科学》（中文版）1999年第1期。

第三，合作与竞争。治理理论重视合作治理中各组织间的相互合作、坦诚沟通、减少噪声干扰、达成共识，但过分强调合作和共识可能会妨碍因矛盾和冲突而激发的创造性，妨碍解决危机的努力。过分强调竞争也可能因利己行为破坏深度合作的基础。① 尤其当人民有机会为获得某种利益而玩弄伙伴关系时，问题就尤为尖锐。这对任何给定的伙伴关系来说都是一个问题。

第四，开放与封闭。治理理论认为，自组织的运作环境是复杂的而且常常动荡不宁的。它面临的问题是在保持对周围环境开放的同时，又要考虑在有限的协调所必需的一定程度的封闭。自组织为扩大行动范围，增强组织基础，必须向周围环境给予开放，但同时必须将组织成员数量限制在一定范围内，以便实行有效的协调。然而，开放会妨碍组织成员持有共同的长远观点，做出长期承诺，助长机会主义行为，而封闭则可能压抑组织活力，妨碍新鲜血液的注入。

第五，原则性与灵活性。按照治理理论的说法，治理中自组织网络的优势既有着长远战略规划的原则性，也有着适应环境而权变的灵活性治理。选择重长远的原则性就必然造成自组织网络不能相机行事而导致效率受损，选择重灵活性则又会使自组织网络过于短视而在战略上迷失发展方向和规划趋向。选择原则性还是灵活性是治理必须考虑的问题。

第六，责任与效率。就治理而言，一方面，在相互依存的自组织网络中必须明确责任归属，这样才能通过责任机制来激发行动者的积极性并保证其忠于职守。在合作网络中公私伙伴关系责任模糊的情况下，责任机制就显得尤为重要。但是，另一方面，责任归属一清二楚反而有可能造成行动者画地为牢、互相阻隔而不利于高效率地合作以追求共同目标。② 重效率还是重责任的选择就摆在人们眼前了。

（五）治理适用的困境：意识形态的遮蔽

治理一词被广泛在社会科学中的应用，应首先归功于在以世界银行为代表的国际货币组织在全世界发展国家的大力推动。可是，任何理论

---

① 陈振明：《公共管理学原理》，中国人民大学出版社 2003 年版，第 102、104 页。

② ［法］玛丽－克劳德·斯莫茨：《治理在国际关系中的正确运用》，《国际社会科学》（中文版），肖孝毛译，1999 年第 1 期。

都有其适用阈值，即有其产生和发生作用的社会基础。治理理论无法回避统一的治理模式和多元的国家政体间的内在矛盾性。国家之间的社会、历史和文化背景各不相同，设计一个契合所有国家且不失一般性的治理理论框架，这几乎是不可能的。

事实上，治理理论是对西方政治、经济、文化变化的深刻反映，它的出现有着深厚的社会基础和强大的现实条件。发达的市场经济、成熟的科层制、强大的公民社会、契约文化的盛行等都是推行治理的前提和强劲的支撑条件。而这些是发展中国家所不具备的。在完全忽视一些国家特别是发展中国家的社会、政治和文化因素的前提下，大谈移植和应用诞生在西方社会基础之上的治理理论，无疑是牛头不对马嘴，水土不服就是自然的事情了。

发展中国家在经济上面临增长的压力，政治上也面临改革的阻力，但脆弱的政治结构尚无力带动经济的持续增长，更缺乏支撑进行民主改革的政治能量，甚至维持基本的稳定都很困难。因此，发展中国家既要致力于经济发展，又要保持社会的秩序供给。①

保持政府的权威与对社会资源的有效调控能力是社会顺利转型的关键。治理要取得成效就必须提高政府的能力，重视发挥政府的功能。这与治理理论所主张的国家和政府不应该起主导作用，甚至鼓吹"没有政府的治理"的价值观是大相径庭的。像世界银行这样的国际金融机构所推行的"良好治理"，实际上成了以经济刺激为手段，而将西方的民主模式强加于人的另一种委婉而隐蔽的做法。正如有学者指出"全球治理"很可能不过是一件理想主义、举世归心的外衣，下面隐藏着最狡诈的经济自由主义。治理理论客观上有可能为强国和跨国公司干涉别国内政，推行国际霸权的政策提供理论上的支持。因而，"治理"这一术语具有很大的虚构性，也相当脆弱。褪去治理理论的意识形态外衣而寻求与各国生态相适应的公共管理模式，应该成为各国尤其是发展中国家的逻辑选择。

---

① 陈胜勇、于兰兰：《网络化治理：一种新的公共治理模式》，《政治学研究》2012年第2期。

第五节 从"善"与"正义"到
新公共性的重建

正义、民主等"元理论"历来是公共管理研究的重要议题，社会公平已构成基层政治信任的重要来源。有学者认为，当下，国家治理应该同时关注政治、经济和伦理目标，探寻国家公共制度与公共责任的伦理追求及国家发展的内在动力，通过国家制度伦理、责任伦理和发展伦理解决社会公平问题。在社会自治的基础上完成社会治理转型以及实现公平正义。①

一 "善"与"正义"

根据摩尔 1903 年在《伦理学原理》里著名论证，"善"总是具体事物的性质。我们说这件事情好，或那件事情好，可以我们说不出来一切好的事情共通的性质，即"善"的定义。事实上，善不能被定义，它是一种原初的性质。另外，我们知道，正义总是倾向于成为某种"原则"。一旦成为原则，它总难免要无差别地对待有着不同的"善"的事情。这就是"善"与"正义"的本质差异。然而，桑德尔在《自由主义与正义的局限》一书中指出，正义不能独立于善。"善"其实是为诸如"正义"这样的事情注入了内容。在古希腊人的想象里，"善"与"正义"是同一的。如柏拉图理解的正义原本就是指灵魂的和谐状态。当然，在现代社会，"善"与"正义"很可能是冲突的，主要取决于你是如何界定你的正义。在休谟和斯密的时代，"正义"是社会关系的性质，而幸福是个人的性质。换句话说，前者是 public good（公共的善），后者是 private good（私人的善）。② 善和幸福不但不互相冲突，反而可以如亚里士多德所说的那样，善就是幸福。③ 与幸福相比，当代哲学家更习惯于探讨"善"的各种含义。在这一视角下，正义是协调追

---

① 高小平、陈宝胜：《中国公共管理研究十大亮点》，《中国社会科学报》2018 年 1 月 10 日。

② 汪丁丁：《新政治经济学讲义：在中国思索正义、效率与公共选择》，上海人民出版社 2013 年版，第 142、146 页。

③ ［日］西田几多郎：《善的研究》，代丽译，光明日报出版社 2009 年版，第 119 页。

求诸善的人与人之间关系的准则。①

近代以来由霍布斯开示，古典政治价值"善"让位给了"权利"，权利优先于善成为政治发展价值的基石，治理话语恰恰试图恢复善在政治发展中的地位。②

由于科层结构是在长期的演化过程中留存至今的一种社会结构，与这一结构相伴而有的权力不平等分配，以及由此而生的正义诉求，于是成为人类长期演化过程仍存留的一种情感。巴利在《正义诸理论》第一章开篇的一句话："在柏拉图的时候，如同我们的时代一样，任何正义理论的核心问题都是对于人与人之间不平等关系的辩护。"③ 在社会生活领域，与正义问题和情感问题密切相关而且正在或未来几年必将频繁地引发我们关注的，是政治权力的道德合法性问题。在社会生活领域，日益频繁地引发我们关注的，是"社会正义"问题。诚如柏拉图以来包括罗尔斯在内的多数西方政治哲学家所言，社会正义，是评价人类社会孰优孰劣的首要标准。中国的经济发展和政治演变，也确实凸显了中国社会基本问题更高级的表现形态：改变我们的制度从而满足社会成员普遍的正义诉求。④

赫费（Otfried Hoffe）在《政治的正义性》开篇指出，我们之所以会被霍布斯的理论说服，是因为我们饱受政治无序（一切人反对一切人的战争）的痛苦，故而迫切需要某种秩序——任何一种，哪怕是独裁者的秩序。另外，我们之所以要尊重无政府主义理想，是因为我们体验过被剥夺（强势群体与弱势群体的对立）之痛苦。在这两极端态度之间，赫费试图排列出我们的任何一种政治态度，包括他关于"政治的正义性"的理论（赫费的这本书常与罗尔斯的《一个正义理论》相提并论）。⑤ "政治"在赫费的伦理批判视角下，特指每一个人关于国家与政权的道德合法性判断。在政治（政体）的各种属性当中，正义性是首要的。有正义的统治，有不正义的统治，不论是否愿意，任一统治，

---

① 北京大学国家发展研究院：《公意的边界》，上海人民出版社 2013 年版，第 4 页。

② 张凤阳等：《政治哲学关键词》，江苏人民出版社 2014 年版，第 314 页。

③ 汪丁丁：《新政治经济学讲义：在中国思索正义、效率与公共选择》，上海人民出版社 2013 年版，第 145—146 页。

④ 北京大学国家发展研究院：《公意的边界》，上海人民出版社 2013 年版，第 2—3 页。

⑤ 汪丁丁：《新政治经济学讲义：在中国思索正义、效率与公共选择》，上海人民出版社 2013 年版，第 127 页。

必须承受伦理评价，赫费称之为"伦理批判"。由此而确立的权力的道德合法性，韦伯称之为"确当性"（legitimacy），以区分于"合法性"（legality）。

罗尔斯好友德雷本曾说过，"我们不是在为这样一个社会（宪政自由民主社会）做辩护。我们理所当然地认为在今天只有傻子才不愿意生活在这样的社会里面。"德雷本认为政治哲学家不应该再次卷入到伏尔泰及其同时代人所经历的那种哲学斗争中去，否则整个工作将变得徒劳无益。尽管福山所说的历史终结论一度非常盛行，但德雷本这种想法并非西方政治哲学家的公论。比方说约翰·西蒙斯就认为我们必须要严肃地对待仁慈专制主义，即便它不具备政治正当性，作为臣民依然可能不具有推翻它或者反对它的义务。今天的中国，尽管分配正义很重要，但是在优先级上要弱于或者低于政治权力的正当性问题。

正当性的英文是 legitimacy，有些学者主张把它翻译成"肯认性"，这一翻译显然深受韦伯的影响，似乎只要获得被统治者的"肯认"就足以为政治权力奠定道德理据。但是过多强调 legitimacy "肯认性"的主观性这一面，但却忽视了 legitimacy 的客观性与规范性。也有学者把 legitimacy 翻译成"合法性"，这是因为 legitimacy 源自于拉丁语的"法"（lex），它的原义的确是合法性，但由于在中世纪有自然法传统或者上帝的意志作为依归，所以合法性这个概念仍旧保留有超越的道德维度，但如今这些超验的根据都已式微，在这样的时代背景下仍把 legitimacy 翻译、解释为"合法性"，就会沦为法律实证主义的工具，为一些威权政治作辩护。

此外，在现代英文里另有 legality、lawful 等词表示"合法性"的意思，而 legitimacy 除了有"合法有效"的意思外，还有"正统的""正确的"等多重含义，仅用合法性这个概念无法涵盖 legitimacy 的所有意义。政治正当性应该包含主观面向和客观面向：主观面向是指正当性必须要包含被统治者的意志表达，比如信念、认可、同意或者共识；客观面向是指正当性必须符合某种外在的或者客观的标准和规范。一般来说，古典时代的政治哲学更强调正当性的客观面向，而近现代政治哲学更注重正当性的主观面向，也就是强调被统治者的意志表达，包括同意、自愿的个体行为或是与自愿的个体行为相关联的行为。①

二　新公共性的重建

当前，我们该如何从一个主要关注经济生产的社会转变为一个注重关心的社会？我们该如何改变对人类概念的看法，以至于我们不承认它们的自主性，而是承认它们是脆弱的、相互依存的？我们该如何看待自由支配下，关怀作为平等的条件，正义如何进行分配和再分配？关怀民主（Caring Democracy）产生于 17—18 世纪，体现了照顾弱势公民的政治和社会责任。要做到这一点，我们必须重新设计民主生活，即所有公民都参与的关系到自身的制度实践。② 今天，这个考验前所未有的紧迫严峻，横亘在所有人的面前。这是因为全球化的出现把社会大大地扩张了，原来的社会是处在国家与个人之间，而现在，甚至国家也只是社会的基本单位；同时，由于网络技术的出现，个人对网络系统的大规模依赖，使个人越来越独坐空房、枯守电脑，他与外部世界的联系越来越依靠技术手段，人与人之间的感性的有机的社会关系越来越少，越来越微不足道了。这是什么样的个人！这是什么样的社会啊！民主制度如何面对这个不容乐观的景象呢？这是卡蓝默所担心的，为此，他提出重建未来之公共伦理和公共秩序，使全球社会和生活其间的个人能有一个详和亲睦的美妙世界，可是重建的资源在哪里？仅仅依赖民主社会，恐怕是远远不够的。③

（一）公共伦理的重建

20 世纪六七十年代有三个基本问题困扰了罗尔斯：假如民主是个合理的制度，为什么美国贫富差距会如此之大，弱势群体那么缺乏保障？假如民主是具有普世价值的政治制度，为什么美国的种族分歧会尖锐对立、水火不容？假如民主是个理想的制度，为什么美国的年青一代会那样不满、绝望无奈？正是对这些问题的长期思考，罗尔斯才提出公

---

① 北京大学国家发展研究院：《公意的边界》，上海人民出版社 2013 年版，第 3、107—113 页。

② Joan C. Tronto, Caring Democracy: Markets, Equality and Justice. New York: NYU Press, 2013.

③ ［法］卡蓝默·皮埃尔：《破碎的民主：试论治理的革命》，生活·读书·新知三联书店 2005 年版，第 10—11 页。

平是比民主更基本的原则。①

罗尔斯认为公正是一个社会最重要的美德。一个社会无论效率多高，如果缺乏公正，将会比一个效率差但较公正的社会更显落后。如想建立一个合理的社会就应确定一套正确的公正原则，以此来指导我们社会对权利和义务进行合理分配。罗尔斯还指出，公正是社会制度首要的，当然也是不可或缺的品质。他认为，在社会中，一方面人们共同分享着共同的利益，另一方面也存在着利益冲突。每个人都想得到更多的好处而不是更少，并期望制定相应的社会规则。当社会规则为每个人规定的基本权利和义务同正确的分配相一致时，就做到了公正。

正义论观念是对一个市场经济与福利国家相结合的社会的理论设计，既论及了经济效率，又照顾到了公平的价值观念。同时，为了向每个人提供基本需要，为了照顾最穷阶层，政府必须进行干预和对财富进行再分配。另外，平等的机会也需要政府保证公民教育或补贴私立学校来实现。②

当然，这些社会问题并没有因为罗尔斯理论的出现得到真正的改变，美国大名鼎鼎的学者和思想家丹尼尔·贝尔提出，20 世纪 50 年代，美国最富的阶层与最贫困阶层的收入差距是 30∶1，而今天，已经进入了 21 世纪，这个差距已经到了 1000∶1。让我们想一想，造成这个巨大的落差只用了 50 年的时间，而在这 50 年中，美国的政客每天都在鼓吹美国民主的优越性，美国的主流媒体天天都在高唱民主的颂歌。不是没有有识之士正视这些问题，而是民主制度内在地缺少公平的机制，甚至它在本质上就与公平的原则不能充分兼容。进一步看，甚至在民主国家内部，公平的问题都如此严重，那么在国际舞台上，那些民主的巨富国家与弱势贫困的小国又如何可能建立公平的原则呢？

法国学者卡蓝默在《破碎的民主：试论治理的革命》中指出，我们生活的世界正在发生着深刻而巨大的变化，这些变化迅速地扩张蔓延，时时刻刻都在改变着人们的生活方式和社会秩序，而普罗大众和这个世界的权力阶层却仍然在旧的价值伦理和管理体制中抱残守缺，世界

---

① ［法］卡蓝默·皮埃尔：《破碎的民主：试论治理的革命》，生活·读书·新知三联书店 2005 年版，第 6 页。

② ［英］迈克尔·H. 莱思诺夫：《20 世纪的政治哲学家》，冯克利译，商务印书馆 2007 年版，第 297、314 页。

已经面对着公共伦理和公共治理的双重危机。我们需要开拓新的视野，重建共通的伦理基础，创立新的依存关系和规范准则，为我们赖以生存的地球村的未来提供新的精神方向和治理体制。①

在公共生活向后工业、后现代转变的过程中，公共事务的多元共治不仅是物质—功利主义层面的嬗变，而且更主要体现为公共性理念和价值在现代民族国家治理体系中的扩展。现代西方社会科学是被"逻辑实证论"所建构起来的一套学科规训体系，在价值审立的原则约束下，社会科学包括政治科学的研究偏执于工具理性一隅，对充满利益和权利冲突的政治生活现实缺乏合理有力的解释。因此，返本公共性价值重建社会治理知识体系，确立公共性价值的"研究强纲领"，这是在公共治理问题研究中无法回避的选择。如果没有公共性价值作为研究的后设理论，也就无法寻找决定合作机制的变量或理论要素，同时嵌入在治理结构中的公正价值也就被遮蔽了。②

（二）公共秩序的重建

今天的民主是自 1945 年以来以民族国家为单位的"破碎的民主"，民主的政纲"自由、平等、博爱"实际上以复杂的形式将三种包含对立成分的目标集于一体。超出一定的局限，自由就要毁坏平等并败坏博爱，超出一定的局限，平等就要毁坏自由却不能创造足够的博爱。民主政治本身包含伦理的"双重约"。它们的深层目标以矛盾的方式对峙着，根据不同的情况，民主政府必须为了某一个目标而暂时牺牲另一个目标。民主制不是神圣或宇宙秩序的反映。在它的运转中没有任何超验的真理，其最深刻的真理就是没有真理，从而使不同的政治真理可以在尊重民主规则的前提下得以表达辩论和对抗。民主，它不是极权制自称的人民一致意见的表达，而是一个建立在人民主权之上的社会复杂对话机制。区别就在这里。按照民主制的观点，多元化不是不正常的，而是自然有益的现象。根据民主制的观点，个体必须保存自己独特的外膜，这一外膜既不能政治化又不可以合理化，这不但不会造成社会组织的贫困，相反这种复杂性丰富了社会组织。事实上，民主社会建立了一种复

① ［法］卡蓝默·皮埃尔：《破碎的民主：试论治理的革命》，生活·读书·新知三联书店 2005 年版，第 3—4 页。

② 孔繁斌：《公共性的再生产：多中心治理的合作机制建构》，江苏人民出版社 2012 年版，第 11 页。

杂对话关系。这种沟通个人与集体与国家之间的关系不仅是互补的，也包含着对立的成分。

民主制建立了牢固的多元体制和国家最高层的分工。分权不仅仅保护个人免受过分集中的权力的压迫，它本身导致了权力之间的对话，同时又是被权力对话生产出来的产品。对话是民主制的最基本特点。民主制确立了尊重个人与保护包括少数在内的各种多样性的原则和规定。民主完全不应被简化为少数服从多数的法律，它必须给一切少数以表达和生存的权利。民主制生存于多样性和复杂性之中。它不是建立在没有冲突和没有对立的状态里，而是在冲突对立的存在与活动之中。它确立了规范地表达冲突对立的游戏规则：通过代表大会、竞选活动、征询公民意见的公投来疏通言论便利不同观点的交锋。民主制从其确立的个人自由所产生的无序中得到营养，条件是尊重个人自由的局限；民主制从各种冲突里汲取营养，条件是这些冲突接受同样的游戏规则和投票选举失败带来的暂时惩罚。

如果说民主制有倾向和谐的一面，那也是包含冲突的赫拉克里特式的和谐，如果说，民主制倾向于多重音响，那它也常常陷入噪声之中：实际上没有任何规则可以保证一种艺术或一种游戏的完美发挥，包括民主制的艺术与游戏。①

第六节　结语

当前 21 世纪，世界经济进入了新常态，全球治理出现真空，中国经济也呈现出低水平波动增长，并且存在着长期停滞的风险；人口红利式微；收入分配呈恶化趋势。在如此的新常态背景下，公共行政呈现出新公共性。② 新常态时代下所讨论的新公共性，也包含有更高层次的社会公平公正的问题，即规定人在某种情况下该得到什么样的基本原则。新公共性理论的中心问题是分配的公正。"分配的公正所涉及的是，社

---

① ［法］埃德加·莫兰：《反思欧洲》，康征、齐小曼译，生活·读书·新知三联书店 2005 年版，第 132—133 页。

② 陈刚华：《新常态下公共政策的核心在于洞释人性》，韩国《CHINA 研究》2016 年 19 卷 2 号。

会成员应该根据什么原则来分配他们所享有的权利，即自由、物质方面的报酬，以及他们应有些什么义务。"① 分配的公正所要解决的问题是什么人应该得到什么。也就是社会的福利要保证所有成员感觉到他们与该社会相关，而且不会有被主流社会排除在外的感觉。这意味着所有团体尤其是那些弱势群体，都有机会提高或者维持他们已有的福利。不同性别、阶层、种族、文化程度、宗教和政治信仰的公民，在政治权利和经济权利上保持平等。② 因此，如何超越罗尔斯所表达的积极的公共性理念，亦即作为建构新常态下世界新公共性理论需要广泛讨论的议题。

---

① 石元康：《当代西方自由主义理论》，生活·读书·新知三联书店 2000 年版，第 169 页。

② 陈广胜：《走向善治：中国地方政府的模式创新》，浙江大学出版社 2007 年版，第 104 页。

第十三章 奥地利经济学理论：西方经济学视域中的主流而非异类

现代西方经济学的发展经历了多个阶段的变迁过程，长期以来的西方主流经济学几乎等同于新古典经济学，该学派一些基本的工具与方法被广泛地用于认识与分析世界，其中最为重要的部分是对于数学模型的使用；而奥地利经济学派拒绝使用数学模型，反而非常重视经济学的思想，重视知识问题和制度问题，强调注解和批判，由此形成了一个非常典型的经济学门派，其地位也渐渐被主流经济学派所认同，在西方经济学视域中奥地利经济学理论逐渐成为主流而非异类。

第一节 绪言

一 什么是经济学

史塔克曼（Alan Stockman）定义经济学为："研究一个社会如何利用其有限资源去生产、交换及消费；也研究人的行为诱因、选择和彼此间的协调。"[①] 该定义将经济学的研究领域向下窄化到有限资源的利用，又向上延展至人的协调行为。传统教科书的标准答案是：经济学是研究稀缺资源如何在人们的需求之间进行分配的学问。但是，这种定义是一种非常新古典意义上的定义，它意味着经济学关注的焦点同古典主流思想具有本质的区别。新古典经济学以研究资源分配问题而著称，即在资源稀缺度给定的条件下，被生产和消费的商品的相对价格和数量在市场上如何决定。但是，建立在亚当·斯密（Smith，1776）理论基础之上的古典经济学家，却更关注这样一个问题：究竟是什么使得一个国家比

---

① Stockman, Alan C. *Introduction to Economics*, Orlando: The Dryden Press, 1996, p. 7.

另外一个国家更加富裕？斯密尤其关心，分工如何能够减少资源的稀缺性，从而使一个社会变得更加丰裕。在市场上，不同个体之间的自利决策又往往是相互矛盾的。例如，一种商品的卖者总是希望得到尽可能高的价格，而买者则希望付尽可能低的价格。这样，市场上相互冲突的自利决策之间的交互作用，也同样涉及两难折中。在一个竞争性的市场上，这些交互作用不能被某个人单方面地操纵，因此，由于愿望未被满足，其结果可能会令每个人都不完全满意。但是，他们必须接受这个结果。这样，交互作用就会折中卖者和买者的利益，并对相互冲突的自利决策进行调和，以达成一个折中——这就是经济学家所说的均衡。经济学家沿用亚当·斯密的说法，将产生这种结果的交互作用称为"看不见的手"。经济学就是这样一种学问，它不仅分析个体决策中的两难冲突，而且研究这些自利决策在各种制度安排下的交互作用如何折中相互冲突的利益，以产生个体决策者不得不接受的结果。因此，经济学有别于管理学和其他商业科目，后者关注的是决策的两难冲突。经济系统是我们迄今知道的世界上最复杂的系统之一，为了对其进行有效分析，我们需要将整个经济系统分解成众多可供操作的子系统。对概念和子系统进行组织的经济分析结构，被称为分析框架，经济学中有很多种分析框架。例如，在奥地利经济学的分析框架中，不承认作为自利决策之间交互作用结果的均衡概念；在非线性演进经济学的分析框架中，不承认决策中的最优化概念。分析框架的选择对于概念的含义以及理论的解释力有着决定性的作用。[①]

二　现代西方经济学的分类与辨析

（一）西方经济学与西方马克思主义经济学

如何区分西方经济学和西方马克思主义经济学？通常来说，西方马克思主义经济学是指，20世纪20年代以来在政治意义上的西方国家（以下简称"西方国家"）被普遍认为是马克思主义者的学者的经济学说，而不管这些学者在我们看来是否是真正的马克思主义者，或他们的经济学说在我们看来是否属于马克思主义经济学。同理，本章所指的"西方经济学"是指不包括马克思本人的经济学说和马克思主义经济学

---

① 杨小凯：《经济学——新兴古典与新古典框架》，张定胜、张永生、李利明译，社会科学文献出版社2003年版，第3—5页。

（包括西方马克思主义经济学）在内的西方国家的经济学说。

（二）马克思经济学与马克思主义经济学

卫兴华先生强调区分"马克思经济学"和"马克思主义经济学"的必要性，并明确指出，"马克思的经济学是马克思主义经济学的重要内容和理论源头，是马克思本人的经济学说体系"。① 这种见解是完全正确的。因此，在本章中，"马克思经济学"指马克思本人的经济学说，不包括在"马克思主义经济学"名义下的其他人的经济学说，如果用英文来表示的话，即 The Economics of Marx 或 Marx's Economics。

（三）西方经济学中的"左派"与"右派"

在"凯恩斯革命"之后的现代西方经济学中，"左派"或"开明派"指信奉国家干预主义的经济学流派或经济学家；"右派"或"保守派"则指信奉经济自由主义的经济学流派或经济学家。不过，正如陈岱孙先生所指出的，这两种称谓"在经济思想史上的应用"曾经"有一个颠倒的过程"。② 导致这种颠倒的根本原因在于，"凯恩斯革命"之前的国家干预，特别是 19 世纪末期之前的国家干预一般都属于带有封建专制主义或重商主义色彩的国家干预，对于资本主义市场经济的发展是起阻碍作用的，而经济自由主义基本上是推动资本主义市场经济发展的；"凯恩斯革命"之后的国家干预，即所谓现代国家干预主义，则与封建专制主义或重商主义毫无关系，是在承认市场并非万能的前提下，认为资产阶级政府对经济进行适当干预是有利于资本主义市场经济发展的，现代经济自由主义却在否认市场机制本身有缺陷的前提下，依然主张自由放任。

（四）古典经济学与新古典经济学

古典经济学这个名词据凯恩斯说是马克思创造的，但现代西方经济学者认为凯恩斯"用语不当"，因为他们一般都将 19 世纪 70 年代发生的所谓"边际革命"之前的西方主流经济学称为古典经济学，而将"边际革命"之后到"凯恩斯革命"之前的西方主流经济学称为新古典经济学。但是，不少现代西方经济学者都将马克思的经济学说归类于古

---

① 卫兴华、张建君：《马克思主义经济学的几个概念辨析》，《光明日报》2009 年 5 月 28 日。

② ［美］詹姆斯·M. 布坎南：《自由、市场与国家——80 年代的政治经济学》，平新乔、莫扶民译，上海三联书店 1989 年版，中译本序第 1 页。

典经济学。不过也有人明确表示"把马克思归入古典学派是有些牵强的"，其理由是"马克思的经济学中，有着他自己独特的思想和方法"，因而"绝不能轻率地将他视作李嘉图的继承者或归入古典学派的后人中"。狭义的新古典经济学指从"边际革命"到"凯恩斯革命"期间的西方主流经济学，国内外学者在这一点上基本上没有什么分歧。但是，新古典经济学还有一种广义用法，即按"布劳格的分类"，"指目前流行于西方国家的带有新古典传统的主流经济学"。也就是，将"凯恩斯革命"之后西方一切以新古典经济学方法论为基础的经济学说都称为新古典经济学。①

在接触西方学术之前，中国传统上并不使用"经济学"一词。在今日，学术界也未开授"中国（传统）经济学"或相近的课程。这两项事实说明了经济学是清末传入的一门新学，不同于经学、礼学、经世学等传统学科。②

第二节　现代西方经济学的主流与非异类

现代西方经济学通常是指20世纪30年代所谓"凯恩斯革命"之后的西方经济学，这是无可非议的。本章所说的现代西方经济学，包括凯恩斯本人以及熊彼特、罗宾逊夫人、哈耶克等在"凯恩斯革命"之前已经成名的现代西方经济学家的经济学说。韩国学者李正典在《颠覆经济学》一书中，对于马克思经济学与西方经济学之间的价格理论、分配理论和经济增长理论进行了比较分析。

20世纪80年代末90年代初，东欧剧变、苏联解体之后，在西方一些马克思主义经济学研究者经过反思后发现，"所谓西方马克思主义经济理论，已经不是马克思本人原来意义上的观点"，因而提出了"回到古典的马克思经济理论去"的口号。诚然，他们所说的"古典的马克思经济理论"，是指马克思在《资本论》等著作中"原汁原味的著

---

① 郭广迪：《西方经济学视角中的马克思经济学》，人民出版社2014年版，第1—14页。
② 黄春兴、干学平：《正视中国传统的定分经济学》，载严瑾、曹俊汉主编《中西方经济观与现代化研讨会论文集》，上海社会科学院出版社1999年版，第14页。

述", 即马克思本人的经济理论。在中国, 也有学者提出"研究马克思经济学必须回到马克思", 甚至还有学者主张对马克思经济学的真假做"DNA""亲子鉴定", 因为"马克思学说的最大不幸之一"就在于它"不断地误解曲解", 而其"后果却要马克思来负"。① 要研究马克思主义经济学与西方经济学之间的关系, 首先就要研究马克思经济学与西方经济学之间的关系。进而为正确处理政治经济学与西方经济学之间的关系提供新思路。

现代经济学常常引起其他社会科学家的怀疑。批评直指其简单化的人类行为假设, 过分关注物质和金钱利益, 对社会关系的忽视, 及其玄奥的术语、图形和数学公式。与此同时, 许多社会科学家无言地表现出了对经济学的欣赏, 越来越多地从这一"沉闷的科学"中借用着概念、理论和分析方法。② "目前的西方主流经济学""从根本上仍是新古典精神的, 理性—个人主义—均衡的分析框架和数学形式主义的研究方法是其突出特征", 或者说"西方主流经济学方法论的基本特征是建立在'理性人'假设基础上的公理化的演绎逻辑方法", 因而在这个意义上可以说, "西方主流经济学就是新古典经济学"。③

一 主流的新古典经济学派

所谓主流经济学, 它可能是对的, 也可能是错的; 可能是好的, 也可能是坏的。虽然如此, 从实证的观点来看, 它可以这样定义: 主流经济学就是在大多数的经济学课堂上一代一代被传授的经济学。微观经济学在全世界范围内大多数课堂上讲授的内容都基本相同, 它讲述的很多共同知识中包括马歇尔 100 年前就用过的很多概念和讲义。这个由不同经济学领域和各代教师及学生共同分享的主流, 就创造了一个他们共同沿用的统一的知识体系。这就显著地提高了交流的效率, 从而不仅促进了该学科不同专业领域的分工, 而且促进了不同代际的经济学家之间的分工。马歇尔 (Marshall, 1890) 曾经尝试将古典经济思想在一个数学框架内形式化。他的经济学原理教科书可以分为两个主要部分: 一部分

---

① 郭广迪:《西方经济学视角中的马克思经济学》, 人民出版社 2014 年版, 第 18、24 页。

② [美] 巴里·克拉克 (Barry Clark):《政治经济学: 比较的观点》(第二版), 王询译, 经济科学出版社 2001 年版, 导言第 2 页。

③ 郭广迪:《西方经济学视角中的马克思经济学》, 人民出版社 2014 年版, 第 8 页。

中，充满了古典的对专业化和分工经济的洞见，这部分没有使用任何数学。另外，一部分是在一个统一数学框架内对需求和供给的边际分析。这样，在第二部分中，马歇尔成功地将古典思想中相对不重要的关于资源分配问题的思想进行了形式化，这种形式化，却为主流经济学建立起了一个系统的结构。在这个结构中，不仅不同代的经济学家和学生能共享一个共同的经济学，而且使老师可以在课堂上出答案唯一的问题和试题。老师在黑板上教的内容，学生可以在课后准确地重复演算。古典主流经济学的重点集中在专业化和分工对国家财富的影响上。根据古典经济思想，人们最重要的决策就是他们对职业和专业化水平的选择，这些决策的总和结果，决定社会的分工水平（或者，用现代语言说就是分工网络的大小）。需求和供给是分工的两个侧面，"看不见的手"最重要的功能就是协调人们选择专业化水平和模式的决策，以最大限度地利用分工的正网络效应。①

经济学的主流学派应该算是在马歇尔手中形成的，古典经济学并没有把经济学理论组织在一个数学框架内。经济学往往是一堆内部组织结构不严格的理论，一个理论经数人转述后，与原意可能就完全不一样了，经济学数学化后，就较少有这种问题。一个命题 1000 个人重复证明，并不会有不同的结果，而谁要发展这个命题，他的贡献与原命题的差别是可以严格定义的。另外，此一命题或它与其他命题的组合与经验观察不合，则命题本身可被证伪——可被证伪是经济学成为科学的标志。一般而言，由于学术是比技术更不可触摸的知识产权，所以我们既没有专利保护，又很难用企业制度来间接销售我们的产品，加上校园政治，经济学界的学术秩序很难有绝对的公平可言。但是目前还找不到比这种学术秩序更有效的制度。

由于马歇尔用数学组织起这样一个经济学主流学派，则近 100 年来，数代经济学家都共享一个相同的知识主体，使经济学的知识加速累积的效果比其他社会科学更显著。主流学派是经济学老师在课堂上向一代又一代学生教授的共同的东西。这主流学派不一定对，也不一定错，不一定好，也不一定坏，但它是大多数老师向学生传授的东西。自马歇

---

① 杨小凯：《经济学——新兴古典与新古典框架》，张定胜、张永生、李利明译，社会科学文献出版社 2003 年版，第 7—9 页。

尔以来，经济学老师都在教着一个核心基础相同的主流学派，而它至今与100多年前的马歇尔有相当大部分是共同的。主流学派形成中另一个关键因素是学派之间的门户之见，以及思想家与数学家之间的分工合作。而也只有高明的思想家和高明的发展数学模型的经济学家互相尊重，分工合作而不是互相轻视和排斥才能加快高深思想进入主流学派，而流传下去的过程。①

自瓦尔拉斯（Walras，1874）、门格尔（Menger，1871）和马歇尔（Marshall，1890）以后，经济分析的重点则从分析价格制度协调专业化和分工的功能，转到了价格制度对于资源分配的功能上。马歇尔新古典框架是以纯消费者和企业截然两分、规模经济对专业化经济概念的替代以及需求和供给的边际分析为特征的。萨缪尔森（Samuelson，1948）的经济学教科书则是另一个"分水岭"。这本教材包括微观经济学和宏观经济学两部分，前者是马歇尔关于需求和供给的边际分析，后者则是凯恩斯经济学，它试图解释马歇尔边际分析不能解释的经济现象。② 新古典经济学是边际分析，而边际分析是一个资源分配问题，是在给定组织结构的情况下研究资源分配。这就像一个人在选定专业以后，你要选什么课，比如，你选择了经济学，那么就不去学物理，这时你的工作就是把有限的时间在宏观经济学和微观经济学等专业课之间进行分配，这就是所谓的资源配置。现代经济学都着重在资源分配方面，对于专业方向的选择和分工的决定研究不多，而古典经济学主要是研究分工专业化的。③

第二次世界大战以后，很多经济学家指出，新古典微观经济学不能解释诸如经济发展、贸易和经济增长等现象。这就是为什么发展经济学、贸易理论和增长理论会作为经济学的分支学科而出现，它们都非常独立于新古典微观经济学。1960年以后，经济学家认识到，新古典微观经济学不能解释企业制度的出现，也不能解释交易成本和产权的经济含义。因此，专门处理产权经济学、交易成本经济学和新企业理论的分支应运而生，从而填补了这些空白。宏观经济学、贸易理论、发展经济

---

① 杨小凯：《杨小凯谈经济》，中国社会科学出版社2004年版，第93—97页。

② 杨小凯：《经济学——新兴古典与新古典框架》，张定胜、张永生、李利明译，社会科学文献出版社2003年版，第9页。

③ 杨小凯：《杨小凯谈经济》，中国社会科学出版社2004年版，第1页。

学、比较经济学、产权和交易成本经济学、增长理论，以及新企业理论，正是对新古典经济学的核心与观察到的经济现象不一致的反映。①实质上，新古典微观经济学的核心是资源配置问题，而不是许多古典经济学家曾十分注重的经济组织问题。新古典微观经济学讨论的是，由相对价格决定的不同产品间的产出比例是如何确定的，而不是为什么人们在某些场合通过分工和企业组织来生产和消费、在另一些场合却自给。新古典微观经济学研究在给定的组织结构下企业内部以及企业之间的资源配置问题，采用的方法是，将得到一定效果时各种产品数量上的两难冲突以及得到一定产出时各种要素数量上的两难冲突形式化，但新古典微观经济学没有解释在分散的市场中分工水平、个人间的组织程度和相互依存度以及企业结构是如何确定的。②

二　非异类的奥地利经济学派

奥地利经济学派，始于 19 世纪著名的奥地利经济学家，而其历史，可追本溯源至 15 世纪。这个学派的出现，公认要等到 1871 年杰文斯、瓦尔拉斯和门格尔引入主观价值论理念，开始经济思想所谓"边际主义革命"的三部作品出版。奥地利学派的其他早期理论家，包括庞巴维克、米塞斯、哈耶克和维塞尔。奥地利学派经济学家已不再需要来自奥地利。"奥地利"这个词用于描述一个特定的经济思想学派，而不是其学术实践者的国籍。

奥地利经济学派强调价格机制的自发组织力量，并以人主观选择的复杂性为由，认为对不断演变的市场进行数学建模，实际上是不可能的。③这个学派的自发秩序思想就是一个非数学化而又非常深刻的好例子。根据这种思想，如果任何人都不能操纵制度的形成，则任何特定制度的出现都是很多人自利决策之间交互作用的一种无意识的结果，因此制度就包含了分散在众多个体之中的所有的信息。但是，如果一个人，或一些群体试图为社会设计制度，则结果就不一定会是有效率的，因为

① 杨小凯：《经济学——新兴古典与新古典框架》，张定胜、张永生、李利明译，社会科学文献出版社 2003 年版，第 9—10 页。

② 杨小凯：《杨小凯谈经济》，中国社会科学出版社 2004 年版，第 206 页。

③ Mises Wiki：《什么是奥地利经济学派？——历史篇》，腾讯网，禅心云起译，http：//new. qq. com/omn/20180219/20180219B04CF1. html。

他们不可能了解分散在社会个体中的全部信息。① 哈耶克认为，自由社会的制度是一种自发的过程，从没有人有意去设计整个社会制度。因此，这种制度的形成是千万人互相竞争、互相作用的结果，这种自发形成的制度包含了所有人所知道的互不相同的信息，而竞争过程也使人无法垄断制度设计和形成机制，因而无法利用这种垄断来损人利己，所以信息的合成过程会将信息传递中的歪曲降到最小。在哈耶克看来，一个自由的社会与一个社会主义国家的差别，一是在自由社会中，制度和秩序是自发形成的，不可能由少数思想家设计。二是自由社会中的制度都是一些游戏规则，人们只对游戏规则是否公正做判断。而社会主义社会的特点却规定谁应该是胜者，什么应该是社会追求的具体目标。因此，社会主义制度总是会有一部分人将他们的欲望强加于社会上其他人。

奥地利经济学派的支持者，往往强调市场有机、主观和不断演变的动态性质，主张强有力地保护私有财产权，支持严格执行经济主体之间的自愿契约，认为这才是促进经济交换的最佳方式。对于经济，他们一般主张自由放任，认为商业贸易所受强制（尤其是政府施加的外力）最小化，是确保长期经济稳定和福祉的最有效方式。特别是，他们对于政府参与商业活动所带来的扭曲和破坏，表达了十分严重的担忧，认为该领域的政府管制很少是必要的或可取的，且常常引发"棘轮效应"，因为现有管制惹出的麻烦，往往被归咎于自由市场，从而给进一步破坏性和强制性侵犯市场制造理由。② 哈耶克指出，在一个自由经济中，游戏规则是公平的，所以强制执行游戏规则就会十分有效，输了的人无法不认输，因为市场是只"看不见的手"，没法与之辩论，也无法抗拒它的惩罚，受罚人也无法责怪任何他人。但社会主义制度却有只"看得见的手"来执行奖惩，失败者总会有办法找政府，抱怨奖罚不公平或不合理。市场制度的功能并不是让所有人分享所有信息，恰恰相反，市场制度会促进专业化造成的信息不对称，因而使得人们不需要知道其他专业的知识，但却能享受所有专业部门的产品。市场的功能在于，当每人只知道整个社会信息的极少一部分时，人们却能充分利用这所有部分

---

① 杨小凯：《经济学——新兴古典与新古典框架》，张定胜、张永生、李利明译，社会科学文献出版社 2003 年版，第 8 页。

② Mises Wiki：《什么是奥地利经济学派？——历史篇》，腾讯网，禅心云起译 http：// new. qq. com/omn/20180219/20180219B04CF1. html。

信息的集合，这正是哈耶克思想精髓之一。按这种思想，如果某个人或政府声称能获得整个社会的信息，因而看出了"市场失灵"，进而加以纠正，此人必是过分狂妄，对市场的功能毫无所知。

诺贝尔经济学奖得主诺斯与温格斯特在《经济史杂志》上发表了一篇精彩的文章。此文从产权经济学和交易费用经济学的角度研究了英国 17 世纪光荣革命前后的政治制度变化对革命的影响，指出光荣革命创立了世界上第一个虚君宪政，议会民主制度使政府对公平的政治游戏规则和制度的承诺成为可信，这种可信承诺对今后世界的变化有极其深远的影响。对宪政秩序承诺的可信性使得政府不再利用其对政治的垄断来垄断经济和不惜损害利益来追求执政者的利益。在没有民主宪政的制衡机制时，执政者"为社会服务"和对公平游戏规则的承诺都是不可信的。他们会为了一党之私利，损害社会利益。这种"国家机会主义行为"（State opportunism）主要有如下几类严重恶果：首先，政府会借口特权垄断经济利益，窒息民间家的创业行为，扭曲价格。这就是哈耶克所说的，制定游戏规则和参与游戏的政府角色的混淆。政府的功能本来是制定公平的游戏规则及担当执行游戏规则的裁判。如果裁判也可以参加游戏，游戏哪还有公平、公正可言？其次，如果政府的权力没有可信的制衡，政府会追求一党之私利而损害社会利益，造成苛捐杂税，贪污和其他寻租行为。这种国家机会主义的间接后果比直接后果更为严重，因为政府的机会主义行为使社会大众不再相信公认的游戏规则，因而所有人的行为都变成非常机会主义，只要对己有利，可以不顾社会的道德准则（moral code），而使社会成为一个偷抢横行、机会主义和寻租行为盛行的社会。

对激进变革的批评是奥地利学派（以哈耶克为代表）的传统，此传统至少可追溯到伯克（Edward Burke）。他在 1790 年有名的《法国大革命反省》一文中就提出了自发秩序的观点。他认为激进变革的鼓吹者自以为他们了解现有制度的运作和缺失，以为用激烈的变革可以改进人们的福利。但是一种能运作的制度往往不是少数人能设计的，而是千万人交互作用而自发形成的，它包含了千万人的个别信息，而这个别信息只有当事人了解，因此，没有任何个人可能完全了解所有这些信息。如果任何个人妄称他了解整个制度的运作及其缺失，而想用激烈的社会运动来改造制度，则他一定会把那些他不了解的奇妙机制破坏掉。他强调社会制度的功能是任何单个人（即使是天才）不可能完全了解的。有人据此把这类思想称为人不能了解的宗教迷信。但是我却相信这类思想很有道理，因为它说明群体中个体的交互作用自发产生的东西，可以用一种群体智慧（"看不见的手"）达到个体智慧不可能理解的奇境。

哈耶克的思想其实与经济学界以经济理性为号召的传统主流学派南辕北辙。以麻省理工学院为代表的所谓科学方法派，强调数学方法的应用，假定理性经济人的行为能用数学最大化问题求解，理性经济人行为之间的交互作用能用一般均衡或对策论（或博弈理论，game theory）来求解。哈耶克的思想与这类想法都不同。他强调对经济理性的迷信可能导致经济制度的失败。其实人的知识是有限的，对什么叫理性，什么叫非理性，在很多情况下都无法判断，或会做出错误的判断。世上很多从常理看来非理性的行为，也许会对人类社会的知识做出贡献。我们最好放弃对经济理性的追求，承认自己对经济理性的无知，因而只是追求游戏规则的公平，接受这些游戏规则下出现的东西，不论其是理性还是非理性的。哈耶克认为历史上能生存下来的制度都不是来自社会科学和人类的理性，而是来自宗教和意识形态。宗教和意识形态不是理性的，但它决定了人的行为准则，决定了人们处理相互关系的游戏规则，意识形态也提供了遵守一定游戏规则的承诺机制。在一个多元化的社会中，各种宗教和意识形态之间的竞争会使最有利于自发秩序扩张的宗教和意识形态在社会流传和发展。

正如哈耶克所言，社会主义和资本主义的根本差别，不是计划与无计划的差别，也不是效率的差别，而是制度形成机制的差别。资本主义制度不是由政府或哪个人设计的，而是千万人在自由选择合约和制度的条件下，无意而自发形成的。美国宪法就不是由哪个人设计的，而是由很多州的代表吵架吵出来的。所有人都不满意那个宪法，又不得不接受这种折中。宪法并没有政党政治这一类设计，但在根本权利上大家达到了折中，政党政治就自发地从宪政秩序无意地产生了。有些后进国家即使有人为设计的政治制度能生存的情况，但在更高的层次，这些制度必须在国际竞争中经受适者生存的考验，因此最终也不能由个别人设计。由此来看中国最近的私有化改革，政府如果又用政治力量，人为设计私有化改革运动，好事也会变成坏事。①

第三节　现代经济学学术秩序

一　经济学数学化和模型化

目前，经济学家仍然处于一种困境之中，他们的模型越来越精致，现实经济却处于衰退之中，各种社会问题实际上正在恶化。这就产生了一个问题：其他社会科学怎么会去模仿这样一个优缺点共存的学科？答案在于科学的诱惑。科学的分析在解决学术争论和制定公共政策中具有极为重要的权重。在社会科学中，人们用以评价学术水平的方式常常与自然科学中的方式相类似，而其他社会科学都没有经济学理论那样严谨和精致。经济学家的成功在很大程度上是由于他们简单化的假设和研究领域较窄，从而使其可以使用数学方式。②

数学在经济学中的应用至少可以追溯到 19 世纪 30 年代的古诺，在 20 世纪更是大行其道。到目前为止，采用数理方法研究经济学大体形成了三个不完全相同的分支：数理经济学、计量经济学与博弈论。关于经济学的数学化近年来是比较热的一个话题，争论比较多。首要问题就是，经济学中使用数学的目的是什么？经济学使用数学是因为数学是一种工具，它能够使表述更加简洁，使分析的逻辑更加清楚、更有说服力。数学本身并不是一种目的，而只是一种手段。如果能用比较简洁的文字就能够把问题说清楚的话，还使用数学干什么呢？只有当使用数学比使用单纯的文字表达更能够说明问题时，使用数学才是恰当的。人们必须在借鉴使用数学工具的同时，对此保持清醒的认识。

首先，现实问题并不是非此即彼的不同模型。模型仅仅只是对现实问题进行分类的初步尝试，而非现实本身。因此经常会出现选用模型和实际事态分道扬镳的事例。模型和其中的函数，参数，数据，哪怕经过谨慎的取样调查和规范地调整，都依然只是对现实的模拟，未必能精确

① 杨小凯：《新政治经济学与交易费用经济学》，载杨小凯《杨小凯谈经济》，中国社会科学出版社 2004 年版，第 99—102、110—113 页。

② ［美］巴里·克拉克（Barry Clark）：《政治经济学：比较的观点》（第二版），王询译，经济科学出版社 2001 年版，导言第 2 页。

地描述事物。① 正如吴承明教授所指出的，"计量学方法一般适用于研究生产力，而不包括生产关系，又只见量变，不见质变，以函数关系代替事物间的辩证关系，因而不能概括历史演变的全部内涵。"②

其次，经济学的数学化和模型化并不是使经济学成为科学的条件。前面已经提到，经济学成为科学的一个重要条件是经济学必须具有可检验性，而不管是证实还是证伪，经济学成为科学不是依靠经济学数学化、模型化来实现的。因此，片面地追求经济学的数学化、模型化并不一定就能够保证经济学成为科学，最终还要看经济学能否接受检验，是否可以检验。数学确实能够对促进经济学的发展起积极作用，通过数学的逻辑推理有助于我们得出更精确的概念，进行更深入的分析；但是如果为数学而数学，不管需要不需要都对其数学化，这样不仅无助于经济学的发展，反而会对经济学产生负面影响。经济学的数学化、模型化确实很重要，但是不能因此而否定没有数学的经济学的价值。好的和坏的经济学的标准不在于有没有数学，而在于有没有思想。数学只是一种工具，它不能代替思想的发展，也许正是因为随着经济学走向成熟，新经济思想的产生越来越困难才导致了越来越多的经济学家转向数学化、形式化，而忽视了经济学最本质的方面可能还在于提出更多的、新的经济学思想和命题。③

以前的经济学研究是在给定组织结构以后去看资源配置，但还需要更高层次的思考。之前经济学家们所用的数学工具，只能用于分析资源分配，不能用于分析组织，包括制度分析。经济学现在的确是在朝两个方向走：一是向数理化。美国就是这个趋势，这主要是因为美国的经济学家们竞争激烈。二是像科斯、诺斯等人的方式，主要用一个小模型讲一个很深奥的思想。杨小凯认为，经济学研究可以分为四个层次：纯理论、应用理论、经验研究、纯应用。纯理论朝数学方向走；应用理论就是尽量用一个简单的模型讲一个大思想；经验研究主要是计量经济学；

---

① 吴获枫（风灵）： 《数学与数学的局限》，搜狐网，http://www.sohu.com/a/203077120_488810。

② 吴承明：《经济史：历史观与方法论》，《中国经济史研究》2001 年第 3 期。

③ 李增刚：《经济学其实可以很简单》，山东人民出版社 2012 年版，第 165—174、199—200 页。

而纯应用层次主要在商学院。①

二　经济学帝国主义

所谓"经济学帝国主义"就是指"经济学不断向其他社会科学学科渗透"。② 经济学帝国主义实际上是使用经济学的方法、思路、研究框架来研究、解释其他学科的问题，例如经济学对政治学的渗透，对法律的研究，对社会学的研究，对家庭、婚姻、爱情等的研究。基本假定、基本框架、基本思路和使用的原理都是经济学的，经济学帝国主义并不是对经济学的背叛，而是对经济学的发展。③ 经济学的直接用场，是讨论一个社会如何有效地创造财富，这里涉及人和人的关系。人和人的关系可是一门大学问，它涉及政治、社会、心理、道德等几乎一切社会科学领域，所以有人把经济学的向外扩张称为经济学帝国主义。④

经济学与其他学科的交叉所形成的新的学科有：法经济学、政治经济学、经济社会学、社会经济学、语言经济学、宗教经济学、新经济史学、经济哲学、行为经济学和实验经济学、经济地理学、数理经济学等。这些不同的学科可以划分为四类：一是"经济学帝国主义"；二是经济学被其他学科"帝国主义"，即采用其他学科的分析方法研究经济学；三是经济学与其他学科的相互影响与关联性；四是对经济学基本问题的研究。"经济学帝国主义"，就是因为经济学进入其他本不属于经济学的领地，一方面拓宽了经济学研究的范围，另一方面为其他学科研究找到了新的方法。虽然有的学科对经济学的"入侵"还不能够接受，但是至少为其他学科找到了一条研究的思路与方法。经济学被"帝国主义"，即采用其他学科的研究方法、分析思路等研究经济学和经济问题。比如，数学在经济学中的应用、行为经济学与实验经济学。⑤ 然则，在现代西方经济学界"重新使用'政治经济学'的思潮"进行交叉研究研究的洪流中，"真正使用这一概念并取得重大理论进展和产生重要影响的是一门新兴交叉学科——国际政治经济学"（International

---

① 杨小凯：《杨小凯谈经济》，中国社会科学出版社 2004 年版，第 2 页。

② 郭广迪：《西方经济学视角中的马克思经济学》，人民出版社 2014 年版，第 15 页。

③ 李增刚：《经济学其实可以很简单》，山东人民出版社 2012 年版，第 166 页。

④ 熊秉元：《解释的工具：生活中的经济学原理》，东方出版社 2014 年版，推荐序第 1 页。

⑤ 李增刚：《经济学其实可以很简单》，山东人民出版社 2012 年版，第 173—174 页。

Political Economy，IPE）。究其缘由，这与经济学家所说的政治经济学在范围上也即人们通常所说的"经济学帝国主义"（Economic Imperialism）基本上是一致的。①

三　经济学理论

从经济学理论的角度讲，19 世纪的经济学主要是英国的经济学——古典经济学。亚当·斯密的《国富论》、大卫·李嘉图的《政治经济学及赋税原理》、约翰·穆勒的《政治经济学概论》等，都强调自由主义，反对政府干预，特别是认为自由贸易对参与贸易的国家能够带来好处等（斯密的绝对优势说和李嘉图的相对优势说都是明证）。然而，英国的经济地位受到了迅速发展的其他国家的挑战，比如德国和美国。但这两者在英国霸权时期，并不完全接受甚至根本就不接受英国的古典经济学和自由贸易理论，因而德国的历史学派和美国的老制度主义经济学开始兴起与发展。德国的历史学派可以说是 19 世纪唯一能够与英国古典经济学相媲美的经济学，不仅涌现出像李斯特、施穆勒这样的大师级经济学家，而且对美国经济学产生了重要的影响。一直到第一次世界大战，美国经济学者与德国的联系都一直非常紧密。德国历史学派对美国经济学的最重要影响是形成了美国老制度主义经济学。老制度主义经济学是美国自己最早的经济学，在第二次世界大战之前的美国具有绝对的统治地位。无论是在学校教育中，还是在学术研究中，它都占有非常重要的地位，主要的代表有凡勃伦、康芒斯、米切尔等。

在 20 世纪特别是第二次世界大战之后，经济学的"重镇"转移到了美国。以萨缪尔森 1948 年的《经济学》教科书为标志，创立"新古典综合"，将马歇尔的微观经济学和凯恩斯的宏观经济学放在同一个框架内。之后，包含微观经济学和宏观经济学两个部分的"新古典综合"成为主流，不仅是美国，也是英国、德国等几乎所有西方国家的主流经济学。除了苏联、中国等社会主义国家以马克思主义经济学作为重要经济学之外，几乎所有国家都将美国的经济学作为主流经济学。而苏联和中国在进行改革开放之后，以美国经济学为代表的西方经济学也成了苏联和中国的主流经济学范式。美国在全世界范围内推行经济学的一般化理论，从理论到方法，各国家的经济学都是美国经济学范式，各国家的

---

① 郭广迪：《西方经济学视角中的马克思经济学》，人民出版社 2014 年版，第 15 页。

经济学家也基本上都接受了美国的经济学范式。以"华盛顿共识"为标志，美国在全世界范围内推行其经济学理论和思想，整个20世纪的大部分时间都是美国经济学为世界主流经济学。

中国改革开放之后虽然大量学习和借鉴了以美国为代表的所谓"主流"经济学，然而，中国经济发展的道路、政策制定等并非是按照美国经济学家所达成的"华盛顿共识"行事的，因为中国还有马克思主义经济学，而且还将马克思主义经济学作为主流的经济学范式，无论是在决策层还是教育和学术研究中，传统的马克思主义经济学都占有重要的地位。可以说，改革开放之后中国经济学，是综合、吸收了西方主流经济学和马克思主义经济学并结合了中国的具体特点发展起来的，从而有学者提出了所谓的"北京共识"与"华盛顿共识"形成对比。[①]

第四节　结语

以经济学的方法论为基本划分标准，是更深层次上的划分，并贯穿于西方经济学产生和发展的全过程。不过，这一方法也存在着某些问题：一是将现代西方经济自由主义两大流派之一的奥地利学派排斥在主流经济学之外；二是将战后凯恩斯主义经济学两大流派之一的后凯恩斯学派或新剑桥学派排斥在西方主流经济学之外。虽然国内外很多学者都将这两个学派视为西方非主流学派，但从另一个角度看，第一，无论是从奥地利学派的创始人卡尔·门格尔（Carl Menger）与德国历史学派的代表人物古斯塔夫·冯·施穆勒（Gusav von Schmoller）之间的"方法论之争"看，还是从欧根·冯·庞巴维克（Eugen von Böhm-Bawerk）到路德维希·冯·米塞斯（Lurlwig von Mises）和弗里德里希·冯·哈耶克（Friedrich von Hayek）的自由主义传统看，将他们的经济学说视为西方主流经济学都是有一定道理的。同时，现在国内外经济学界也有人认为"奥地利学派的思想目前已完全被主流经济学所吸收"，在美国经济学家道格拉斯·格林沃尔德（Douglas Greenwald）主编的《现代经济词典》的"新古典学派"词条中，门格尔甚至被列为三位"新古典

---

① 李增刚：《经济学其实可以很简单》，山东人民出版社2012年版，第176—178页。

学派的创始人"之一，庞巴维克则被认为是"其后的代表人物"之一。

第二，以罗宾逊夫人为代表的新剑桥学派，既然曾经是战后凯恩斯主义经济学最具有代表性的两大流派之一，而且是凯恩斯本人经济学说的嫡系传承者，将其经济学说视为西方主流经济学也未尝不可。因此，"西方主流经济学"是指以新古典经济学方法论为基础的西方经济学，以及奥地利学派和新剑桥学派的经济学说。其中，包括将新古典经济学方法运用于分析制度的以罗纳德·科斯（Ronald Coase）、道格拉斯·诺思（Douglass North）等为代表的新制度经济学派（School of New Institutional Economics）和运用于分析政治行为的公共选择学派的经济学说。

另外，还有一个特殊情况：美籍奥地利裔经济学家约瑟夫·熊彼特（Joseph Alois Schumpeter）的经济学说比较"特别"，既不能将其划归于以新古典方法论为特征的西方主流经济学，也不好将其划归于以经济自由主义为特征的奥地利学派，但是，他的遗作《经济分析史》却被现代西方主流经济学者公认为经济思想史的权威之作，在经济学界有着非常大的影响力。① 但是也有国外学者认为，现代奥地利学派经济学家可能依然强调注解和批判，而忽视了理论的建构，其中一些人仍然坚持过时的立场，这是不幸的，因为奥地利学派当中依然有很多有价值的东西值得学习。②

---

① 郭广迪：《西方经济学视角中的马克思经济学》，人民出版社 2014 年版，第 8—10 页。
② ［丹］尼古莱·J. 福斯：《奥地利学派与现代经济学》，朱海就等译，中国社会科学出版社 2013 年版，中文版序言第 2 页。

第十四章　新政治经济学理论：经济的动因与政治的结果

从政治经济学到经济学再到新政治经济学理论，政治学与经济学经历了学理上的分分合合。从经典的政治经济学，政治对于经济的统治性地位，再到新古典主义的经济学，试图摆脱意识形态对于经济的影响，再到新政治经济学重新认识政治学与经济学之间的关系问题。与经典政治经济学相比，新政治经济学有了很大的发展。首先，体现在它研究领域的清晰化。其次，新政治经济学对于经济学（主要指新古典经济学，Neoclassical Economics）进行了扬弃。它们的联系在于新政治经济学注重借鉴经济学的数量分析工具和经济学的一些理论。新政治经济学则将政治看作交易，把政治家、官员、选民等所有的政治主体看作理性的经济人，假定所有活动都是为了追求自身的利益，比如政治家追求选票最大化、官员追求预算最大化、选民追求投票收益最大化。评介当代西方新政治经济学的主要政治思想，涉及的主要问题有政治的经济化、经济的政治化、政治对经济的作用与约束、经济对政治的作用与约束等。

第一节　绪言

一　政治经济学概述

"政治经济学"一词最早出现在 1615 年法国出版的《献给国王和王后的政治经济学》。法国重商主义（Mercantilism）经济学家蒙克莱田（Antoine de Montchrestien，1575—1621）在该书中探讨手工业、商业、海运等方面的经济政策。① 政治经济学是一个古老的有弹性的术语。18

---

① 黄春兴：《当代政治经济学》，浙江大学出版社 2015 年版，第 11 页。

世纪末和 19 世纪的古典经济学家——亚当·斯密、大卫·李嘉图、约翰·斯图尔特和卡尔·马克思——都对什么是政治经济学进行了论述。在此过程中，他们继承了亚里士多德的观点，后者把政府、社会和经济看作一个整体。传统的政治经济学家同样有一种规范性的取向，规定政府为促进繁荣应该做些什么。在 19 世纪末期，当经济学家们变得更加科学并基于数字说话时，他们将"政治"排除在其学科外，并从"应该"或"应当"的规定转向经验主义的描述和预测。① 传统的政治经济学强调政治、经济、文化、社会、伦理等的相互联系，是不分家的，古典经济学家在研究经济问题时就考虑了这个方面的影响，以凡伯伦、康芒斯为代表的老制度经济学也是如此。②

在西方，政治经济学一词出现在 1615 年法国出版的《论政治经济学》一书。法国重商主义（Mercantilism）经济学家蒙克莱斯钦（Antoine de Montchrestien，1575—1621）在该书中探讨手工业、商业、海运等方面的经济政策③，已经被人们使用了 400 余年。作为一门学科，政治经济学形成于 18 世纪 70 年代，其标志是亚当·斯密《国富论》一书的发表，迄今也已有近 250 年。而将政治经济学的研究作为一种职业，则始于 19 世纪 20 年代，其时，英国的大学指定了第一批政治经济学教授，迄今也有了近 200 年的历史。但自 19 世纪末以来，"政治经济学"便逐渐为"经济学"一词所取代。④ 将"政治经济学"改称为"经济学"的主要推动者是马歇尔。马歇尔的经济学传统经过凯恩斯（John Maynard Keynes，1883—1946）和庇古（Arthur Pigou，1877—1959）的发展，由奈特带到芝加哥大学经济系。然后，芝加哥学派崛起，成为 20 世纪 70 年代的主流经济学。⑤ 翻开马歇尔的《经济学原理》一书，开篇可见"政治经济学或经济学"几个字。影响巨大的萨缪尔森《经济学》在 1976 年第 10 版中也写了"经济学或政治经济学"

---

① 迈克尔·G. 罗斯金等：《政治科学》（第十二版），林震等译，中国人民大学出版社 2014 年版，第 293 页。

② 李增刚：《经济学其实可以很简单》，山东人民出版社 2012 年版，第 174 页。

③ 黄春兴：《当代政治经济学》，浙江大学出版社 2015 年版，第 11 页。

④ ［美］巴里·克拉克（Barry Clark）：《政治经济学——比较的观点》（第二版），王询译，经济科学出版社 2001 年版，丛书总序第 1 页。

⑤ 汪丁丁：《新政治经济学讲义：在中国思索正义、效率与公共选择》，上海人民出版社 2013 年版，第 68 页。

的字样，只是在 1985 年的第 12 版中，才将"政治经济学"一词删除。当萨缪尔森忙于删除其《经济学》一书中的"政治经济学"一词时，在其他一些学者眼中，"政治经济学"一词正再度复兴于西方（不过含义已不同于其传统用法，而且在不同学者的眼中，其含义也再不相同）。新兴的"政治经济学"多少与正统的经济学有所不同，它更多地继承了经济学的帝国主义传统。20 世纪 60 年代，芝加哥和弗吉尼亚的一些经济学家挪用了"政治经济学"这一术语，来表示以公共选择理论为核心的一些研究。这一取向大大地弘扬了"经济学的帝国主义"传统，用经济学的方法去研究各种政治问题和政治过程。甚至将这一取向推向极端，便是用经济学的方法去统一整个的社会科学。相对而言，另一取向则较为和缓。一些自称或被称为政治经济学家的学者将注意力集中于政治对经济的影响，以及反过来经济对政治的影响。在这些学者的眼中，政治经济学是"政治与经济"之学。由此推而广之，则可以分析社会、文化及其他各种因素对经济的影响，或反过来分析经济对社会其他诸方面的影响。从而，政治经济学便成了一个大"交叉学科"，乃至更宽泛化而成为"社会科学"的同义词。具有这一取向的经济学家中，有许多人和缓得也许不应再称为"帝国主义"，而应称为"大同主义者"。他们主张"和平统一"社会科学。现实中的政治、社会、文化、经济诸方面确实是相互联系的，而在"社会分化"程度较低，各方面"耦合"得过于紧密的发展中国家就更是如此，很多问题不是靠一个学科的分析能够认识和解决的。在当代西方，政治经济学一词歧义繁多，但有一点是可以肯定的：在大多数当代西方政治经济学家的心目中，"政治经济学"的研究视野和领域远较现代正统"经济学"宽泛得多。①

　　关于政治经济学问题的讨论自有史以来直到近代为止，这种性质的论述大多都带有就事论事的特点，不是对特定的政策趋势进行检验就是对特殊的道德或政治行为问题进行评价。直到 18 世纪在重农主义者和苏格兰的思想家们及其追随者的著作中，才开始出现把经济现象作为一个内部互相联系的整体进行分析研究的内容——现代称之为经济学的研

---

　　① ［美］巴里·克拉克（Barry Clark）：《政治经济学——比较的观点》（第二版），王询译，经济科学出版社 2001 年版，丛书总序第 2—4 页、译者序第 1 页。

究工作；同时，也可在其中找到有关经济政策的规范和规定——即我们理解的政治经济学的内容，并到那时才开始形成一个理论体系。亚当·斯密认为政治经济学应该"作为为政治家或立法者服务的科学分支"的提法，显然认为政治经济学包含着与社会政治价值观相联系的一整套主张。政治经济学不是科学的经济学，也就是说它并不是阐述经济系统本身运行而与价值观念无关的一般规律，它讨论经济领域中公共政策的原理。① 政治经济学研究一般是政策的研究，但政治经济学家从来不相信政策是由几个专家、学者研究然后向政府提建议所形成的。政治经济学家认为政策尤其是经济政策肯定要涉及不同利益集团的争夺，无论这些利益集团是在政府内还是在政府外。所以政治经济学家更感兴趣的是政策真正是怎样得来的，是在什么样的背景下形成的。②

詹姆斯·斯图尔特爵士的《政治经济学原理》以及亚当·斯密的《国富论》这些早期著作中，政治经济学泛指所有的有关经济科学以及经济政策理论的全部论述。斯密在《国富论》中写道："作为为政治家或立法者服务的科学分支，政治经济学有两个明确的目标：首先，它要为人们提供，或更恰当地说，使人们能够为自己提供丰厚的收入或生活资料；其次，向国家或全体国民提供足以维持公用事业的财源。政治经济学研究的目的，是要使国富民强。"因而从斯密著作的内容看，政治经济学不仅要描述经济系统实际上是如何运行或怎么运行的，而且根据作者的意见，还要研究应该让经济系统怎样运行或者应该允许它怎样运行。总的来讲，绝大多数古典经济学家都因袭了对政治经济学的这种理解，即它既包括对经济行为的描述，又包括对经济政策的规定。③ 巴里·克拉克在《政治经济学：比较的视点》一书中认为"政治经济学是原始的社会科学"。亚当·斯密、约翰·斯图亚特·穆勒、卡尔·马克思等人均是以广阔的视野研究社会体系。19 世纪中叶，作为在政治思想上对自由市场的反应，自由主义流派地位迅速上升，社会科学家们

① ［英］L. 罗宾斯：《过去和现在的政治学经济学——对经济政策中主要理论的考察》，商务印书馆 1997 年版，第 6—8 页。
② 朱天飚：《政治经济学理论和方法综述》，载中国政治学年鉴编辑委员会《中国政治学年鉴（2003—2005）》，中国文联出版社 2006 年版，第 52 页。
③ ［英］L. 罗宾斯：《过去和现在的政治学经济学——对经济政策中主要理论的考察》，商务印书馆 1997 年版，第 5 页。

试图建立一种客观的知识体系用以合理地解释各种社会政策。由于经济学的研究领域界定在最易观察和定量的行为，作为政治经济学遗产最直系的继承者，经济学在模仿自然科学上最具潜力。人类行为的政治、社会、文化、历史和心理维向托付给了其他学科，而经济学则集中研究个人在市场上对物质利益的追求。利用个人理性假设及用货币作为衡量原因与结果的尺度，使经济学家能够在很大程度上仿造 19 世纪的物理学建立其理论大厦。克拉克将经济学定义为个人通过市场追求经济繁荣，而将政治学定义为共同体通过政府追求公正。直到 19 世纪下半叶，政治经济学才开始裂变为经济学、政治学、社会学、社会史、社会心理学以及社会哲学等学科。①

二　马克思主义政治经济学

政治经济学是一门社会科学，是研究社会生产关系及其发展规律的科学，物质资料的生产是它研究的出发点。② 在中国，一提起政治经济学，人们首先想到的是马克思主义的政治经济学，想到的是劳动价值论、剩余价值论、资本主义剥削等问题。那么，政治经济学就仅仅限于马克思主义政治经济学吗？实际上，在西方国家，政治经济学是一个非常广泛的概念，也是一个流传了几百年的概念。目前，西方国家的经济学也只不过是政治经济学发展过程中的一个名称。最早将"政治经济学"作为书名的是詹姆斯·斯图亚特，他在 1767 年出版了《政治经济学原理探究》一书。在这本书中，作者指出，在英国最早使用"政治经济学"的是詹姆斯·斯图亚特。③

《新帕尔格雷夫经济学大辞典》中涉及马克思经济学的辞条的主要内容可以归纳为马克思经济学在经济思想史中的地位、马克思经济学与西方经济学的关系、马克思经济学对西方经济学的影响和马克思本人对经济思想史的研究四个方面。④ 在很多人的理解中，政治经济学几乎等同于马克思主义经济学，其主要的核心内容就是关于马克思主义政治经

① ［美］巴里·克拉克（Barry Clark）：《政治经济学——比较的观点》（第二版），王询译，经济科学出版社 2001 年版，译者序第 1 页、导言第 1—2 页。

② 陈征：《政治经学——资本主义部分》（第二版），高等教育出版社 1993 年版，第 1 页。

③ 李增刚：《经济学其实可以很简单》，山东人民出版社 2012 年版，第 203 页。

④ 郭广迪：《西方经济学视角中的马克思经济学》，人民出版社 2014 年版，第 140 页。

济学的基本原理和分析方法，理解资本主义被社会主义所替代的历史必然性和共产主义必然实现的历史发展趋势；西方经济学则是关于市场经济的经济学理论，学习的目的是掌握有关市场经济如何运行的经济学的基本原理和分析方法，理解市场经济运行的一般规律以及政府在市场经济中的作用。正如一些经济学家所说，政治的内容就是经济。大多激烈的争论都是围绕着经济展开。①

马克思主义政治经济学是研究生产关系及其发展规律的科学。不仅要研究生产关系的本质，而且要研究生产关系的具体形式，研究社会经济的运行和社会经济的发展。这就是马克思主义政治经济学的研究对象。恩格斯在《反杜林论》中说：政治经济学是"研究人类各种社会进行生产和交换并相应地进行产品分配的条件和形式的科学"。② 列宁也曾指出："政治经济学决不是研究'生产'，而是研究人们在生产上的社会关系，生产的社会制度。"③ 政治经济学就是研究不同人们在不同生产关系中所处的经济地位和物质利益，从而揭示其发展的客观规律。作为经济科学的政治经济学，是在 17 世纪初出现的，是由法国重商主义理论家蒙克莱田在 1615 年发表的《献给国王和王后的政治经济学》一书中最先使用政治经济学这个名称的。后来这一名称又在英国和法国普遍使用，产生了资产阶级的政治经济学。马克思继承了英法传统，也在自己的著作中使用了它，从而建立了马克思主义的政治经济学。

19 世纪中叶，随着资本主义机器大工业的发展，资本主义基本矛盾日益尖锐，经济危机周期爆发，无产阶级已作为独立的力量登上了政治舞台，积极开展反对资产阶级的斗争。马克思、恩格斯在批判地继承德国古典哲学、英国古典政治经济学、法国的空想社会主义的基础上，建立了辩证唯物主义的世界观与方法论，创建了代表无产阶级利益的真正科学的马克思主义。④

---

① 迈克尔·G. 罗斯金等：《政治科学》（第十二版），林震等译，中国人民大学出版社 2014 年版，第 293 页。

② 中共中央马克思恩格斯列宁斯大林著作编译局：《马克思恩格斯选集》（第 3 卷），人民出版社 1995 年版，第 189 页。

③ 中共中央马克思恩格斯列宁斯大林著作编译局：《列宁选集》（第 1 卷），人民出版社 2012 年版，第 184 页。

④ 陈征：《政治经学——资本主义部分》（第二版），高等教育出版社 1993 年版，第 16、19 页。

近来政治经济学这个术语已经带着派性的暗示复活了。政治经济学的研究其实从来就没有间断过。比如，列宁对于帝国主义的论述，熊彼特对于资本主义本质以及社会主义和民主的探讨，波兰尼对于资本主义国家和市场关系的揭示，以及哈耶克和弗里德曼对于资本主义和政治自由主义关系的强调，都可以算作政治经济学的经典著作。激进人士用"政治经济学"来代替马克思主义，以描述他们对资本主义国家间和国家内财富分配不均的批评。保守主义者使用该词以试图返回亚当·斯密所提倡的纯市场体制。①

第二节　政治学与经济学的分合

在学术研究中，政治学与经济学也曾经是相互交叉的。但 18 世纪后，由于多重因素的影响，政治学与经济学出现了分离。20 世纪初，凯恩斯经济学的产生，使政府对经济的干预有了理论依据，人们开始把政府与经济问题联系起来进行研究，使政治学与经济学产生了一定程度的联系，但政治学是政治学，经济学还是经济学。20 世纪 70 年代后，凯恩斯主义"失灵"，新自由主义经济学开始盛行。在经济学界表现为公共选择、新制度经济学等学派的产生与发展。公共选择理论开始将经济学理论和方法应用于政治分析。新制度经济学改变了制度研究为政治学专有研究对象的状况，开始研究制度对经济的影响，为揭示各种社会问题提供了新的视野。20 世纪 90 年代，在政治学界，政治学和经济学的交叉研究也成为重要的研究方向，理论界提出"新政治经济学"一词。到现在，"新"字已经被拿掉了，就叫作政治经济学。这在国外不会引起什么歧义，在中国也许要有一段时间的过渡。②

在亚当·斯密和大卫·李嘉图那个时代，政治经济学和经济学没有什么区别（经济学最早是以"政治经济学"的名称出现在人类知识的舞台上）。"政治经济学"是英语"Political Economy"译成的。从英文

---

① 迈克尔·G. 罗斯金等：《政治科学》（第十二版），林震等译，中国人民大学出版社 2014 年版，第 293 页。

② 鲁照旺、赵新峰：《政府经济学》，中国财政经济出版社 2015 年版，第 130 页。

字面上看，政治经济学要比研究政治与经济的关系更具体，它研究的是被"政治"（political）修饰的"经济"（economy）。① 作为一种客观存在，政治与经济两大现象相互联系、相互影响。脱离政治因素无法理解许多经济行为，脱离经济因素也无法理解许多政治行为。② "政治经济学"一词出现在 17 世纪欧洲现代国家建设的起始阶段，从一开始就是探讨国家事务的管理，特别是国家财政、经济事务的管理的一门学问。当代学者对政治经济学的定义虽然各有不同但都离不开"对国家经济事务的管理"这个基本意思。因此，政治经济学更准确的定义应该是一门研究国家对经济事务管理的学科。国家管理经济事务并不意味着国家一定有主观能动性，关键看它和社会、经济的关系。由此可知，政治经济学其实就是为了回答国家怎样管理经济事务这个问题而对国家、社会与经济的关系进行的探讨。③

经济学在 18 世纪兴起之时的名称是"政治经济学"，从亚当·斯密到约翰·穆勒都是这样用的。虽然到了马歇尔时改称"经济学"，但也不应该让"政治经济学"从经济学系出走的。许多非经济学系所开授的各种政治经济学，非但见不到经济学理的术语与概念分析，更有甚者，都是带着反经济学的情绪而来，嘲讽经济效率、否定市场机制、大谈政府管制等。一个完整的经济学体系应当包括微观经济学、宏观经济学、政治经济学三部分的体系。

18 世纪时还没有"经济学"的名称，当时对经济活动与经济事务的研究都称为"政治经济学"。斯密是苏格兰启蒙时期的学者，当时学术界的共同议题是："如何在给定个人利己心的前提下，去提升社会整体的利益？"他们强调人类文明来自社会公共利益的累积，但也坚信个人的利己心是人性的事实。提倡自由市场的政治经济体制，视市场为个人交换商品、生产要素、技术与知识的平台，让个人在市场中自由选择就业与消费，并通过市场的供需机制去决定商品的价格与薪酬，也让企业家经由创新去推动经济增长。由于他提出的"看不见的手"原理解

---

① 朱天飚：《政治经济学理论和方法综述》，载中国政治学年鉴编辑委员会《中国政治学年鉴（2003—2005）》，中国文联出版社 2006 年版，第 50 页。

② 鲁照旺、赵新峰：《政府经济学》，中国财政经济出版社 2015 年版，第 130 页。

③ 朱天飚：《政治经济学理论和方法综述》，载中国政治学年鉴编辑委员会《中国政治学年鉴（2003—2005）》，中国文联出版社 2006 年版，第 50 页。

答了这问题，斯密也就成为苏格兰启蒙时期的代表性学者。在自由经济下，个人凭其天赋、机会、运气与努力从市场中获取应得的报酬。经由市场的交易机制，个人天生和后天的种种差异表现成货币形式的收入差异。在私有财产权制度下，收入差异经由长时间和几代人的累积而扩大成财富的贫富差距。不可讳言，自由经济有利于天资聪颖者和后天接受良好教育者的竞争优势。贫富差距也意味着穷人享有的经济福利低于富人。自由经济视富人救济穷人为美德，但慷慨与利他却不是市场规则。经济福利不是个人生命的全部，此外还有个人在社会生活中的各种满足。古典政治经济学者理解市场机制无法改善贫富差距，但坚信蓬勃发展的利他性民间社群提供足够的社会救助。这是第一阶段的政治经济学。

直到 19 世纪中叶，经济学者循着斯密开创之路继续探讨，也大都以政治经济学为其书命名。比如：詹姆斯·斯图亚特（James Steuart，1712—1780）于 1767 年出版的《政治经济学原理》、让·巴蒂斯特·萨伊（Jean‑Batiste Say，1767—1832）于 1803 年出版的《政治经济学概论》、大卫·李嘉图（David Ricardo，1772—1823）于 1817 年出版的《政治经济学及赋税原理》、托马斯·罗伯特·马尔萨斯（Thomad Robert Malthus，1776—1834）于 1820 年出版的《政治经济学原理》、弗里德里希·恩格斯（Friedrich Engels，1892—1895）于 1844 年出版的《政治经济学批判纲领》、约翰·特勤（John Stuart Mill，1806—1873）于 1848 年出版的《政治经济学原理》等。这一段时期称为古典政治学时期。

到了 19 世纪后期，政治经济学开始仿效自然科学，以严谨逻辑去探讨经济变量间的因果关系，并精确分析从经济手段到经济目的之关系。政治经济学探索各项经济变量的因果关系，然后用这套逻辑体系去分析经济手段的适用范围。1871 年前后，古典政治经济学发生经济思想史上有名的边际主义革命（Marginalist's Revolution）。经济思想史学者称边际学派革命之后的经济学为"新古典经济学"。新古典经济学继承古典学派的思想，只是以效用学说取代劳动价值学说，以边际分析替代历史陈述作为方法论。在这个阶段，自由经济学者区分了经济活动与非经济活动，不让政治手段介入经济活动。这理念并延伸到宪政发展，如强调行政、立法与司法必须独立与相互制衡的三权分立和"私有财产权制度"。社会若无法有效缓和贫富差距，那么，贫富差距的死结该如何解开？一个曾被相信的答案是：废除私有财产权，然后以政治权力复制计算机虚拟市场机制而计算的结果去分配资源。这就是第一次世界大战后，在苏联兴起的计划经济体系。计划经济主张收归私有财产，以中央集权的计划替代自由市场的运作，设置国有生产机构，按生产计划配置生产资源和人力再均等分配产出给个人。负责计划经济的中央计划局认为，他们理解市场的运作逻辑，有能力利用计算机去模拟市场并估算每个人和每种商品所需要的生产与消费数量。他们认为，新体制不仅尊重市场的运作逻辑，也能让人们的经济福利趋于均等。计划经济对私有财产权的公开否定，掀起政治经济学对体制的争议。这是第二阶段的政治经济学。

然而，模拟的市场只能将个人视为因应任务的被动者，无法期待个人主动发挥个人知识、创业家精神、魄力、信仰等潜能，其施展结果终必导致整个社会在各方面的迟缓发展。在政治上，限制私有财产权的结果发展成专制主义。苏联计划经济的初期亮丽成就，吸引法国和一些西方国家的仿效。由于西方国家有不侵犯私有财产权的传统，计划经济便被修正为指导性计划经济。在计划经济下，负责的经济设计委员会无权支配或控制个人的资源与行为，只能规划选定的产业或特定部门的发展方案。他们利用政府拥有的国有资源和预算，设计一些诱因相容机制，引导个人自愿选择委员会所规划的产业与行动。英国并没采用以产业发展为目标的法国式经济计划，而是采用凯恩斯理论的需求理论管理。在经济管理下，政府只利用政治权力操控宏观经济变量。这两种体制都不强迫个人的选择，而是利用它所控制的资源或权力去改变个人选择时面对的相对价格，故称之为政治干预体制。法国式的经济干预改变的是不同产业或不同部门的相对价格，而英国式的经济干预改变的是整个经济各部门在规划今天和明天之经济行动的相对价格。由于这两种干预类型相互独立，许多新兴国家的政府都乐意同时接纳。这是第三阶段的政治经济学。

英国和法国在走向经济干预时，都已推行不同程度的社会福利政策。因此，他们不把经济干预作为改善贫富差距的手段：法国以经济计划推动经济发展，英国以经济管理维持就业和物价的稳定。随着计划经济的失败，私有财产权逐渐成为政治经济学的共识，但经济干预却依旧存在，也引起新的政治经济学的争议。在这争议中，干预主义者要以政治权力去促进经济增长和物价稳定，而自由经济学者则捍卫市场机制，避免遭受政治手段的任意干涉。严格地说，福利国家纯粹以社会目的和政治权力直接提供个人所需要的消费，并不过问市场运作逻辑，也不采取如最低薪酬率或限制日常消费商品的价格等经济干预手段。他们认为，个人需要的不仅是就业、消费、物价、经济增长等经济福利，也需要群体生活的道德、正义与秩序等社会福祉。德国与北欧国家都有着不侵犯私有财产权的传统，国家对社会福利的提供能力也就受限于个人的经济生产力和愿意接受的最高税率。这并不是纯粹理念的福利国家，也不是计算机里模拟的市场机制。他们坚持自由和有效率的市场，以及清廉政府。从尊重市场的科学态度而言，北欧的福利国家远胜过计划经济的国家。北欧福利国家的成功带来第四阶段的政治经济学，也就是社会如何善用个人在可接受的范围内缴纳的税收，去给人们提供最多的经济福利。①

　　近些年来，政治经济学和经济学这两个术语却有了非常不同的政治和理论含义，尽管两者之间也存在许多相互重合的地方。到目前为止，关于它们之间的区别仍然没有达成共识。——公共选择理论的支持者、传统马克思主义者以及当今西方的左翼经济学家都对此赋予了不同的含义。哈佛大学经济学教授雅诺什·科尔奈在《社会主义体制：共产主义政治经济学》一书中把政治经济学定义为一个较为狭义的概念上，仅仅是对有关经济问题进行探讨，包括在社会主义经济中，关于生产与消费、投资和储蓄的决策是如何做出的？经济活动的效率如何？当然也会考察许多其他方面的问题，例如：（1）政治和经济领域之间存在哪些联系？政治机构的体制框架和意识形态对经济工作产生了什么样的影响？（2）哪些社会特征塑造了决策者的价值体系和选择标准？（3）用马克思主义政治经济学的术语来说，不局限于研究"事物"之间的联系。而主要关注的是人们之间的社会关系，其中将着重分析上级和下级之间的关系、使用权力者和服从权力者之间的关系，是什么东西塑造了上述关系，而后又对经济活动带来了什么样的影响？因此，它超越了更严格意义上的"经济学"边界，而且必然涉及政治科学、社会学、社

---

① 黄春兴：《当代政治经济学》，浙江大学出版社 2015 年版，第 1—6、14—15 页。

会心理学、政治和道德哲学以及历史等诸多领域，这种学科的延伸恰好是"政治经济学"一词所力图表达的含义。①

第三节 从古典政治经济学到新政治经济学

政治经济体制为国家政体或政经体制，而称政策为政府政策，不难理解，"国家政体——政府政策"是两级层次的结构。② 现在，即使是保守人士，也不会期望政府不要干预经济，每个人都期望政府能够促进经济的繁荣。但是在 20 世纪早期，情形却不是这样的。许多欧洲政府同华盛顿政府一样，遵循"古典自由主义"的原则，奉行不干预经济的政策。然而，随着 1929 年经济大萧条的爆发，不干预政策使情况越来越糟，于是人们开始要求政府进行干预。英国经济学家约翰·梅纳德·凯恩斯在 1936 年写的一本书中，提出要通过抑制经济周期的波动来消除经济不景气。在萧条时期，政府应通过公共工程和福利的"反周期开支"来增加"总需求"，使萧条变得更短暂、更温和。当经济增长过快时——伴随着投机泡沫和通货膨胀的危险——政府就应通过提高税收来冷却。第二次世界大战过后，保守派的经济学家如弗里德希·哈耶克和米尔顿·弗里德曼将凯恩斯学说视为基于亚当·斯密基本供求关系学说发展而来的"新古典主义"学说。政府对经济的管制结束了，自由市场开始兴起。③

一 从古典政治经济学到新古典经济学

重商主义政治经济学。15 世纪末，西欧进入了封建制度瓦解和资本主义产生的时期。这时候，封建自然经济日趋衰落，商品货币关系日益发展，城乡资本主义关系逐渐成长。在封建生产方式解体和资本主义生产方式形成中，商业资本曾起了重大的作用。④ 在 16—17 世纪，一

① ［匈牙利］雅诺什·科尔奈：《社会主义体制：共产主义政治经济学》，张安译，中央编译出版社 2007 年版，第 10—11 页。

② 黄春兴：《当代政治经济学》，浙江大学出版社 2015 年版，第 12 页。

③ 迈克尔·G. 罗斯金等：《政治科学》（第十二版），林震等译，中国人民大学出版社 2014 年版，第 294—295 页。

④ 陈征：《政治经学——资本主义部分》（第二版），高等教育出版社 1993 年版，第 16 页。

些资产阶级学者，对流通领域的社会经济现象进行了研究，首次把经济整体的效果评价问题和国家在经济中的地位和作用问题提出来，认为经济的目标是增加财富，国家的任务是保证财富的增加。① 早期重商主义者主张：为了积累金银，就要减少购买。晚期重商主义者，则重视发展对外贸易，主张从国外进口原料，在本国加工为制成品，再进行出口，以赚取货币，这就产生了重商主义政治经济学。②

17—19 世纪初是政治经济学发展的黄金期，后人称这个时期的政治经济学为"古典政治经济学"（classical political economy）。③ 它包括了资产阶级古典政治经济学和资产阶级庸俗政治经济学两个内容：

17—19 世纪初期，资本主义生产方式在英、法逐步确立，资产阶级作为新的生产方式的代表，逐步走上历史舞台。这时产生了资产阶级古典政治经济学。古典政治经济学产生于 17 世纪中叶，完成于 19 世纪初期。它的创始人是英国的威廉·配第，主要代表人物则是英国的亚当·斯密和大卫·李嘉图。18 世纪，斯密、李嘉图等西方经济学的鼻祖正式以政治经济学为题目展开自己的学说。斯密在《国富论》第四卷导言中提出"作为为政治家或立法者服务的科学分支，政治经济学有两个明确的目标：首先，它要为人们提供，或更恰当地说，使人们能够为自己提供丰厚的收入或生活资料；其次，向国家或全体国民提供足以维持公用事业的财源。政治经济学的目的是要使国富民强。"斯密接受重农主义的"自由放任"主张，反对重商主义的国家干涉主义，认为个人利己行动的极大化会自动地实现整个社会的利益。这个结果是在个人充分竞争的基础上，由一只"看不见的手"来指导而实现的。李嘉图的代表作题为《政治经济学及赋税原理》，通过对工资、利润和地租的研究，他得出了政治结论：资本主义将导致阶级对立。④ 他们第一次把理论研究从流通领域转到生产领域，对资本主义的生产关系作了初步的分析，试图从经济现象的分析进一步揭示其内在联系，在理论上提

---

① 徐大同：《当代西方政治思潮》（第二版），天津人民出版社 2010 年版，第 328 页。

② 陈征：《政治经学——资本主义部分》（第二版），高等教育出版社 1993 年版，第 17 页。

③ 朱天飚：《政治经济学理论和方法综述》，载中国政治学年鉴编辑委员会《中国政治学年鉴（2003—2005）》，中国文联出版社 2006 年版，第 50 页。

④ 徐大同：《当代西方政治思潮》（第二版），天津人民出版社 2010 年版，第 328—329 页。

出了一些重要的有科学价值的见解，从而建立了有完整体系的资产阶级古典政治经济学。

随着资本主义的发展，其固有的矛盾日益尖锐，无产阶级和资产阶级的斗争也在日益发展。18 世纪末和 19 世纪初，产生了资产阶级的庸俗政治经济学。从 19 世纪 30 年代起，资产阶级庸俗政治经济学已经取代古典政治经济学占据统治地位。他们只研究资本主义生产的表面现象和外部联系，不去研究这些外部的表面现象所掩盖的实质。他们的研究方法只是把这些表面现象记录下来，加以分类，从而形成一个庞杂的混乱的不成体系的体系。阶级矛盾，专门为资本主义制度作辩护。他们出于为资本主义辩护的需要，把一些社会经济现象，完全按照资产阶级的利益来加以解释和说明。资产阶级庸俗政治经济学实际上变成了资产阶级利益的辩护学。[①]

到了 1848 年，斯密的古典政治经济学由小密尔（John Stuart Mill，1806—1873）集大成发表了他的《政治经济原理》（Principles of Political Economy）。在维护斯密的自由市场原理的基础上，提出对资本主义制度的修改。在相当多年里，这本著作成为斯密《国富论》之后得到最广泛阅读的一本经济学著作，直到 1890 年剑桥大学的经济学家马歇尔（1842—1924）出版了《经济学原理》（Principles of Economics），综合了各派的观点，在斯密基本主张的基础是，形成了一个关于自由市场的经济学体系。从小密尔到马歇尔，经济学在英国经历了半个世纪的停滞阶段，这是马歇尔在一次发言里描述的状况。直到 1871 年杰文斯（William Stanley Jevons，1835—1882）发表了《政治经济学理论》（The Theory of Political Economy），英国人才开始分享"边际革命"的光荣——与奥地利学派的门格尔（Carl Menger，《国民经济学原理》，1871）和洛桑学派的瓦尔拉（Leon Walras，《纯粹经济学基础》，1874）一起分享。[②] 马歇尔把注意力集中在微观经济分析上，把制度当作不变的常量，只考察既定制度下，稀缺资源的配置和效率问题，经济学研究"谁，为何，如何生产"的问题。从此，西方的经济学与政治学分离，

---

① 陈征：《政治经学——资本主义部分》（第二版），高等教育出版社 1993 年版，第 17—18 页。

② 汪丁丁：《新政治经济学讲义：在中国思索正义、效率与公共选择》，上海人民出版社 2013 年版，第 67—68 页。

"18 世纪原本名为'政治经济学'的学科，到 19 世纪 70 年代经济学产生后政治经济学则逐渐失去了独立学科的地位变成了'经济学'"，史称新古典经济学。①

二　从新古典政治经济学到新政治经济学

西方的新政治经济学是相对于古典政治经济学而言的，古典政治经济学是现代西方经济学的前身，经济学在近代形成的时候是以政治经济学的面目出现的。

20 世纪 30 年代爆发了世界性资本主义经济危机，以马歇尔为代表的，关于市场可以自行调节，经常保持供求平衡的主流经济学"一夜之间变成了神话"。自由市场的经济学说无法解释西方的经济现实，也无力提出解决经济危机的药方，凯恩斯的经济学应运而生。20 世纪 40 年代，凯恩斯主义成为西方经济学的主流。由于国家再次进入经济学家的视野，政治学与经济学部分地结合，也可以说政治经济学部分地回潮。美国经济学家萨缪尔森综合了凯恩斯和希克斯以及其他经济学家的思想，建立了一个以西方国家"混合经济"为蓝本的新经济学体系。萨缪尔森的观点被称为新古典综合派，其特点是把经济学分为微观经济学和宏观经济学两大部分，分别论述个体经济行为和总体经济运行，认为个体经济领域通行自由放任，总量平衡则需要国家的干预。由于国家被正式纳入经济学体系，新古典综合派已经包含了政治经济学的内容。到 20 世纪 70 年代，西方经济战后发展的黄金时期结束，各国纷纷陷入滞胀的困境，长期的国家干预主义政策使政府背上了沉重的财政负担，生产停滞，通货膨胀和失业率居高不下。凯恩斯主义失灵，新古典综合派也遭到沉重的打击，各种其他经济学纷纷借机登场，其中既有自由主义经济学，也有激进主义主张。货币主义、供给学派、理性预期学派等自由主义倾向的观点居于主导地位，代表人物有哈耶克、弗里德曼、卢卡斯等人。他们对凯恩斯的国家干预主义学说提出尖锐的批评，认为造成滞胀的原因是政府对经济的干预及其错误政策，价格机制原本能自发地调节供求。他们讨论的是典型的政治经济学问题。以布坎南为代表的经济学家，专注于政府行为研究，认为滞胀源自"政府缺陷"，被称为公共选择学派。公共选择学派专门研究政府失败的原因，运用经济学的

---

① 　徐大同：《当代西方政治思潮》（第二版），天津人民出版社 2010 年版，第 329 页。

方法分析政府和政治。另有一批经济学家专门分析制度因素对经济的作用，被称为新制度主义。这些西方经济学家重新关心政治问题，相对于近代的政治经济学，他们以及其他重新涉及政治问题的经济学说，就构成了新政治经济学。①

到了 20 世纪 90 年代，西方政治学者明确主张："政治学研究不能孤立于社会问题和经济问题之外"。② 经济学也在发生变化，更关注宏观问题，政府在经济发展中的作用、政府的职能问题等进入经济学研究领域。政治经济学再次出现，它不再是单纯的经济学，而是政治学与经济学的交叉学科，当代西方形成了政治理论与经济理论相结合的趋势。布坎南认为新政治经济学是指那些与古典政治经济学相对的，力图突破正统新古典经济学狭隘领域的几个学术流派，包括公共选择、调节的政治经济学、法学与经济学或法律的经济分析、产权经济学、新制度经济学、新经济史学。③ 经济学者向政治领域的挺进使"当代对政治经济学兴趣的重新燃起，与其说是政治学家努力的结果，不如说是激进经济学家和社会学家努力的结果"④。经济学家对政治问题的研究给政治学注入了新的血液，促使政治学从新的角度研究政府、国家、制度等政治问题，推动了政治学的发展。现代政治学开始转向，走向具体，不仅研究组织、制度，而且研究政策和决策过程，政府在经济发展中的作用遂成为政治学的重要研究对象。⑤ 简言之，所谓的"新政治经济学"强调了私人产权在刺激和保持经济发展中的关键角色，因此通过支持性的法律和官僚系统来保护产权成了政府的主要任务。具体到法律体系改革方面，政府需要创造稳定的契约交易并且保证可预期的产权；另外，在官僚体制改革方面，则包括改进培训和管理程序，加强政策分析和预算纪律，缩减公务员规模以及提高政府内部的协调能力。通过以上这些努

---

① 徐大同：《当代西方政治思潮》（第二版），天津人民出版社 2010 年版，第 329—331 页。

② ［美］R. H. 奇尔科特：《比较政治学理论》，潘世强等译，社会科学文献出版社 1998 年版，第 14 页。

③ 布坎南：《宪法经济学》，载刘军宁等编《市场社会与公共秩序》，生活·读书·新知三联书店 1996 年版，第 338 页。

④ ［美］R. H. 奇尔科特：《比较政治学理论》，潘世强等译，社会科学文献出版社 1998 年版，第 475 页。

⑤ 徐大同：《当代西方政治思潮》（第二版），天津人民出版社 2010 年版，第 331 页。

力，政府可以变得更有责任、更加透明，并更有效率地保障市场经济的
适当运行。①

第四节　政治经济学的分析内容

一　政治经济学的复魅

一直以来，政治经济学都对鬼神学说持有极大的兴趣，并习惯以
"看不见的手"或者其他幽灵来阐释经济发展的过程。这大概是因为经
济发展过程本身就带有某种神秘的特性，在这一过程中，循环的交易和
符号发展成了一种幽灵似的顽固存在。② 亚当·斯密创造了最流行的市
场经济运行方式的关键词之一。这个关键词的意义是由两个方面决定
的：一方面"看不见的手"这个比喻使人注意到，神学和宇宙学上的
问题已降格到社会本体论的领域。在亚当·斯密之前一百多年，"看不
见的手"说的是自然界万物之间潜藏的力量，是一个宇宙学上的现象。
就像是钟表机械的构造隐藏在看得见的指针和表面背后一样："看不见
的手影响着自然界中的所有事物。"③ "看不见的手"在《国富论》中
成为个人利益和利润追逐转变为公众福利的规律行动的论题，在此之
前，这一概念便已经以完全不同的、也堪称重要的含义出现在亚当·斯
密的另一部著作中。在大约于1758年写成的《天文学历史》中，"看
不见的手"就是宇宙中的事实，就像"后来这只手"使私利主体们的
非常规偏好组合成秩序，它在非常规自然现象中显示出的却是有规律
的、众神的支配力量。世俗的事件通过看不见的干预成为符合天命的事
情，无序变为有序，各种各样的力量和运动指向导致它们相互关联的不
可见的威力：这是一场在"看不见的手"指挥下上演的音乐会，它提
醒我们，隐蔽的操纵（在其确切含义上）对自然界万物的运作和社会

---

① 李泉：《治理思想的中国表达：政策、结构与话语演变》，中央编译出版社2014年版，
第77页。

② ［德］约瑟夫·福格尔：《资本的幽灵》，史世伟等译，中国法制出版社2014年版，
前言第1页。

③ Joseph Glanvill：*The Vanity of Dogmatizing in Ipinions. Manifested in a Discourse of the Short-ness and Unvertaninty of our Knowledge，and its Causes；With wome Reflections on Peripateticism；and an Apology for Philosophy*，London 1661，180.

交往的运行有着同等程度的力量。①

　　另一方面应该注意的是，亚当·斯密的"看不见的手"这个概念的含义并不仅限于此，在他道德哲学的第一部著作，1759 年写成的《道德情操论》中，"看不见的手"被赋予了更深广的意义。书中这样写道："他们被一只'看不见的手'所牵引，几乎实现了所有人对生活必需品的平等分配，就如同土地被所有居民均等分配了一样。就这样，他们在非存心、不自知的情况下，促进了社会利益，为人类的繁衍提供了生活资料。"② 不需要彼此相爱，甚至也不需要真正而有意地相互理解，他们为各自的利益推动着整体情况的改善。在这只神秘的"看不见的手"的作用下，经济人唯一的责任只在于不对任何人、任何事负责。③ "经济人"就是创造开端和解决复杂情况的专家，他之所以能成为他自己，就是因为他不是按照好与坏、公平与不公平，而是按照得与失来划分事物的。没有一个"经济人"不是按照利益得失的模式来组织这个世界各种各样的现象和信号的。追逐利益的人不仅坚持自己狭隘的偏好和兴趣，而且完全无视世界其他部分的存在，甚至想当然地认为，其他人也都拥有同样偏狭的喜好，也都会把激情变成利益，利益变成优势。他的理智之所以成为理智，只因为他平庸且目光狭窄。

　　由此说来，经济人就是狭隘知识的主体，他不能通观因果顺序，往往制造出自己也不懂的、无意识的、超出他有限通观能力的效应。正是这种非本意的、原本出于自我利益和自私偏好的效应，不自主地转变成整体福祉。这尤其归咎于一幅最迟在亚当·斯密之后人尽皆知的"图画"，一只"看不见的手"，它至今仍形象地统治着政治经济学有关秩序方面的各种论断。在这里充斥的是透明的不透明性。因为一方面显然存在一个近乎神的世界，在那儿整体机制呈现出完全透明的状态；另一方面却只有在任何参与者对这个世界不曾占有的情况下，它的机制才会发挥作用。需求的满足、进而社会的相互关系并不取决于个人（比如屠夫、农民或者是面包师）的好意，而是取决于这些个人是否都参与到某种混

---

① ［德］约瑟夫·福格尔：《资本的幽灵》，史世伟等译，中国法制出版社 2014 年版，第 27—28 页。

② Adam Smith：*Theorie der ethischen Gefühle*，hg. v. w. Eckstein，Hamburg 1994，316 – 317.

③ Milton Freidman：Free to Choose，引自 Pierre Rosanvallon：*Le Libéralisme économique. Histoire de l'idée de maché*. Paris 1989，V；Friedman：Capitalism and Freedom，Chicago 1982，13，133。

战中，以"获取他们自己的好处和利益"。

如何阐释经济正论是政治经济学的基本构建特征之一。它基于如下假设，即只有市场和市场参与者是自发秩序、内心戒律和系统恒定的保证。政治经济学的历史就是围绕着这个希望特征发展起来的。因为经济学最初来源于自然法学说、政治顾问文献和道德哲学。①

二　政治经济学与意识形态

到 20 世纪之后，西方主流的经济学家已经不再使用"政治经济学"这一名称，而明确将他们的学说称为"经济学"。但是，政治经济学作为一门独立的学科在历史上就从来没有中断过，虽然其在各个时期的含义和研究的侧重点不尽相同。政治经济学基本上包括经济学中的所有主要流派：古典宏观经济学、新凯恩斯主义经济学、后凯恩斯主义经济学、公共选择理论、产权学派等。因此，从这个角度上讲，所有的经济学都是政治经济学，任何经济学都摆脱不了政治学的束缚。正像查尔斯·林德布洛姆指出的，"在世界上的任何一种政治制度下，政治学的大部分是经济学，经济学的大部分是政治学。"约翰·肯尼斯·加尔布雷斯则指出："脱离政治学的经济学是无用的。"②

第二次世界大战后，许多经济学家试图放弃意识形态，建立真正纯粹的科学。但是，这似乎永远是不可能的。克拉克试图纠正经济学过分偏重科学技术的倾向，努力揭示潜藏于政治经济学争议中的价值取向。他认为，尽管"大多数人声称不喜欢意识形态，将其视为妨碍清醒思考的精神枷锁。但没有人能够摆脱意识形态"。因为人是进行解释的动物，总是试图认识威廉·詹姆斯所谓"闹哄哄、乱糟糟"的外部世界。意识形态不过是人们用以指导其思维和行为的一种精神产物。正如琼·罗宾逊所指出的："每个人都有意识形态、道德和政治观念，自称没有这些观念能够做到纯客观的人不是自我欺骗就是欺骗他人。"克拉克指出，从根本上说，不同流派有关经济和政治问题的争论就在于价值取向不同，而公众在对不同政策进行选择之前，需要了解和考虑其暗含的价值取向。经济学家的价值判断甚至在开始研究之前便进入了经济学。价值判断影

① ［德］约瑟夫·福格尔：《资本的幽灵》，史世伟等译，中国法制出版社 2014 年版，第 18、24—25 页。

② 李增刚：《经济学其实可以很简单》，山东人民出版社 2012 年版，第 203、206 页。

响着研究课题。理论概念以及需要考虑的变量的选择。虽然为在研究中排除价值判断而设计了控制实验的科学方法，但是，这种方法在经济学中的可用性是有限的，经济学的实验室是人类社会，其中存在着数不胜数、相互关系复杂且常常无法定量的变量。我们看事物的方式与我们希望如何看待这些事物是难解难分的（约瑟夫·熊彼特）。每个人都有意识形态、道德和政治观念，自称没有这些观念能够做到纯客观的人不是自我欺骗就是欺骗他人（琼·罗宾逊）。

自然科学的成就给早期政治经济学家留下了深刻的印象。但人类社会的复杂性给经验主义、归纳推理和控制条件下的实验制造了困难。社会现实包括如此之多相互作用的变量，很难以可验证的方式区分因果。因此，政治经济学家转向了理性主义。他们通过只考察最主要、最容易量化的行为——对财富的追求，构造了一个抽象的人的概念。将人设想为经济人是古典政治经济学的出发点。

自 19 世纪中期以来，经济学家们开始用"效用"一词来描述经济行为的目标，但这一概念同样受到了批评，因为它将人看成是追求快乐的享乐主义者。在 20 世纪，经济学家们试图摆脱与享乐主义的联系，提出了"显示出来的偏好"这一概念。人们的选择显示了他希望得到什么，如果他们希望得到其他一些东西，他们会做出不同的选择。使用显示出来的偏好这一概念表明，经济学家承认，效用一词是一种循环定义。如果人们追求的是效用，则说人们追求效用最大化就是同义反复，这种说法不可能与事实不一致，因为效用的定义中涵盖了所有可能有的行为。这一批评也适用于"理性"一词。

对于一个经济学家来说，以效用最大化为取向的行为便是理性的。但由于假设只有本人才能判断自己的效用，没有任何行为可以说成是非理性的。与效用最大化一样，说人是理性的也是一种同义反复。由于同义反复是无法证伪的，因而具有意识形态的性质。

早期的政治经济学是属于意识形态的，在反对政府控制和残留的封建权威的斗争中，早期政治经济学家显然是为增进新出现的工商业者利益服务的。1870 年，甚至是 1930 年以前的所有政治经济学家都是理想家。甚至现代经济学家也不能摆脱意识形态。

20 世纪 30 年代和 40 年代，法西斯主义和共产主义的兴起使新古典经济学家更加信赖他们所谓的科学方法（经济学更抽象化、更数学化）。

极权制度下的暴行造成了对所有集体主义设想的幻灭，从而有越来越多的经济学家转而反对将经济学用作制定改善社会的积极公共政策的工具。

政治经济学不排斥科学，但却将其更为宽泛地定义为：为扩展可以由人类个体或集体用于改善其生存条件的知识而进行的、遵守学术规范的、可以传播的、非教条主义的努力。① 数学方法在经济学中的应用虽然可以使分析更加精确，但是脱离现实的分析，所得出的结论又有什么用处呢？罗纳德·科斯的观点是："在我年轻时，人们说，说出来被认为太愚蠢的事可以唱出来。在现代，经济学如果太过愚蠢，就用数学形式表达。"由上可见他们对现代经济学发展中数学化的不满。②

在今天，经济学理论几乎已经完全变成了数学化的逻辑训练，根本不考虑许多影响实际经济过程的因素。在现代经济界中，新思想的影响常常取决于其内在逻辑和其数学表达的复杂程度，而不是取决于其是否能够解决现实世界中的问题。甚至最杰出的主流经济学家也时常对经济学的现状感到失望。③ 经济学不可能摆脱意识形态，因为其所有的假设就反映了其意识形态观念。经济学不要试图回避意识形态，关键是利用。巴里·克拉克在《政治经济学：比较的视点》一书的最后给出了一个结论性的评论，经济学不可能脱离意识形态，经济学永远都是政治经济学。④

三 新政治经济学"新"在哪里？

新政治经济学（New Political Economy）是指有别于经济学（Economics），而系统地研究政治经济问题的各种学说的统称。它是对于经典政治经济学（Classical Political Economy）（包含马克思主义政治经济学）的继承和发展，而同时也积极地吸收经济学的各种理论和研究方法。一般认为，现代经济学在 1870 年左右发生"边际革命"后继承了经典政治经济学的传统，而新政治经济学是到了 1970 年之后才重新兴起的。⑤ 20 世纪

---

① ［美］巴里·克拉克（Barry Clark）：《政治经济学：比较的观点》（第二版），王询译，经济科学出版社 2001 年版，译者序第 2—3 页、导言第 3 页、第 420—434 页。

② 李增刚：《经济学其实可以很简单》，山东人民出版社 2012 年版，第 207 页。

③ ［美］巴里·克拉克（Barry Clark）：《政治经济学：比较的观点》（第二版），王询译，经济科学出版社 2001 年版，第 424 页。

④ 李增刚：《经济学其实可以很简单》，山东人民出版社 2012 年版，第 202 页。

⑤ 张严冰：《新政治经济学近年来在中国的发展综述》，载中国政治学年鉴编辑委员会《中国政治学年鉴（2003—2005）》，中国文联出版社 2006 年版，第 47—48 页。

六七十年代，政治经济学在西方学术界复兴，诞生了一门政治学与经济学的交叉学科——新政治经济学（New Political Economy）。新政治经济学"反对把政治学与经济学隔绝，强调政治过程中的经济行为和经济过程中的政治行为"，认为个人在政治领域（国家）和经济过程（市场）中均以寻求利益最大化为目的，两者的区别仅在于政治的机制和市场所带来的机会和附带的约束不同，"正是在适用同一种行为原则的意义上，而不是在具有因果联系上，政治学与经济学统一了"。①

新政治经济学谓之"新"更多体现为政治经济学的价值被重新认识，而这个学科又开始在大学和研究机构中被重新设置。当然，与经典政治经济学相比，新政治经济学有了很大的发展。首先，体现在它研究领域的清晰化。其次，新政治经济学对于经济学（主要指新古典经济学，Neoclassical Economics）进行了扬弃。它们的联系在于新政治经济学注重借鉴经济学的数量分析工具和经济学的一些理论，例如公共选择学派（Public Choice）和新制度主义（New Institutionalism），本身也被看成新政治经济学的分支。② 新政治经济学则将政治看作交易，把政治家、官员、选民等所有的政治主体看作理性的经济人，假定的所有活动都是为了追求自身的利益，比如政治家追求选票最大化、官员追求预算最大化、选民追求投票收益最大化。③ 评介当代西方新政治经济学的主要政治思想，涉及的主要问题有政治的经济化、经济的政治化、政治对经济的作用与约束、经济对政治的作用与约束等。④

新政治经济学理论研究的重点是"模型"与"主义"（新政治经济学也研究"政策""企业"和"问题"，但是这些研究只有在"模型"和"主义"的框架明确后才显得清晰。比如同为私有化政策，但它在 20 世纪 80 年代的英国和 90 年代的俄国的施行却差异巨大，而这种差异只能到"模型"和"主义"中去寻找）。模型是对于现实世界中一定时期内一个国家的政治经济制度或一定时期内国际政治经济秩序的归纳和总结。"主义"可能是模型出现所依据的理论，也可能是模型出现后的理论总结，

① 黄新华：《当代西方新政治经济学》，上海人民出版社 2008 年版，第 1 页。

② 张严冰：《新政治经济学近年来在中国的发展综述》，载中国政治学年鉴编辑委员会《中国政治学年鉴（2003—2005）》，中国文联出版社 2006 年版，第 48 页。

③ 李增刚：《经济学其实可以很简单》，山东人民出版社 2012 年版，第 173 页。

④ 徐大同：《当代西方政治思潮》（第二版），天津人民出版社 2010 年版，第 332 页。

但它对于模型而言是独立和超越的，并存在一种自有的规范性（norma-tive）或意识形态性。"主义"往往可以让人感觉一个国家就是应该按照某种模式发展或世界就是应该按照某种秩序运转。"主义"涉及规范性思考的"应该不应该"的问题。但需要特别指出的是，"主义"并不完全和模型挂钩，很多时候，它是知识分子对于人类社会独立思考的结晶在知识体系中自由的演化（intellectual autonomy）。新政治经济学理论大都表现为主义或可以归纳为某种主义。根据罗伯特·吉尔平（Robert Gilpin）的总结，新政治经济学有三大主义，分别是马克思主义、自由主义、现实主义或国家主义，其他的主义或理论也大都可以归纳为这三种主义或者它们的某种组合。①

新政治经济学（Neue Politische Ökonomik）在科学意义上有严格的界定，是指用经济理论工具说明政治交易（政治的经济理论）。进一步的界定涉及政治和经济的结合，通过对相互依赖性的分析，以及始终借助经济学工具。新政治经济学的出发点是，个体在相应的协调方式的框架内，通过考虑效用和成本，以理性方式实现其自身利益。但是新政治经济学对政府和官僚机构的活动家的行为进行的分析表明，他们有一个追逐个人利益的相当大的空间，且他们也切实利用了它。传统经济学理论局限于主要研究利用市场（价格制度）进行的协调，新政治经济学关注社会协调形式、民主制度（选民表决、等级制度、官僚体制）以及谈判（利益团体、协会经济学），从而将经济学的推断应用于更广泛的领域。新政治经济学不仅分析不同的社会决策程序，而且也试图解释它们的同时存在，描述它们的共同作用。

关于社会决策程序"正确"结合的问题非常复杂并因此充满争议，这除了来自理论观点上的分歧，还有不同意识形态的冲突。毕竟存在从来自不同国家的具有不同安排的经验中汲取改良建议的可能性，因此，新政治经济学也可以理解为关于社会制度的学说。② 在立宪层次上新政治经济学也发展了其理论观点，它用理论模型阐述了关于社会博弈规则基

---

① 张严冰：《新政治经济学近年来在中国的发展综述》，载中国政治学年鉴编辑委员会《中国政治学年鉴（2003—2005）》，中国文联出版社 2006 年版，第 48 页。

② ［德］阿尔弗雷德·席勒（Alfred Schüller），汉斯－京特·克吕塞尔贝格（Hans－Günter Krüsselberg）：《秩序理论与政治经济学》，史世伟、钟诚、何广文、沈越译，山西经济出版社 2006 年版，第 143—144 页。

本共识的出现（宪政经济学）。另外，还有一种新政治经济学的分支，它通过运用宏观计量经济学和政策计量学，试图将经济和政治领域的结合以政治性的经济周期的形式加以把握。[①] 新政治经济学研究强调关注现实政治经济的运作，它一来到中国就自然而然地和中国正在进行的改革和开放融合在一起。换句话说，现在它既被当作理论来讲授和传播，同时也被用作分析和处理各种现实问题的方法。[②]

第五节　结语

一　当代西方的政治经济学理解

从逻辑上讲，"经济学"与"政治经济学"和"西方经济学"之间是属种关系，即"政治经济学"和"西方经济学"是"经济学"这一属概念所包含的两个概念。但在这三个概念的实际运用中，问题却没有这么简单。在西方，"政治经济学"一词曾经在一个比较长的历史时期内实际上是经济学的代名词，很多西方著名经济学家都是用"政治经济学"来命名自己的代表作。[③] 自 19 世纪末，马歇尔出版了《经济学原理》，"'政治经济学'一词逐渐被'经济学'一同所取代"，马歇尔反对使用"政治经济学"一词，他是最早将"政治经济学"改为"经济学"的，其动机在于希望为社会提供一种更科学的解释。他将分析的视野限制在"与生活的物质必需品的获取和使用联系最密切的个人和社会活动"，将注意力集中在可定量的从而能够用数学形式表达的现象。[④] 他在《经济学原理》中多次使用了"政治经济学或经济学"这样的用法。显然，在他看来，政治经济学和经济学是两个可以相互替代的概念。但"到了 20 世纪 60 年代，'政治经济学'一词以不同形式再度复兴"，尽管"它的含义

① ［德］阿尔弗雷德·席勒（Alfred Schüller），汉斯－京特·克吕塞尔贝格（Hans－Günter Krüsselberg）:《秩序理论与政治经济学》，史世伟、钟诚、何广文、沈越译，山西经济出版社 2006 年版，第 143—144 页。

② 张严冰:《新政治经济学近年来在中国的发展综述》，载中国政治学年鉴编辑委员会《中国政治学年鉴（2003—2005）》，中国文联出版社 2006 年版，第 47 页。

③ 郭广迪:《西方经济学视角中的马克思经济学》，人民出版社 2014 年版，第 14 页。

④ 李增刚:《经济学其实可以很简单》，山东人民出版社 2012 年版，第 205 页。

与传统用法大不相同"。①

近年来人们习惯于把"政治"一词去掉，用"经济学"这个词单指对经济现象的分析和描述，而把有关什么政策才符合需要的讨论，归于另外的、尽管与前者有关但又与其明确区分开来的特殊的研究范畴。缩小了的词义名称也使得在使用时避免了许多误解。经济学作为一门实证科学，其性质自然不同于伦理要求或政治措施。但是，任何头脑清楚的人都承认，如果不知道可能会发生些什么，或者不了解个人的或政治上的某种特殊类型的行动有可能产生什么样的后果，也就不可能在伦理方面或政治方面合理地确定该采取什么样的做法才符合人们的愿望。打个比方说，如果不了解建筑材料及其性能显然不能贸然搞建筑设计，其道理是完全一样的。当代政治经济学思潮，常会趋向于两个极端：或者是完全的集体主义，或者是完全的无政府状态；即或者是在高压强迫下的全面顺从，或者是普遍性的对抗。② 政治经济学在美国正在走向两个极端。一个极端是量化研究，就是用数字来表示一切政治经济现象，通过数字的运作来达成因素之间的相关性，进而解释现象、找出规律。另一个极端是后现代化研究，就是认为科学的办法很难理解政府和市场的关系，需要把这个关系放在传统、价值的环境里，找出其意识和文化的内涵。在美国，量化研究的倾向非常强。不过从世界范围来看，其他国家的政治经济学研究则运用定性方法多一些，比如历史比较、文化分析等方法。③

二　中国政治经济学的演进之路

中国自从 20 世纪 70 年代末 80 年代初引入现代西方经济学之后，西方经济学发展可谓非常迅速。到了 20 世纪末 21 世纪初期，西方经济学几乎统治大学经济学教育的课堂。导致中国的相当一部分学者，包括相当一部分的中国经济学家，甚至不知道当代西方还有"政治经济学"。④ 在中国改革开放前，"政治经济学"和"西方经济学"这两个概念实际上被

① 郭广迪：《西方经济学视角中的马克思经济学》，人民出版社 2014 年版，第 15 页。

② ［英］L. 罗宾斯：《过去和现在的政治学经济学——对经济政策中主要理论的考察》，商务印书馆 1997 年版，第 5—6、9 页。

③ 朱天飚：《政治经济学理论和方法综述》，载中国政治学年鉴编辑委员会《中国政治学年鉴（2003—2005）》，中国文联出版社 2006 年版，第 52 页。

④ ［美］巴里·克拉克（Barry Clark）：《政治经济学：比较的观点》（第二版），王询译，经济科学出版社 2001 年版，丛书总序第 4 页。

赋予了特定的含义：政治经济学特指马克思主义政治经济学（简称马克思主义经济学）；西方经济学特指西方资产阶级的经济学说。与之相适应，在高等教育领域，政治经济学课程所讲授的就是马克思主义政治经济学；我们现在所说的西方经济学课程则是作为批判对象而开设的，名曰"当代资产阶级经济学批判"。

改革开放以后，从学术研究领域看，政治经济学概念已逐渐在更加宽泛的领域中被使用，所涉及的内容与现代西方所兴起的"新政治经济学"相类似，而不仅仅是马克思主义政治经济学的内容；同时，西方经济学概念在使用过程中也往往不再赋予其"资产阶级"这一限定。但是，从高等教育领域的现状看，政治经济学和西方经济学这两门课程或两个学科专业的实际内容，起码在形式上或名义上并没有发生相应的变化。政治经济学课程仍然被要求讲授马克思主义政治经济学，开设西方经济学课程的目的虽然已经不再是或不再仅仅是为了批判，但讲授的内容基本上也没有发生什么变化，仍然是通常所说的微观和宏观两大部分。尽管"西方经济学"和"马克思主义经济学"的划分不是太科学，但在目前的情况下，仍然有必要将其作为"经济学"这一属概念所涵盖的两个种概念使用。

长期以来，在中国国内的教育中，始终是将政治经济学作为马克思主义经济理论课来进行讲授，目的就是要使学生能够掌握马克思主义政治经济学的基本原理和分析方法，理解资本主义被社会主义所替代的历史必然性和共产主义必然实现的历史发展趋势；然则，西方经济学只是作为关于市场经济的经济学理论课来进行讲授，目的只是让学生能够掌握有关市场经济如何运行的经济学的基本原理和分析方法，理解市场经济运行的一般规律以及政府在市场经济中的作用而已。[①]

在当今的中国，对于一般地称作"经济学界"的许多研究者来说，西方经济学和政治经济学是两大流派，至于两大流派可否交融，甚至可否"交谈"则存在争论。"西方经济学"自然源于西方。我们所谓"政治经济学"同样是来自西方，不过传入中国较之今天人们所谓"西方经

[①] 郭广迪：《西方经济学视角中的马克思经济学》，人民出版社 2014 年版，第 4、16—17 页。

济学"早一些而已。① 现代经济学的主流理论和研究方法等已经成为中国经济学教育和研究的主流理论和研究方法。其中一个重要的特征就是数学的大量运用，高级宏微观经济学、计量经济学、博弈论等进入大学课堂，特别是研究生的课堂。②

① ［美］巴里·克拉克（Barry Clark）：《政治经济学：比较的观点》（第二版），王询译，经济科学出版社 2001 年版，丛书总序第 1 页。

② 李增刚：《经济学其实可以很简单》，山东人民出版社 2012 年版，第 236 页。

第十五章　后现代主义理论：社会科学的语言转向与人文主义的回归

后现代主义是在反对现代主义一元性和统一性的基础上发展起来的，反对将意义束缚在总体化、中心化的理论和系统之中。反现代主义哲学观经历了所谓的"哲学的终结"和语言转向的过程，让人感受好似哲学的"语言游戏"化，也标志着后现代的哲学进入了分析语言学的元话语时代，即科学哲学的语言转向。后现代主义的话语分析对现代性话语分析的颠覆不仅表现在对话语实践的积极构建上，也呼应了话语分析向社会科学领域广泛渗透的需要：后现代主义的"话语"理论旨在全面摆脱以语言定位为导向的理论探讨，转向历史、文化、社会、政治、制度、阶级和性别的交叉研究。由一系列的关照人心的关键词组成，包括了不确定性、焦虑、两难困境、共同体、新公共性等。

随着哲学的语言转向，也开始逐渐向其他的社会科学溢出，许多的社会科学也呈现出语言转向之趋。这里的转向不是指向自然主义的转向，由现代性向后现代性的转向，也不是由祛魅重新进入返魅，更不是由后现代对于现代的简单的解构，而是现代走向后现代的一次深层次的重构，超越了现代性对于人性的关心。简言之，社会科学的语言转向的根本原因是社会科学向人文主义的一次回归。但是，现阶段的人文主义与原始的人本主义思想已发生了根本性的转变，开放与对话成为了其最重要的逻辑。

第一节　绪言

什么叫启蒙？"启蒙"本身就是一种不断的反思。欧美社会之所以精神活跃、生动，原因之一就是这种不绝如缕的"启蒙"的反思精神在起作用。"启蒙"的精神说到底是理性和自由。康德的"何谓'启蒙'？"把这个问题讲透了。"启蒙"有普世性。任何一个民族从不文明、野蛮、愚昧、专政、盲从的社会到文明、民主、自由、人权受到普遍尊重的社会，都必须经过"启蒙"阶段，不能逾越和绕过。西方的"启蒙"，它是自然、自发、在日常进行的具有广泛社会影响和久远历史价值的精神和心智活动。西方的启蒙思想家没有统一的意识形态，不相互依傍，但是他们都提倡思想和言论的开放性、知识的普遍性，由此必然催生民主、自由、平等等人类进步理念和制度的诞生和对人权的绝对尊重。18 世纪的法国启蒙思想家孔多塞认为当时的启蒙思想在法国要反对两种"暴政"，即"政治暴政"和"宗教暴政"。康德所谓"启蒙"就是敢于公开使用自己的理性（私下使用并不困难），即争取言论自由。

　　近几年有一种从反面看"启蒙"的声音，大可怪异，大体来自所谓"后现代"的特殊思维。他们说今天是何等时代，还要"启蒙"作甚？他们似乎把什么都看得很"明白"了。大凡一种思潮的出现，姑且不论其中发表的见解是否准确，总是因时代大变迁、社会出现了前所未有的问题或困惑而产生的。在西方（欧洲），20 世纪（特别是后半）出现了前所未有的问题，见之于政治、经济，也见之于文化思想，引起思维方式的变化以及对历史的"反思"。认为欧洲既是幸运的又是不幸的：欧洲无法给自己造出指路的圣女、圣女布朗婷（Blandine）、圣女贞德。在 20 世纪欧洲处于霸主地位时，人本主义、理性和科学行使了上帝福音的职责。但一旦被神化为福音，人本主义、理性和科学的真理也染上了欺骗性。所以，我们应该保存人本主义、理性和科学的真理而拿掉它们的福音使命。① 但是现在所讲的"启蒙的反思"，恐怕在西方不是这个意思。与其说是"反思"，毋宁说是"批判"，在所谓"后现代主义"说来，是"否定"，是把它"解构"。

　　后现代主义是在这种时代大振荡、大变化的背景下出现的。它认为，西方传统文化已经走到尽头，面对新问题已无能为力，包括民主、自由、科学、文明史观等都需要一番彻底清理。西方素来就有批判现实的传统，这一次则是针对从 16 世纪以来几百年形成的精神成果的批判。但是他们的批判似乎没有成为社会思潮的主流，而且还处在"解构"

① ［法］埃德加·莫兰：《反思欧洲》，康征、齐小曼译，生活·读书·新知三联书店2005 年版，第 112 页。

阶段，"解构"本身就是一种过渡阶段。美国历史学家、国际18世纪研究会主席罗伯特·达恩顿（R. Darnton）教授曾撰文批驳"后现代主义"的反"启蒙"言论。他认为，所谓"后"论者的"论"只能是反理性、反历史、反现代化的。罗伯特·达恩顿（R. Darnton）曾总结了"后现代主义"反"启蒙"的言论，共分为以下六点：一是启蒙运动的"普世观念"（Universalism），实际上，是西方霸权主义的"遮羞布"，——人权只是为了破坏其他文化提供合法依据。二是启蒙运动是乔装打扮的文化帝国主义，它以一种高度理性化的形式向欧洲人提出"传播文化的使命"。三是启蒙运动疯狂地追求知识，以致道德沦丧，宗教毁灭，最后引向法西斯主义。四是启蒙运动过分相信理性，启蒙时代的"哲学家"们把理性本身神化了。然后，浪漫主义思潮很理性地批判了启蒙时代的不足之处后，又建立起人与自然之间存在有机联系的神话。由于仅仅依赖理性，遂使人们在非理性袭击面前束手无策，无所适从。五是启蒙运动是集权主义根源之一，它为法国大革命的恐怖统治提供理论基础，为希特勒和斯大林的恐怖统治开辟道路。六是启蒙运动作为解决当代问题的观点已经过时不适用，启蒙思想家所坚持的理性工具论导致生态危机和量子一统观……①

第二节　后现代主义理论的再纠明

韦伯提出，现代思想已最终归于对世界的"祛魅"，也就是说，现代思想最终就是要消解世界的神秘，让科学来解释世界的一切。而后现代思想则认为，"祛魅"是行不通的，因为"祛魅"之后，"上帝死了"，真理和规范都没有了，人在很大程度上失去了依傍。"不存在规范甚至真理，一切最终都是毫无意义的"，所以必须"复魅"。其实"魅"何须"复"？"魅"一直都存在，所谓"复魅"，无非是用新的方法、新的理论来解释"魅"，或解释何以存在"魅"。②

---

① 陈乐民：《启蒙札记》，生活·读书·新知三联书店2009年版，第181—185、194页。
② ［美］大卫·雷·格里芬（David Ray Griffin）：《复魅何须超自然主义：过程宗教哲学》，周邦宪译，译林出版社2015年版，译者序第1页。

一　后现代

"后现代"作为一种"流浪者"思维方式并非专事摧毁性事业的文化思潮，最初发端于 20 世纪 60 年代的文学界。后现代作者信奉的只有断裂、拼贴、碎片以及故事的解体。到了 80 年代，又因其投射视角的新颖性、提问方式的独特性和所涉内容的现实性，迅速蔓延到了艺术学、建筑学、政治学、社会学和哲学界，至 90 年代末则正式扩展到了自然科学领域。① 后现代生活的情景却不是这样。个体生活筹划不再有稳定的基础，个体认同建构努力并不能纠正"抽离化"的后果，并不能抓住不断流动的自我。而稳定性和确定性通常是现代"结构"的标志。现在，压倒一切的情感是新型的不确定性，而这种不确定性并没有局限于其自身的机会与天赋，它也关注世界的未来式样、生活在世界中的正确方式以及生活方式的是非判断标准。关于不确定性的后现代版本，另一个新特征是，它不再仅仅被视为一种经过适当的努力就能减缓和克服的烦恼。在永久的和不可避免的不确定性条件下，后现代世界正在振作起来面对生活。② 我们生活在一个"后……"的时代。我们谈论后自由的、后工业的、后西方的、后君士坦丁的（post – Constantinian）、后基督教的、后殖民的、后民族主义的、后人道主义的、后父权制的（post – patriarchal）以及最矛盾和最重要的后现代的。尽管这种修辞包含了时尚的成分，但仍应严肃地对待。这种语言表达的和过去的一种决裂的意义已经部分地得到观察和希冀，而且这种语言增进了这种观察和希冀。选择这种术语也表明，被替代之物要比替代它的新的事物肯定更为明确。

"后现代"这个语词的歧义则要大得多。就迄今"现代"这个语词占统治地位的用法而言，"后现代"这个语词就是矛盾的。在日常语言中，"现代"常常用来表示最先进、最新潮、最流行的东西。它随文化变迁而变迁，因而绝不会被取代。根据这种用法，"现代主义者"可能受到保守主义者或传统主义者的反对，可能受到那些通过自称这"新"、那"新"来强调恢复过去的某些特征的意义的人的反对，但他

---

① 炎冰：《"祛魅"与"返魅"——科学现代性的历史建构及后现代转向》，社会科学文献出版社 2009 年版，导语第 1 页。

② ［英］齐格蒙·鲍曼：《后现代性及其缺憾》，郇建立、李静韬译，学林出版社 2002 年版，引言第 21 页。

们却不会受到"后现代主义者"的反对。"后现代"这个语词的严肃使用，取决于冻结（freezing），根据近来的某些占统治地位的特征来使用"现代"这个语词。"现代"这个语词在许多领域已经发生了变化。阿尔弗雷德·诺思·怀特海（Alfrde North Whitehead）在《科学现代世界》中，把"现代"思想当作一种历史现象来反对，他指出了其力量，但也讨论了突破其界限的发展。在他看来，现代世界显然是指 16—19 世纪那段时间。当然，他在 20 世纪 20 年代出版这部著作时也明白，他所描述的那种现代思维习惯仍很盛行。怀特海尽管没有使用"后现代"这个语词，但到了 20 世纪 60 年代，他的一些追随者却使用了这个语词。我们用这个语词来表示 20 世纪科学、哲学和其他领域的发展的全部内涵。在哲学上，怀特海指出的新的开端是威廉·詹姆士（William James），他拒斥了现代哲学关于自觉的人类主体的主观主义的出发点。在科学上，新的开端是相对论和量子论。怀特海主义者在这个意义上继续使用"后现代"这个语词。①

（一）后现代性

后现代性（postmodernity）源于社会从前现代（pre‐modem）到现代再到晚期现代（late modern）或曰后现代（postmodern）转变过程中内在的变化。一般指自第二次世界大战以来在西方社会已经发生的广泛的社会经济和政治的变化，其使得很多人认为我们正"生活在新时代"里。这些变化包括"冷战"的结束、某些社会主义国家的瓦解、通信技术的传播和女权主义运动导致的家庭关系和工作场所的变化、经济的下滑和不断发展的世俗主义（secularism）。大多数理论家认为，后现代性的特点是对早期或"简单"现代性失败承诺的逐渐认识和挑战这个时代的关键设想的倾向，特别是坚信科学和医学是进步的前沿的设想。因此，后现代性已经被定义为一个更合理的现代性，标志着现代性与其自身的缺陷和局限性达到和解。后现代性或多或少涉及对思想构建、表达和实践的质疑，以及对传统的解构。后现代时代的特点是由不断变化和融入、文化碎片和标准及传统的瓦解而带来的不确定性和矛盾心理所构成的。由于老传统已被质疑，导致了更多不确定性和不安全性，当前

---

① ［美］小约翰·B. 科布：《后现代公共政策——重塑宗教、文化、教育、性、阶级、种族、政治和经济》，李际、张晨译，社会科学文献出版社 2003 年版，序言第 1、3—5 页。

西方社会已经被描述成"后传统"。①

（二）后现代的特征

后现代的表述和实践在破坏现代社会自我辩护的能力上有两个基本技巧：一个可以称作"悖论化"，另一个可以称作"解构"。② 后现代是用西方最时髦、最前沿的理论来解构启蒙，解构民主与科学。③ 后现代直接挑战人类理性的力量以及宏观叙事话语。④ 后现代主义质疑客观世界的存在，并怀疑所有关于正当性的宏观叙事话语。后现代主义质疑科学和理性的稳定性，认为根本无法以此为基础构建对社会的稳定论述，因此试图推翻以上宏观叙事话语的说服力，认为它们已经无法为思想或者行为提供正当性或合法性的论述。⑤

西方学者关于后现代的基本特征的论述主要在两个方面进行：知识的方面和文化的方面。哈桑和列奥塔集中在前一方面，而詹姆逊则集中在后一方面，他们的观点比较具有代表性。哈桑认为，后现代的根本特征之一就是"不确定性"。这一范畴具有多重综合所指，如含混、间断性、异端、多元论、随意性、反叛性、反常、变形等。仅变形一项就包括当今诸多自我解构的术语，如反创造、分解、解构、祛中心、置换、差异、断裂性、不连续、结构瓦解、解神话、零散性、解合法化、反讽等。

在所有这些界定中，贯穿着后现代的一个基本精神，那就是对一切秩序和结构的消解。这种强大的破坏欲望影响着社会政治、认识体系、情欲系统以及个体精神等整个话语领域。与不确定性相联系的第二个特征是"内在性"。这意味着后现代主义不再具有超越性，不再对精神、价值、终极关怀、真、善、美之类的东西感兴趣。相反，后现代主义作为一种艺术、哲学和社会现象，它趋于多元开放、玩世不恭，沉溺于欲念和眼前，追求不确定性、离散性，热衷于反讽和断片的话语、匮乏和

---

① ［澳大利亚］狄波拉·勒普顿：《风险》，雷云飞译，南京大学出版社2016年版，第9页。

② 赵汀阳：《没有世界观的世界》，中国人民大学出版社2003年版，第225页。

③ 秦晓：《当代中国问题：现代化还是现代性》，社会科学文献出版社2009年版，第37页。

④ 后现代知识学认为，话语的作用就是使人实际上不能在话语之外进行思想。——参见徐贲《走向后现代与后殖民》，中国社会科学出版社1996年版，第130页。

⑤ Steinar Kavale, "Themes of Postmodernity", in Walter Truett Anderson (ed.), The Fontana Postmodernism Reader (London：Fontana Press, 1996), p.21.

破碎的"苍白意识形态"。在今天，在这个已经来临的后现代世界中，社会在寻找新权威的合法性根基时，权威本身却已自我瓦解。一切都似乎可以，但一切都没有意义。

实际上，无论现代还是后现代都是资本主义时代的产物，它们的文化特质都与资本主义得以确立的精神原则有关，都是资本主义文化逻辑发展之必然，因此对后现代主义的分析必须在产生它的语境中来进行。

（三）后现代对现代的批判

尽管后现代时期开始于 20 世纪初，但现代的思维习惯仍占统治地位。我们当中多数自称后现代主义者的人都认为，现代性现在是解构性的，并威胁着地球的未来①"后现代"仅从字面来看，显然是针对"现代"而言的，但这个"现代"之"后"究竟是"现代"的一种延续还是断裂，人们的意见又各有不同。不过，既为"现代"之"后"，那起码表明，"现代"和"后现代"之间存在着差异，从"现代"进入到"后现代"至少在某些方面存在着转向。所以，从转向的问题入手，或者说，通过分辨现代与后现代之间的区别，也许将有助于我们厘清后现代概念家族中的某些关节点。但是我们也应该清楚，这里的所谓现代与后现代之间的区别，是相对于"后"这一称谓而言的，所以，对"现代"的厘清又离不开"后现代"的语境。

后现代对现代的批判主要集中在三个方面：理性、历史和人。理性乃是现代性得以确立的基本前提，关于现代性理论论述都在维护着理性，将理性视为知识与社会进步的根源、真理之所在以及系统性知识的基础。理性被认为足以发现适当的理论规范与实践规范，凭借这些规范，可以建立起思想系统和行动系统，社会亦将得到改造。通过理性可以实现人类的理想，推动社会的前进。进则，确立理性的绝对权威也好，强调社会向善也罢，最终的目的都是对人的权威的认定，亦即把人放在宇宙和认识的中心，使人成为一切"非我"族类必须与之看齐的最高主体。

可是，在后现代主义看来，启蒙传统的现代观念虽然造就了当今的西方文明，推进了社会生活的现代化进程，但现代性的建构过程也产生

---

① ［美］小约翰·B. 科布：《后现代公共政策——重塑宗教、文化、教育、性、阶级、种族、政治和经济》，李际、张晨译，社会科学文献出版社 2003 年版，序言第 10 页。

了无数的痛苦与不幸，从受资本主义压迫的农民、无产者，到被排斥在公共领域之外的妇女、少数民族，再到受资本主义殖民盘剥的第三世界以及那些在殖民过程中被灭绝的种族，都是现代化过程的牺牲品。后现代对现代性的批判并不是要否认理性、历史和人的存在，而是为了破解以一元性的话语压抑多元的存在。

在当代高科技的传媒社会中，快速的变迁与转型正在产生一个新的后现代社会，由资讯、知识和技术的发展导致的全球化经济的一体化与同质化不仅改变了传统的时空经验或主体体验，而且将产生全球文化的重组，将进一步激发各种异质性的文化之间的冲突和对话。对于这一崭新的历史阶段和社会形态，需要用新理论、新思维来加以理解。①

二　后现代主义理论

（一）后现代主义哲学

从 20 世纪 60—70 年代开始，生活在发达国家的人们感受到现代化的流弊并开始寻求矫正之法。当时滥觞于美国建筑界和法国政论界而至今盛行的"后现代主义"，就是一种以强调个人自由，追求生活质量来消解社会紧张的无奈对策。②"后现代"及其"主义"，不过是发达国家社会现代性的体现。它是对现代化这个过程的完善而不是新的过程的开始。③曾几何时，面对古典主义那巨人般的身影，现代主义在深感压抑之际，干脆举起反抗的大旗，居然一举成功，偶像一夜之间轰然坍塌，解放后的自由与快感造就了一个新的文化时代。然而，就在现代主义高唱凯歌欢庆胜利的时候，突然有人又当头一喝：我们已进入了一个"后"的时代——后工业主义、后现代主义、后历史、后马克思主义等。名称虽然指为各有不同，但却都以自己的方式划定了它与现代主义的异质维度。④

后现代主义者往往站在特殊主义这一端，因为在千差万别的具体情境之间，后现代主义者认为是"不可通约的"（incommensurable）。与

---

① 张志伟、欧阳谦：《写给大众的西方哲学》，中国人民大学出版社 2004 年版，第 253—256 页。

② Bauman, Zygmunt. "Modernity", in Joel Krieger ed. *The Oxford Companion to Politics of the Word*, Osford Uinversity Press, pp. 592 – 596.

③ 张海洋：《中国的多元文化与中国人的认同》，民族出版社 2006 年版，第 248 页。

④ 张志伟、欧阳谦：《写给大众的西方哲学》，中国人民大学出版社 2004 年版，第 252 页。

这一语词相对立的，是"可通约性"（commensurability），原本是科学哲学的术语，意味着不同测度之间的可比性。不可通约性，意味着不同情境之间的不可比性。关键是，后现代主义者相信这一不可比性非常高，以致可以说是"完全不可比性"。① 不同的主题导致了"后现代主义"之不同的意义。在狭义上定义这个词语并不重要。有的时候，焦点可能是超越人道主义；有的时候，又可能是超越父权制、民族主义、关于现代科学的机械论的世界观、现代哲学的主观主义和二元论。有的时候，现代特征受到肯定或批判；有的时候，又只是就此争论不休。有的时候，前现代的理解方式受到高度赞赏；有的时候，人们提出的后现代主义又和先前提出的后现代主义大相径庭。② 后现代主义是一种即时性的相对主义，或曰另类的现代主义。

后现代主义（postmodernism）哲学源于 20 世纪六七十年代法国所谓后现代的文学艺术。它们反对现代社会的日益制度化，强调科技进步对社会的消极影响，反抗现代工业文明对人的自由的束缚和造成的精神家园的失落，要求回归自然。他们的思想引起了很多人的共鸣，具有广泛的影响。③ 在 19 世纪和 20 世纪的绘画领域，也存在着各种以"现代主义"命名的运动。它把重点放在了形式上，而不是任何一种表述上。在很多方面，它和哲学中的后现代主义的某些形式而非后现代主义通常所说的现代主义有着更密切的关系，尽管哲学后现代主义也可能拒斥这种形式的偏见（formalist preoccupation）。④

后现代主义的哲学的思潮形成于 20 世纪 60 年代，盛行于 80 年代，至今仍然影响广泛。而且一同"跨入"了 21 世纪，至少目前在后现代主义"之后"还没有更新的哲学流派出现。后现代主义哲学是不会同其他早前的哲学思想一样在意识形态中销声匿迹的，实际上它的精神已经开始深入人心，最终将成为我们存在的构成因素。也许它对人文科学

---

① 汪丁丁：《新政治经济学讲义：在中国思索正义、效率与公共选择》，上海人民出版社 2013 年版，第 138 页。
② ［美］小约翰·B. 科布：《后现代公共政策——重塑宗教、文化、教育、性、阶级、种族、政治和经济》，李际、张晨译，社会科学文献出版社 2003 年版，序言第 10 页。
③ 沈湘平、万琴：《西方哲学——走进人文社会社科丛书》，中国社会出版社 2009 年版，第 161—162 页。
④ ［美］小约翰·B. 科布：《后现代公共政策——重塑宗教、文化、教育、性、阶级、种族、政治和经济》，李际、张晨译，社会科学文献出版社 2003 年版，序言第 9 页。

意识形态甚至自然科学的深刻影响才刚刚开始，但是可以肯定的是，它所产生的影响是难以估量的。[①]（1）后现代主义哲学批判整个现代西方哲学。他们之所以称自己的哲学为"后现代"哲学，就有认为自己的哲学比现代哲学高级的意思。但事实上，它只是现代哲学人文主义思潮比较极端的一支。后现代主义预示了哲学未来的发展方向，那就是多元化和异质性。后现代哲学是西方社会工业文明发展到一定程度后的产物，虽然它的某些见解是深刻的，但总体来说，它是一种不太积极的哲学。[②]（2）与解构主义关系密切的"后现代主义"，是20世纪80年代的一个时髦词汇。它的确切含义很难确定（因此这个词本身就是后现代的）。思想的零碎化也体现在这样一种趋势中，即对于不同的学科，后现代主义有着不同的意义。它们都想使用这个术语，把它当作一种急需的整合原则；需要有一种后现代主义经济学和社会学，以及后现代主义建筑和诗歌，甚至后现代主义科学和技术。每一个都用它表示统一的丧失和综合的缺乏；它意味着彼此不可通约的多重话语、不同的"语言游戏"和生活世界。作为结构主义和解构的继承人，后现代主义者大谈消灭个体或消除个体中心，偏爱话语领域，提倡一种反人本主义。反对"体系"，信奉真理的相对性，而且总体上信奉断裂、零散化、非理性、易变性，这些都是后现代性质的。每个人都同意，后现代主义在某种意义上拒绝、否定或超越了"现代主义"。但是，现代主义是什么或者曾经是什么，对此几乎根本上不能达成共识。

后现代主义往往强调并反对它们进行综合、整合的企图。但是，反科学、非理性主义、主观主义的特征在早期现代主义者那里是很突出的，当然他们彼此并不完全相似。现代主义者似乎与后现代主义者相似（例如，后现代主义者经常崇拜和引用尼采和乔伊斯的作品）。这两件事实际上往往被混为一谈，越发加剧了混乱。因为如果有人想把现代主义等同于经常与"现代化"联系在一起的主流社会的话（"现代化"这个词常被历史学家和社会学家所使用），在某种意义上，现代主义者已经是后现代主义者了。其他的所谓后现代特征还包括反精英主义。

[①]　张志伟、欧阳谦：《写给大众的西方哲学》，中国人民大学出版社2004年版，第252页。

[②]　沈湘平、万琴：《西方哲学——走进人文社社科丛书》，中国社会出版社2009年版，第164页。

叶芝曾写道："在我们之后是野蛮的神祇。"充满反叛精神的伟大现代主义者都依附欧洲文化的伟大传统，"文明的意识"：一套可供引用的文字、典故、参考书、回忆。现代主义者并不想失去这一套高贵的表达方式。在 20 世纪 20 年代，知识分子凝神思索西方传统破灭的时候，带着一种忧虑，有时候还带着极度悲观情调，但他们还想谈论它，仿佛他们依然有可能逆野蛮主义潮流而上似的，或者，即使失败了，他们还要召集文明的少数人，在一个小小的，但非常重要的角落里，捍卫那面大旗。它至少还能引起轰动，令人震惊。然而，后现代主义者对于现代主义的这种传统难以接受，他们认为："西方不存在神圣不可冒犯的艺术、文化或社会标准"。正如理查德·罗蒂（Richard Rorty，1931—2007 年，美国哲学家）所写的那样，"把一切为它提供逻辑之外的合法性依据的企图都视为浪费时间"。知识只有在它自身的群体和传统之中才是有效的，不存在一个普遍的理性主义基础。甚至科学也不得不接受这一观点，当然社会科学也得接受这一点。不管怎么说，把伽利略以来在现代世界中孕育、在 19 世纪成年的东西说成是后现代的，的确有些奇怪。同近亲解构主义一样，后现代主义似乎不断地颠覆自身，随时走向自己的反面和销声匿迹。也许后现代主义的出现是这个文明所不可避免的命运。这个文明目睹了许多曾经强劲有力的思想体系和价值观念遭受灭顶之灾。时尚和科学的无情推进吞没了过去的人类创造。①

后现代哲学的代表人物主要有法国的德里达、利奥塔，美国的罗蒂、詹明信等。后现代主义哲学的思想非常复杂，以下是它的一些基本观点：（1）反对本质主义。传统哲学总认为事物存在现象与本质之分，本质决定现象，透过现象可以看到本质，所以，认识事物就在于认识事物的本质。后现代主义哲学认为事物根本就不存在什么本质，我们除了语言的游戏之外，什么也不能认识。（2）反权威和中心论。后现代哲学家认为，以前的哲学都强调一元，即对一个事物的正确认识只有一个，而他们则强调只有各自不同的意见，根本不存在客观的真理，所谓权威和中心都是霸权主义与专制主义的表现，他们倡导多元主义和宽容原则，容许不同意见的存在。就像后现代的科学哲学家费耶阿本德说

---

① ［美］罗兰·斯特龙伯格：《西方现代思想史》，刘北成、赵国新译，金城出版社 2012年版，第 599—604 页。

的：怎么都行。（3）反科学主义。后现代哲学继承了法兰克福学派的观点，反对科学至上主义、科学霸权主义。认为自然科学只是一种工具性的知识，它不能给予人生意义，而是导致人性的扭曲。与此相反，后现代哲学倡导文学艺术，认为文学艺术才体现人性，体现人生的意义。（4）游戏的态度。后现代哲学强调一切都是偶然的、不连续的、多元的，因而也是不确定的。因此，他们的人生态度或学术趣味都努力地表现得没有立场，反对追求高尚、宏伟、未来的东西。一言以蔽之，后现代哲学强调的是一种游戏的态度。①

（二）后现代主义理论的特征

后现代主义理论的一个基本特征，就是它们都强调差异性和异质性，反对同一性和总体性。就此而言，并不存在一个统一的后现代理论，只有一个所谓的后现代家族，并且家族成员之间的歧异性远远大于它们的相似性。因此，对于什么是后现代，没有办法找到一个统一的、确定性的定义。现代性也产生了一整套具有规训作用的制度、常规和话语，从而将现代理性的支配模式与控制模式合理化和正当化了。极度扩张的理性一方面为人们设定种种必须遵从的规范，为历史筹划种种不可更改的规律，另一方面又听任官僚制生产和再生产压迫性的差异和等级。实际上，现代性确立的理性、历史规律和人的绝对权威只是一种幻觉。后现代理论认为，人并不是一个理性的、统一的主体，而是一个去中心的、碎片化的主体，是一种精神分裂症的欲望流。历史也不是一个连续统一的整体——所谓"历史"并不是已经过去的事实，而是以各种各样的形式存在的文本，是一系列对过去进行记录、叙述或阐释的话语，是人类对自己的集体欲望所作为的一种意识形态的表达。

作为一种自20世纪60年代开始逐渐在西方流行起来的社会思潮，后现代思潮的最显著特点之一，就是对"大理论""大视野""大思想"的怀疑。后现代思潮从20世纪的科学哲学运动中吸收了营养，提出了"反对形而上学"的口号，这为精神生活上的多元化和相对主义打开了方便之门。后现代思潮可以看成是上述立场的彻底化，是一种彻底的反形而上学，它把"维也纳学派"依旧奉圭臬的"理性""逻辑"

---

① 沈湘平、万琴：《西方哲学——走进人文社会社科丛书》，中国社会出版社2009年版，第162—163页。

统统归入形而上学一类。① 经过分析哲学、符号学、语言学、叙事学、解构主义等诸多流派和专家的诠释，以及消费社会的兴起与全球化的进程，后现代的思想和内容可以说已经覆盖了文化和社会诸多方面，同时也丰富、庞杂到了混乱不堪的地步。

关于后现代思潮的起因以及"后现代"的性质，有专家将之大致归结为以下几种解释：一是社会动因说，这种解释将后现代思潮的兴起归结为它的社会政治背景，认为一种全新的社会秩序应当被确立。二是后工业化或信息社会说，它将信息社会及其知识状态作为观察问题的一个基本视角。三是消费社会说，它认为后现代社会表现为一种消费文化盛行并支配着社会成员生活的"消费社会"的生活方式。四是文化反叛说，代表人物是美国社会学家丹尼尔·贝尔（Daniel Bell），它从价值体系、宗教和文化的角度来反思现代主义。五是叙事危机说，其代表人物利奥塔（Jean – Francois Lyotard）以"叙事危机"作为切入点来展开对后现代的阐述，以"语言游戏"的范式来解决后现代思想的核心问题，将追求差异性、多元化作为后现代的游戏规则。

无法对后现代转向的发生给出一个确定的时间。就社会经济的方面而言，后现代或者说后工业社会、消费社会、媒体社会的出现大约是在20世纪70年代。而就文学艺术的方面而言，后现代的界限就十分模糊。不过，人们一般地更倾向于将后现代艺术的时代划在20世纪六七十年代以后。最后在后现代理论方面，一般来说，20世纪70年代法国后结构主义思潮的出现应当算作是一个新哲学时代的到来，德里达、福柯、拉康、德鲁兹和瓜塔里等思想家都是在这个时期完成对后现代理论的表述的，通过他们，美国在20世纪70年代以后开始出现各种后现代的批评。②

（三）后现代主义理论的文化特征

美国著名的后现代主义理论家弗雷德里克·詹姆逊（Fredric Jamason，1931—　）对晚期资本主义文化逻辑进行了分析，他利用后结构主义的概念来说明后现代时期的文化特征。詹姆逊承认后现代时期的文

---

① 刘大椿：《自然辩证法概论》（第2版），中国人民大学出版社2016年版，第46—47页。
② 张志伟、欧阳谦：《写给大众的西方哲学》，中国人民大学出版社2004年版，第252—256页。

化和社会形式与现代主义有根本的不同。同时他也强调，后现代主义并不只是一种美学风格或美学现象，而是涵盖了新的历史时期的文化、社会、经济和政治等广大领域的一个历史整体表征，是资本主义生产方式发展的一种历史必然。

詹姆逊认为，与资本主义生产方式发展的三个阶段相对应，资本主义的文化形式也有三种：市场资本主义时代出现的是现实主义，垄断资本主义阶段出现的是现代主义，而晚期资本主义（或多国化资本主义）时期出现的则是后现代主义。它们分别代表了不同的对世界和自我的体验，反映了不同的心理结构。作为晚期资本主义生产方式发展的历史必然，后现代主义的文化特征主要表现在如下几个方面：

第一，深度模式的削平。现代主义作品中充满着焦虑和不安，包含着对终极价值的渴望和对自我的执着。而后现代主义作品则削平了所有的深层模式，把一切都平面化了。其目的是消除现象与本质、表层与深层、真实与非真实、能指与所指之间的对立，否定文本有所谓的深层含义或意义，而只有能指的无限滑动。

第二，历史意识的消失。历史意识其实是一种时间意识，它也是一种深度模式。现代主义的历史意识就体现在承认当下碎片化的同时，又企图通过对过去的回忆和对未来的渴望建构起生命的连续性。而在后现代主义那里，时间的连续性不复存在了。詹姆逊认为，后现代时间的特点是一种"精神分裂症"，或如拉康所说的"符号链条的断裂"，在那里只有纯粹的、孤立的现在，只有一连串纯粹的能指性，而不再有过去与现代的连续。

第三，主体的零散化。主体是现代哲学得以确立的前提。然而，在后现代主义中，主体、自我、理性等已经丧失了中心地位，已经零散化了，成了一些空洞的指意符号。随着主体意识的消弭，随着主体的零散化，后现代主义的世界不再是人与物的世界，而是物与物的世界。

第四，距离感的消失。传统美学总是要求审美活动具有一种距离感，由此提出了诸如移情说、距离说、陌生化等，其无非是为了强调艺术与生活的距离。后现代美学颠覆了这一传统的美学观，取消了艺术与现实生活之间的等级秩序，认为后现代文化的特色就是距离感和现实感的消失，是可复制形象或类象对社会和世界的非真实化。

后现代主义试图从形式主义、本质主义、国家主义、乌托邦，乃至

民主制度的虚妄和全能主义中跳出，强调对不同个体的经验进行具体的
理解和诠释。这解释了为何后现代主义会对"叙事"（narrative）尤为
关注。后现代主义强调沟通和信息对于受众的影响，因此叙事不仅仅是
对信息的传递，传递信息的行为本身还体现了讲述者和收听者的不同地
位以及在社会中的位置。① 后现代主义作为一种精神气质的主要特征在
于：反中心性、反二元论、反同一性、反总体性。从肯定的方面说，就
是主张差异性、异质性、多样性、离散性。② 后现代主义反对元叙事，
反对建立一般理论。后现代主义既认为不存在最终的知识与价值基础，
也认为世界不能通过理性加以认识，反对建立一种反映或发现了某种规
律的一般理论。后现代主义认为，追求一种"统一的原理"或一种
"宏大叙事"是不可能的，因为没有哪一种准则、哪一种共用语言或哪
一套概念可以满足人们在思考如此复杂的社会时在方式上的无限多样的
要求。基于这一认识，后现代主义致力于挑战和动摇建立在西方理性主
义和源于启蒙运动基础上的整个知识/思想体系，主张破除权威，多元
化地理解和认识社会。③

　　简言之，后现代主义是对现时代的人类实践和人类自身进行反思的
思想运动，是对现代资本主义的文化批判，也是对传统思维方式的挑战
和扬弃。④

第三节　哲学的终结与语言转向

一　哲学的终结

　　所谓哲学的终结，并不是指哲学写作已不再必要和没有意义，而是
说已经不存在一种拥有真理诉求的优先权的哲学，不存在某些论题——
如真理、永恒、理性、思维规律等——专为它所有的哲学，也不存在其

---

① Steinar Kavale, "Themes of Postmodernity", in Walter Truett Anderson（ed.）, The Fontana Postmodernism Reader（London: Fontana Press, 1996）, p. 21.
② 张志伟、欧阳谦：《写给大众的西方哲学》，中国人民大学出版社 2004 年版，第256—259 页。
③ 白云真、李开盛：《国际关系理论流派概论》，浙江人民出版社 2009 年版，第 374 页。
④ 王治河：《扑朔迷离的游戏：后现代哲学思源研究》，社会科学文献出版社 1998 年版，第 25 页。

意义只有唯一一种解释的哲学。不仅这种哲学不存在，而且连这种意义上的"书"也不存在。哲学的终结不仅是纯洁的哲学论题的终结，也是纯洁的哲学写作的终结，是作者（哲学家）控制写作的全部过程的终结。总之，"终结"不是"完成"，不是绝对的死亡；相反，它是开端，是伟大的时刻的开始。正如历史的终结意识着大写的历史将让位于小写的历史一样，哲学的终结也将意味着大写的哲学要让位于小写的哲学——这就是德里达的"哲学的终结"的真实含义，也是后结构主义的其他一些"终结"论调的真实含义。①

二　哲学的语言转向

20世纪哲学经历了一个"语言转向"（Linguistic Turn）。② 有人译为"语言学转向"，但这种翻译不准确。"语言学转向"和"语言转向"差别较大，"从语言出发，不关语言学体系什么事，它只是从现实世界的语言、思维和现实的关系出发，研究其对哲学、文学，也包括语言学在内的各门学科的影响；从语言学理论出发，就离不开某家语言学理论体系的框框，在不同时期用不同的理论体系往其他学科上

---

① 张志伟、欧阳谦：《写给大众的西方哲学》，中国人民大学出版社2004年版，第269—272页。

② Linguistic Turn，也有译作"语言学转向"，但从本体论—认识论—语言哲学这三个阶段来看，还是说成"语言转向"比较恰当。语言转向英文叫 linguistic turn 这一"术语"（注意是术语）最早见于维也纳学圈的伯格曼（Gustav Bergman，1906-1987）1964年的一本书：《逻辑与实在》（*Logic and Reality*）。后来美国哲学家罗蒂（Richard Rorty，1931-2007），于1967年出了一本章集，名字就叫《语言转向——哲学方法文集》（*The Linguistic Turn—Essays in Philosophical Method*）。Linguistic Turn 被用作书名。从此流行开来。

那么什么是"语言转向"呢？它为何与 linguistics 只差一个字母却相差那么大呢？这个问题就要从哲学上开始讲了。所谓 linguistic turn 是发生在20世纪初的一场哲学运动。从这个意义上讲，linguistic turn 是一场学术运动，而不是一个固定的学科。Linguistic turn 这场运动最早可以追溯到上个世纪初由德国哲学家弗雷格（Gottlob Frege，1848—1925）和英国逻辑学家、哲学家罗素（Bertrand Russell，1872—1970）开创的逻辑分析哲学，他们的逻辑分析不同于以往的亚里士多德的逻辑学，而是由弗雷格1879年《概念文字》（*Begriffsschrift：eine der arithmetischen nachgebildete Formelsprache des reinen Denkens*）开创的"逻辑斯蒂"（现在叫数理逻辑）。在奥地利哲学家维特根斯坦（Ludwing Wittgenstein，1889—1951）前期的工作《逻辑哲学论》（*Tractatus Logico - Philosophicus*）中，他认为哲学的任务只是对语言进行逻辑分析，即日常语言的明确化。这种思想对后来分析哲学的发展有巨大的影响。从此以后哲学的性质发生了巨大的变化，他的这种思想对后期的哲学家产生了极大影响。——参见刘钢的博文《"语言转向"还是"语言学转向"？》，http：//blog. sciencenet. cn/home. php? mod = space&uid = 105489&do = blog&id = 986339。

套……"①

在英语世界里，社会科学从 20 世纪 70 年代开始发生了巨大的变化。毫无疑问，这些变化部分来自哲学对社会科学理论化的影响，但同时，社会科学成果也有助于英美哲学和大陆思想传统两者间的日趋融洽（rapprochement）。② 哲学漫游于各个学科之间，语言哲学也不例外。不难想到，在各门相邻学科中，语言哲学和语言学的关系格外紧密。20世纪初发生的哲学中的语言转向，也正是现代语言学成形的时候，这或许并非巧合。这不仅属于分析哲学，现象学—解释学传统也经历了这一"转向"，实际上，从"现象学"这个名号转变为"解释学"也可以看出这一流派越来越重视语言问题。西方最重要的哲学流派都走上了通向语言的道路，当可说现代西方哲学发生了"语言转向"。有鉴于此，不少论者认为 20 世纪哲学和对语言的哲学探讨成了同义语。③ 对"语言转向"有一种通俗的解释是：哲学是通过语言来表达的，所以语言不仅是哲学的诸课题之一，而且是通向所有课题的必由之径。④

哲学起源于惊异，也可以说哲学起源于问题。那么，哲学中最基本的问题是什么呢？语言，当然是语言。因为哲学属于思想，思想则需要语言来表达，所以语言应该是哲学问题中最基本的问题，它构成了我们能否解决哲学问题的基本条件。虽然关于语言的哲学问题早就存在了，但是语言哲学却是很晚才出现的。古代哲学尚未觉察到思维与存在之间的差别，近代哲学意识到了思维与存在的差别，到 20 世纪哲学则进一步将哲学的反思从理性批斗深入到了语言批斗的维度，终于使哲学运思的基础暴露在光天化日之下。于是"语言的转向"（linguistic turn）就被看作 20 世纪西方哲学的基本特征之一。⑤ 语言能够表达我们心里想的"意思"，当听到一句话，我们能够知道这句话说的是什么，也就是知道这句话的内容。通常人们所说的语言的意义指的就是说出来的内

---

① 潘文国：《语言转向对文学研究的启示》，《中国外语》2008 年第 2 期。

② ［英］安东尼·吉登斯：《社会理论与现代社会学》，文军、赵勇译，社会科学文献出版社 2003 年版，第 55 页。

③ 哈里森：*An Introduction to the Philosophy of Language*，The Macmillan Press LTD，1979，序言。

④ 陈嘉映：《语言哲学》，北京大学出版社 2010 年版，第 14 页。

⑤ 张志伟、欧阳谦：《写给大众的西方哲学》，中国人民大学出版社 2004 年版，第 184 页。

容。分析哲学家发现，"内容"只是作为含义的意义，真正的意义是语言的"逻辑意义"，它隐藏在"内容"之中，这种逻辑意义才是语言真正有所谓的意义。

分析哲学家发现，哲学上的大多数错误其实是人们不恰当地使用语言而造成的，是语言错误导致的思想错误，人们为语言的花哨表达和概念所误导，以为说出来的就都是思想，以为凡是语言能说到的就是存在的东西，于是用语言制造了许多假思想。① 处理语言混乱的哲学方法有助于阐明实在的本性，对此方法的误解会导致处理这类问题的实际方法的缺陷。像韦尔顿这样的经验主义者系统地低估了那些可以被称为"先天的"（a priori）东西的作用。对他们而言，所有有关实在的陈述必定是经验的，或者是尚未发现的，而先天的陈述是有关"语言的用法"的陈述，它们与"有关实在"的陈述正相反。② 人的创造性带来新的感受，基于感受而有表达的冲动，陈旧的语言必须被突破，这就是辩证法的语言。与形式逻辑完全不同，辩证逻辑刻画的是创造性活动——从无到有的过程。③

对于 20 世纪的西方哲学来说，所谓"语言的转向"主要指英美分析哲学运动所促成的哲学革命。不过，对语言问题的思考不仅是分析哲学的工作，它几乎构成了当代所有哲学家的研究对象，例如海德格尔和伽达默尔的哲学解释学、结构主义和后结构主义都不约而同地将语言问题提到了哲学思考的高度。然而有意思的是，它们都在不同的哲学层面思考语言问题。分析哲学又被称为语言哲学，不过它实际上与语言学无关，而是现代数学和逻辑发展的产物。哲学解释学同样不是从语言学出发的，它主要提示了人这种存在者生存境域，以及理解、解释的决定性作用，从而突出了语言本体论地位。相比之下，结构主义和后结构主义才真正是从现代语言学中发展出来的哲学流派。④

阿佩尔曾经这样总结西方哲学的发展：古代哲学注重的是本体论，

---

① 赵汀阳：《思维迷宫》，中国人民大学出版社 2010 年版，第 65—66 页。

② ［英］彼得·温奇：《社会科学的观念及其与哲学的关系》（第二版），张庆熊、张缨等译，上海人民出版社 2004 年版，第 16 页。

③ 汪丁丁：《新政治经济学讲义：在中国思索正义、效率与公共选择》，上海人民出版社 2013 年版，第 445 页。

④ 张志伟、欧阳谦：《写给大众的西方哲学》，中国人民大学出版社 2004 年版，第 184 页。

从近代开始，哲学注重的是认识论，到 20 世纪，哲学注重的是语言。本体论要确定的是"什么东西存在"或"什么是实在的基本存在形式"。认识论要确定哪些东西是我们能认识的，我们是怎样认识这些东西的。从本体论到认识论，可以看作一种进展，沿着这样的线索，我们也可以把语言哲学（意义理论）看作一种进展：我们在何种"意义"上能够认识存在——而"意义"的首要载体就是语言。所以可以把阿佩尔的说法看作是一种主张：哲学归根结底是对语言的思考。①

至于语言转向的原因，人们的看法大不相同，归纳起来有以下几条：一是新逻辑的发现。新逻辑的拥护者发现，借用新的逻辑手段进行语言分析，可以揭示出古典哲学中的很多混乱，批驳过去的很多论证，他们相信，借用这些逻辑手段将能够建立新型的哲学论证和新的哲学。二是对古典哲学特别是德国古典哲学的厌倦。罗素充分表达了自己的态度，他说"当时有一种革命的情绪，一种解放的感觉"。维也纳学派②的青年更加认为，对命题意义的研究将代替对认识能力的研究，传统的认识论将从此消失，哲学将不再纠缠于那些不清不楚的问题，凡是可以表达的，就可以表达清楚，"原则上没有什么不能回答的问题"，所谓回答不了的问题，根本不是什么真正的问题，而是一些无意义的语词排列。三是反对哲学中的心理主义。对心理活动的解释总难免主观成分，对语言—命题的意义却可以进行客观的研究。四是语言科学的建立和进步。这一点可以从洪堡、索绪尔、乔姆斯基等人对现代哲学的影响中看到。③ 分析哲学家大多是数理方面的科学家，在追求科学性方面承袭了实用主义的传统，即力图在语言、意义和实在之间达到统一，受科学主义思潮的影响，那些无法为经验证实的语言命题被宣告为非科学的和无意义的命题。形而上学作为一种追求普遍有效性的真理言说系统，其语言必然包含超越于经验的指向，因此分析哲学的科学性要求最终划分两个世界，也即可以用可靠语言或有意义的命题进行表达的部分，和无法

---

① 陈嘉映：《语言哲学》，北京大学出版社 2010 年版，第 13 页。

② 维也纳学派兴盛于 20 世纪二三十年代，以维也纳为中心，流布中欧，渐次世界。其主要成员有石里克、纽拉特、魏斯曼、卡尔纳普等。维也纳学派强调实证主义精神，关注科学哲学中的一些基本问题，例如约定、定义、规律、或然性等概念，理论体系在科学中的地位等问题。主张创立一种精确的、普遍的语言，"科学语言"或"物理语言"，作为"科学的统一语言"。

③ 陈嘉映：《语言哲学》，北京大学出版社 2010 年版，第 13—14 页。

进行表达的"无意义的"部分。基于上述情况语言的转向就成了一个
必然趋势。

哲学的"语言转向"是用来标识西方 20 世纪哲学与西方传统哲学
之区别与转换的一个概念，即集中关注语言是 20 世纪西方哲学的一个
显著特征，语言不再是传统哲学讨论中涉及的一个工具性的问题，而是
成为哲学反思自身传统的一个起点和基础。换句话说，语言不仅被看成
是传统哲学的症结所在，同时也是哲学要进一步发展所必然面对的根本
问题，由于语言与思维之间的紧密关系，哲学运思过程在相当程度上被
语言问题所替换。这就是语言转向的基本原因。

三　理解"语言游戏"

什么是语言游戏？语言游戏（verbal play），社会语言学术语，指或
者在语言内部成分之间，或者在语言使用的社会或文化环境里，游戏般
地操纵语言成分。也称作言语游戏（speech play）。功能上属于玩耍语，
包括游戏语、双关语、语言争斗、谜语和其他许多种类。[①] 结构语言学
的创始人索绪尔，把语言比作棋类游戏。但在维特根斯坦的理解中，语
言游戏不是人们娱乐时所做的事情。他认为，整个语言就是语言游戏的
总和。维特根斯坦一直认为，哲学问题产生于"对我们语言逻辑的误
解"。一旦语言的运作得到人们的正确理解，哲学问题就会随之消失。
维特根斯坦在《哲学研究》（1953）中引入了语言游戏的概念，他认为
语言的本质决定了可说的与不可说的之间的界限。传统哲学问题就产生
于用语言去说那些不可说的东西。所以找到语言的本质也就一劳永逸地
解决了传统哲学问题，对后来的传统哲学产生了很大影响。如果在
《逻辑哲学论》（1921）中，语言被看作事实的反映，句子或真或假，
没有第三种情况出现，那么，到了 20 世纪 30 年代，发生了语用学转
向，也就是向听者和实际的言语情景的转变。由于认识到语言功能的多
样性，他放弃了那种对语言作出系统说明即提出理论的方法，而代之以
如实描述各种语言游戏的方法。照这种新观点看，哲学问题产生于不能
区分不同种类的语言游戏或者脱离语境孤立地去理解语句。因此，维特
根斯坦后期哲学的特点就是通过"描述"语言的运作来对哲学问题进

---

① ［英］戴维·克里斯特尔（David Crystal）：《现代语言学词典》，沈家煊译，商务印书
馆 2000 年版。

行"治疗",从而使其消失。维特根斯坦以其特有的热情,推翻了他此前有关语言的旧有理论:语言不是事实的确认,也不总是具有真假的语句。①

"语言游戏"被看作是语言活动的模式,用维特根斯坦的话说,它是语言活动的"故土"。它指词的意义是在整体性的语言情境中显露的,这种情境就是语言游戏。它意味着,语言活动是在一个语言系统中进行的,此语言系统形成于具体的生活情境中并为人们所习惯。这些习惯就形成了规则,遵守规则是由实践中固定下来的习惯来保证的,而不是由语法书来维持的。② 维特根斯坦还把学习语言的过程称为"语言游戏",也把"由语言和行动(指与语言交织在一起的那些行动)所组成的整体叫作语言游戏。"③ 在语言游戏的过程当中,维特根斯坦认为哲学家应该告诉人们我究竟是怎么使用这些语言的,同时告诉人们要自己观察在日常生活中如何使用语言。语言的用法应由语法学家来解答。维特根斯坦所强调的"语言游戏"是对传统哲学认识论的否定,传统的认识模式是从概念出发,进入判断,形成推理,最后得出结论。他认为单个词是没有意义的,任何一个词义只能放在它出现的命题或者句子当中才具有意义,这也是分析哲学的语境原则。维氏在《哲学研究》提到哲学是要使自然显示出它原来的样子。哲学不是改变世界,哲学是要用来描述世界的。维氏强调当我们进行语言游戏时,首先要预设出规则,这是游戏行为之前就存在的,每个人都不能够违背这个规则。既然规则是作为一个先于个体的存在,个人都应当遵守规则。在语言的使用中就要严格遵守语言的使用规则。④ 语言游戏本身就是动态的,游戏的规则也不是一成不变的。人在语言游戏中遵循规则,也在语言游戏中改变规则。⑤

本章中维特根斯坦所使用的游戏概念,并不是简单地指用语言来玩游戏,而是强调人类的一切语言活动都属于游戏。对于"语言游戏",

---

① [俄]瓦季姆·鲁德涅夫:《20世纪文化百科词典》,杨明天、陈瑞静译,生活·读书·新知三联书店2013年版,第540页。
② 牛宏宝:《现代西方美学史》,北京大学出版社2014年版,第556页。
③ [奥]维特根斯坦:《哲学研究》,李布楼译,商务印书馆2004年版,第7页。
④ 彭瑾:《浅谈维特根斯坦的"语言游戏"说》,《西江月》2013年第29期。
⑤ [英]彼得·温奇:《社会科学的观念及其与哲学的关系》(第二版),张庆熊、张缨等译,上海人民出版社2004年版,中译本译者序第7页。

维特根斯坦没有下确切的定义，但他却不否认"语言游戏"活动中存在着规则。规则是语言能够顺利进行的保障。维特根斯坦认为语言的本质就是游戏。语词的意义不在于其对应的实体，而在于其使用。换句话说，意义存在于特定的语言游戏的规则中。维氏认为在语言游戏中，用法意味着规则。他强调一个词的意义就在于它的使用，在不同的使用环境中，语言才被赋予意义。世界上不存在脱离了语言使用环境而独立的抽象意义。① 如果当我们面对的是一个没有类似于我们的社会阐释之实践的原始社会的话，那么用这个社会的语言去建立我们对它的阐释性说明，就几乎是一件不可能的事情了。确实，要理解对方，如果有条件的话，最好深入到对方的生活形式中去，观察对方的行为，学习对方的语言，按照对方的思想方式设身处地体认对方。②

语言游戏的理论，首先影响到言语行为理论（也同样影响到语言护教学、语言疗法、虚构的哲学、可能世界语义学、语义基元），言语行为理论的支持者最终得出的结论是：所有的言语活动，而不只是言语活动的一些片断，都是由言语行为构成的。维特根斯坦也认为语言游戏是生活形式，不仅是语言，还有我们通讨语言棱镜所接受的现实，都是语言游戏的总和。③ 语言游戏至少是后现代社会的存在及其运作的一个最低限度条件，它构成后现代社会各种社会关系的基础。而且，由此出发，每个人也在现实生活中，依据语言游戏的原则和实际进行过程，从一种社会关系转移到另一种新的社会关系中。④ 要让维特根斯坦给他所使用的"语言游戏"下一个定义，那他只会说，这是语言游戏，那是语言游戏。但他无意指出所有称作语言游戏的某种共同点或语言的共同点。这些现象没有一个共同点能使我们用一个同样的词来概括这一切，"不过它们以许多不同的方式相互联系着。正因为这种联系，或这些联系，我们才能把它们都称为'语言'。"⑤ 而他就"语言游戏"明确地

---

① 彭瑾：《浅谈维特根斯坦的"语言游戏"说》，《西江月》2013 年第 29 期。

② ［英］彼得·温奇：《社会科学的观念及其与哲学的关系》（第二版），张庆熊、张缨等译，上海人民出版社 2004 年版，中译本译者序 7 页。

③ ［俄］瓦季姆·鲁德涅夫：《20 世纪文化百科词典》，杨明天、陈瑞静译，生活·读书·新知三联书店 2013 年版，第 541 页。

④ 高宣扬：《后现代论》（第 2 版），中国人民大学出版社 2016 年版，第 41 页。

⑤ ［奥］维特根斯坦：《哲学研究》，汤潮等译，生活·读书·新知三联书店 1992 年版，第 50 页。

说："这里，'语言游戏'。一词是为了强调一个事实，即讲语言是一种活动的组成部分，或者一种生活形式的组成部分。"① 由于理解必须在内在的关系中进行，即必须在语言游戏之内，因此必须在亲自参与语言的过程中学会和知道如何遵循规则，才能理解该语言游戏。那么既然在各文化形态中的人的语言游戏各不相同，跨文化的理解就是不可能的。

维特根斯坦的后期哲学，就其对当代社会科学的观念和研究方法而言，产生两方面的影响：一方面是对文化多元主义和价值相对论的影响，有人还把这种影响称为后现代主义的主要特征；另一方面是对强调交互共识的交往理性学说的影响。前者从后期维特根斯坦有关语词的意义与生活形式相关的理论中推出如下看法：既然价值观念与文化形态相关，而且文化形态又各不相同，那么只能有多元主义的价值观，而不可能有普遍有效的价值观念。后者探讨，在两种不同的生活形式、语言游戏中的人的对话和互相理解将遵循什么样的途径和会对双方的生活形式和语言游戏产生什么样的影响。②

第四节　社会科学的语言转向与
人文主义的回归

一　后现代主义背景下的社会科学

西方的社会科学理论更多是在解读西方社会的过程中形成发展起来的，但这也并不是说西方理论与其他非西方的社会现象毫不相关。因为社会问题应该有一些普遍性的特质，所以理论应该能够从一定程度上阐释这些普遍性。这种普遍性虽然有限，但存在着一种阐释的可能性。迄今为止，中国似乎还没有形成比较成熟的社会科学理论体系。在这种情况下，我们可以用中国的社会现象来反观现有的西方社会科学理论，看这些理论能不能阐释中国的社会问题。也许我们发现有这种可能性，但也许我们也会发现一些障碍。所以在研究过程中，关注在使用西方社会

---

① 牛宏宝：《现代西方美学史》，北京大学出版社 2014 年版，第 557—558 页。

② ［英］彼得·温奇：《社会科学的观念及其与哲学的关系》（第二版），张庆熊、张缨等译，上海人民出版社 2004 年版，中译本译者序第 5—6 页。

科学理论来解释中国社会问题时所遭遇的困难，这也应该是非常有意思的地方，可以作为对西方理论的补充。所谓的西方理论，虽然来自西方，但未必一直局限在西方社会文化的范围内，东方的社会问题应该可以使其更丰富、更强大，最后变成属于大家的、有普遍性的理论。

社会科学诸学科的主要问题，诸如国家的功能、政治民主、社会福利、公共行政的效率与价值等均是围绕这些概念展开的，国家是分析的基本出发点或落脚点。但以民族国家为核心的社会科学概念群、社会科学的学科分工，以及以现代性为主要特征的社会科学理性在观念史上不是一成不变的，在社会状态处于急剧转型的过程中时，关于社会科学最核心概念——国家的观念、学科分工的观念和现代性的学科理性观念也最容易被解构和重新建构。福利国家的危机及全球化、地方化趋势与相关学术观念的变化是相互呼应的。在上述社会史的剧烈变化发生之前，民族国家、（中央）政府、具有现代理性和福特主义色彩的科层制在社会科学概念群落中居于稳定的中心地带，而民族国家则是其中的核心。①

社会科学的研究对象是人和社会，这是和自然科学研究对象最大的差别。人和社会太为复杂，面对着如此复杂的人和人类世界，采用单一的数学模式、建模公式等简单化程式化的方法去研究而排除人的复杂性、人的价值和情感的研究往往是靠不住的。人和人类社会虽然起源于自然，但人类活动和人类的精神早已超越它的物质，简单套用自然科学的方法只会得出简单的结论，而忽视人的价值和尊严，只会导致研究成果严重扭曲事实。将自然科学等同于科学，而又将科学等同于真理，是当代人对科学认识的最大误区。而在自然科学方法主导的社会科学研究中，如果不采用自然科学的方法就会被视为不科学。② 什么是科学？这个问题非常复杂。库恩早就说过，所谓自然科学的方法也只是"范式"的变更，不存在所谓的"科学"即真理的说法。③ 个人理解，科学其实

---

① 王诗宗：《治理理论及其中国适用性：基于公共行政学的视角》，博士学位论文，浙江大学，2009 年，第 28—29 页。

② 孙坤：《对社会科学"语言转向"现象的思考——兼论"社会科学"和"人文学科"的困境、危机与对策》，《华南理工大学学报》（社会科学版）2012 年第 5 期。

③ Kuhn，T.，*The Structure of Scientific Revolutions*，Chicago：The University of Chicago Press，1962.

就是理性合理的方法，如果这种方法对研究的有效性帮助甚微，我们可以认为这种方法已经不适合该学科了。因此自然科学的实验、实证方法只是方法，不能作为我们所认为的"真理"。①

科学在起源时代与叙事发生冲突。用科学自身的标准衡量，大部分叙事其实只是寓言。然而，只要科学不想沦落到仅仅陈述实用规律的地步，只要它还寻求真理，它就必须使自己的游戏规则合法化。于是它制造出关于自身地位的合法化话语，这种话语就被叫作哲学。当这种元话语②明确地求助于诸如精神辩证法、意义阐释学、理性主体或劳动主体的解放、财富的增长等某个宏大叙事时，我们便用"现代"一词指称这种依靠元话语使自身合法化的科学。③

从 17 世纪起，真正的科学领域开始确立。伽利略确定了理论模型的作用，培根肯定了经验的地位，笛卡尔表述了以反思主体为目的的哲学和以研究对象为目的的科学两者之间的区别。在 18 世纪，各种科学社团纷纷出现，科学家与哲学家开始有所区别。但是，科学和哲学之间的交流仍然活跃地进行。两者的清楚分界是在 19 世纪的大学里完成的。这时科学走进了大学，与文学、哲学各科系一样，自成门户。从此，人文文化和科学文化之间第一次各立山头，结果是给一方带来知识的削弱，给另一方则带来自身反思的不足。④

近代的科学，除了使人自觉为一不能安定不应安定之自然存在之外，由于科学研究范围之普遍化，与科学之实际应用，更无意间引导人走背离人文、面向自然、物化人生的路。原来科学研究之对象，最初原是人以外的自然。科学的发展史，是由天文学到物理、化学到生物学。科学的精神要客观，所以较远之人生之那些客观事物。但是科学研究范围的扩大，必然要从生物科学，到心理科学、社会科学、文化科学。

科学所得的关于那些生活之真理，只是那些生活之共相，只是那些生活与其他东西或其他生活之因果关系等。科学家研究"生活"之所

---

① 孙坤：《对社会科学"语言转向"现象的思考——兼论"社会科学"和"人文学科"的困境、危机与对策》，《华南理工大学学报》（社会科学版）2012 年第 5 期。

② 元话语（metadiscourse）通常被称为"关于话语的话语"。

③ ［法］让·弗朗索瓦·利奥塔尔（Jean-François Lyotard）：《后现代状态》，车槿山译，南京大学出版社 2011 年版，引言第 3—4 页。

④ ［法］埃德加·莫兰：《反思欧洲》，康征，齐小曼译，生活·读书·新知三联书店2005 年版，第 58—59 页。

得，常并非他所研究的"生活"，而只是他个人之科学研究的生活。然而科学家自觉能居高临下，以研究人类之各种生活，他们便又不免有"自觉其精神是凌驾于人类各种生活上"之幻觉。当科学至上被人公认而不敢反对时，在意识中，就已经把艺术生活、宗教生活之本身之价值，放在低一层，而且在开始削弱在科学生活以外之一切文化生活之兴趣与信心及热忱，而背离整个之人文世界了。

至于近代科学之实际应用，亦无意间使人背离整个人文，而只面向自然，以至物化人生。因为近代科学之实际应用，首先表现在征服自然之科学发明。当应用科学家、企业家之社会地位，在近代特别被人尊崇羡慕，而争相仿效时，其背离人文以面向自然之精神倾向，逐渐被社会所感染，而人类亦自觉其现精神之重心不复在整个人，而向自然倾倚了。然而，由科学之发达，而无意造成的对于整个人文生活之最大的威胁，还在由科学之应用于产业革命，所造成的工商社会，使人的精神日趋于物化。近代文化之弊端，由于人只根据一时的科学结论以形成其宇宙观、人生观与科学技术运用之不当，乃使人不免背离整个之人文，面向自然，物化人生。科学只是人文之一种，科学意识只是人生意识之一种，建基于一时的科学结论的宇宙观人生观，只是人之宇宙观人生观之一种；科学的使命不只是控制自然，发展社会，科学还需要以重塑世界为使命。我们必须以人文之全体和谐发展之理念，代替科学至上之理念。[1]

二　社会科学的语言转向

在社会科学研究方法中引进"语言的维度"，是一种理论创新，这一理论创新的源头应该说是维特根斯坦。[2] 语言问题，其实是意义问题的延伸。关键仍是返回我们每一个人的常识：这一语词，用在此处，这位作者，生活在他当时的情境里，以他的人生体验，究竟表达了什么样的感受。除非我们不试图理解，否则，我们对语言的感受就是对语言表达的感受的感受。[3]

---

① 唐君毅：《人文精神之重建》（一），广西师范大学出版社 2005 年版，第 25—31 页。

② ［英］彼得·温奇：《社会科学的观念及其与哲学的关系》（第二版），张庆熊、张缨等译，上海人民出版社 2004 年版，中译本译者序 5 页。

③ 汪丁丁：《新政治经济学讲义：在中国思索正义、效率与公共选择》，上海人民出版社 2013 年版，第 443 页。

语言和思维之间有密切关系，这是毫无疑问的。在西方思想传统里，与维特根斯坦的工作相关，20 世纪 30 年代出现了一次革命，称为"语言转向"（the Linguistic Tun）——西方人的注意力从外部世界转向西方人用于描述外部世界的语言本身。在西方的或古希腊的思想传统里，世界被划分为两个集合，物理的（Physical）和心理的（Psychical）。有能力感受到"时间"的那些物种，例如人类，将物理的和心里的感受记录下来，故而有第三个知识集合——记忆的或历史的。物理的感受及其表达，形成"自然主义"的语言；心里的感受及其表达，形成"心理主义"的语言。在维特根斯坦和维也纳学派的"逻辑实证主义"影响下，语言本身成为反思的对象。

后现代主义特别强调对"语言"（language）的反思。传统观点认为语言与世界是相匹配的，同质地，人类通过语言认识世界，描述和分析。我们通过语言进行对话，从而沟通。后现代认为语言不过是异质的符号系统，充满主观性，任意性和偶然性。对话被看作对手之间的对抗，不稳定，内含冲突与矛盾。① 因此我们没有办法通过不同的语言来认识和谈论世界，因为不同的语言游戏之间是没有办法在同一范畴下被认识的。不同的语言之间存在着不可逾越的鸿沟。因此后现代的世界由不断变化的视角组成，没有一个根本的参照体系，真理遥不可及。

温奇的《社会科学的观念及其与哲学的关系》一经发表，就引起了一场大的争论：（1）适用于一切生活形式和文化形态的普遍语言是否可能？或有没有可能建立一种价值中立的、客观的科学语言，以此研究各种不同的生活形式和文化形态？（2）用一种与其特定的生活形式和文化形态相关联的语言表达另一种生活形式和文化形态是否可能？如用现代西方社会中的语言正确地表达原始部落的生活方式和文化形态是否可能？（3）如果采取一种折中的立场，即主张由于语言不同，表达不可能完全准确，误解不可避免，但鉴于文化交流事实上还在进行，用某一种语言表达人类历史的各种文化现象的著作还在出版，那么什么是减少误解、促进相互理解的有效的方法呢？②

---

① Steinar Kavale，"Themes of Postmodernity"，in Walter Truett Anderson（ed.），*The Fontana Postmodernism Reader*（London：Fontana Press，1996），pp. 21 – 22.

② ［英］彼得·温奇：《社会科学的观念及其与哲学的关系》（第二版），张庆熊、张缨等译，上海人民出版社 2004 年版，中译本译者序 5 页。

　　历经"语言转向"之后，由不同学科条分缕析而建构的既有的现代知识体系受到质疑，当代人文社会科学正处在重要的转型期。[①] 人文科学涵盖人类学、社会学、心理学，以及艺术、哲学和文学的原则。与量化倾向的社会科学不同，人文科学的关注焦点为"现象"：人们如何体验这个世界？自然科学着重的是"属性"资料（例如，重量与距离这类客观事实）：人文科学搜集的资料可以帮助我们看见"观点"，或是人们对这些属性的感受。[②] 对于"人文主义"这一概念，大多数读者应该都不会感到陌生。一方面是由于我们在生活中经常可以碰到诸如"人文精神""人文关怀"之类的说法，另一方面也是拜教科书中所谓"文艺复兴人文主义"的定说所赐。其实从学理上看，"人文主义"的思想内涵十分丰富：在历史的层面上，它指的是肇始于公元前 5 世纪的古希腊的西方思想传统，这一传统在文艺复兴时期被人们重新发现，并从此为西方历代有识之士所发扬光大；而在逻辑的层面上，它指的是一种对人的价值的珍视态度，以及一种对人类的经验与理性的信任，也正是这一点，使人文主义同中世纪的宗教世界观区别开来。

　　自有人类以来，世界即已是人文世界。自有人类以来，人即是透过人文去看世界，从科学哲学去看世界的条理与秩序，从文学艺术去看世界之美，从道德去看世界之善，从宗教去看世界之无限的神圣庄严。近代西洋文化精神，是要发现或实现普遍者于现实时空之特殊事物，主要是指近代之科学精神，与改造自然及社会之精神。近代科学精神，一方由文艺复兴时代之尊重自然之美来；另一方由相信上帝创造之世界，为有理有秩序来。世界人文进化到现代的矛盾之一，就是由西方近代人文中科学之一支特别发达，人们只依已有的科学结论去看宇宙人生，及科学技术运用之不当，由人忘了他自己在人文之世界。科学之发达，竟致使人忘了其本在人文之世界，而自以为处在一陌生世界、物质世界，而迷失他自己的道路，反从事于人文之毁灭。[③]

　　美国学者波林·罗斯诺（Pauline Marie Rosenau）在《后现代主义与社会科学》一书中主要介绍了关于怀疑派和肯定派后现代主义的理

---

① 孙江、刘建辉：《亚洲概念史研究》（第一辑），生活·读书·新知三联书店 2013 年版，第 1 页。

② 廖建容：《大卖场里的人类学家》，天下文化出版社 2014 年版，第 41 页。

③ 唐君毅：《人文精神之重建》（一），广西师范大学出版社 2005 年版，第 21—22、115 页。

论主张及其在当今各个社会科学学科中所产生的影响。作者的核心观点为，后现代主义是人文学科留给社会科学的一笔模棱两可的遗产。这个遗产所带来的一系列的思想危机对社会科学的影响或喜或悲，但很少却有无动于衷的；这其实并不亚于另一个普遍的现象即现代科学（社会科学）的全面入侵人文学科所带来的危机。但是我们应该深刻地认识到社会科学中的各个学科仍然无法回避后现代主义的诘难。这不仅仅只关乎转换文本、重置读者、时间空间等方法论方面的问题，而是要正面回答主体和表象以及真理的问题。"后现代主义像幽灵一样时常缠绕着当今的社会科学，在许多方面，几分可信几分荒诞的后现代方法对最近30多年来的主流社会科学的基本假定及其研究成果提出了诘难，后现代主义提出的挑战似乎无穷无尽。"①

第五节　结语

启蒙运动（Enlightment）是文艺复兴的继续和发展。它是第二次全欧洲性的具有强烈政治倾向的根本性的革命运动，是思想领域转变的关键，强调近代资产阶级现实主义。并由此建立了始终存在于西方哲学中的人类至上的自然等级体系和自然/社会二元对立的意识形态和世界观。② 人文主义也就成了许多学术流派的思想来源，在这些众多流派中，有一个共同的特点就是世俗化和面向真实的世界。人类成了压倒一切，万物屈服于人类，人则是这些世俗化精神准则的中心基础。人文主义自认为一旦以人为本，就挖断了一切迷信和宗教的根基。但由此，人文主义把人作为一个超越自然的主体，又把自己塑造成了自己的神话。但这种神话和宗教特性是人文主义的信徒所不能看到的，原因在于人文主义思想穿上了世俗非宗教的外衣。但其实在这一世俗的外衣下，思想已在不知不觉中被偷换了概念。

文艺复兴时代的学者被冠于人文主义者。希腊和拉丁的古代文献深深植根于他们的文化修养里，而对这些文献的研究从 15 世纪开始就被

① 汪大海：《西方公共管理名著导读》，中国人民大学出版社 2011 年版，第 201 页。
② 丁建新：《文化的转向：体裁分析与话语分析》，南开大学出版社 2015 年版，第 92 页。

称为"人的学问"。然而，在 19 世纪出现的人文主义概念，被用来指称重新肯定人的观念，弘扬人的精神，提升人的道德的深刻思想运动。这一时期的人文主义也同希腊思想中人的观念迥然相异。在希腊观念中，人隶属于自然，是尘世的凡俗造物，完全与神界隔膜。因此，人文主义虽然是基督教赋予人的特权和希腊关于人的美德两者结合所产生的思想体系，但相对基督教和希腊观念，人文主义的思想基因已发生异变。不仅如此，人文主义体系还汲取了一种前人不知的营养：科学技术赋予的控制自然的力量。

人文主义对待科学也是一种暧昧的态度。一方面它把科学看作是世界的真理，另一方面它又把科学看作为人类的工具。人文主义还受到它自身另一种矛盾心态的困扰。一方面，认为人文主义是适用于所有人类放之四海而皆准的原则；另一方面，它又从事实上表现为极端的欧洲自我中心主义。人文主义的这种自我中心主义是欧洲文化的独特产物，显示出了这一文化的模糊性和复杂性。人文主义是以人为本完全世俗的理论，但它之所以以"人"为"本"，是因为欧洲文化中神话和宗教的源流给人的概念注入了光辉强大的活力，并使人创造了关于自身的神话。进步成为人的第一教义，而现世的拯救则成为人的第二教义。人文主义之所以是欧洲文化的独特产物，还在于它本身充满矛盾。一方面，人文主义旗帜鲜明，其原则是以理性和世俗的角度来批判神话和宗教。另一方面，它的原则在暗处又掩盖了自身许多神话和宗教的成分。随着自然科学的发展，人在宇宙中的地位显得越来越小。科学客观性和决定论否认任何主体和主观自由，从而越来越明显地揭露出人文主义本身的矛盾并动摇其基础。

在 20 世纪，理性进步说、科学进步说、历史进步说等则处于危机之中，使人文主义摇摇欲坠。在人文科学中，决定论和客观性大行其道，分支学科纷纷建立。在这一浪潮中，关于个人、自主、主体的概念荡然无存，让人本身这一概念失去了意义。但是，从人文主义的解体中又产生了一个与神化人同样荒谬的思想：人文的消失。人文主义的失落助长了虚无主义的兴起。特别是人文主义的人类中心论和高于自然论的崩溃，留下了一个巨大的意识真空：人类何去何从？人这个自然和文化的存在到底是什么？他在世界上的地位到底如何？人的精神到底是什么？什么是人的自由，人的理性？能不能避免给人赋予价值？能不能避免人的神话和宗教？现在是否是要重新回到古代的人文主义？

从科学的角度来回答以上的问题，可以对主体和自主的概念进行定义，也可以从对产生条件的依赖关系上，但不能从哲学家的精神主体或自我的至上的地位来进行定义。另外，我们的生命是不能没有任何价值、任何神话、任何信仰的。因此，我们也不能在对人的概念上消除一切价值、一切神话、一切信仰。但是，我们不能将我们的价值、神话和信仰建立在上帝、理性或终极真理上。问题在于我们必须有意识地重新选择我们的价值，同我们自身的神话展开对话，必须认识到我们的信仰只是一种选择而非绝对无疑的东西。也就是说，来源于原始人文主义的另外一种人文主义是可能的。简言之，应该在不断出现的新的条件和领域中，贯彻对话的逻辑。①

---

① ［法］埃德加·莫兰：《反思欧洲》，康征、齐小曼译，生活·读书·新知三联书店2005年版，第45—48页。

第十六章　国际行政理论：行政学的未来指向

　　行政执行的范围从来没有像今天一样走出国门，传统的行政学给人的印象都是以现代国家为单位的，随着全球化以及全球公共领域的兴起，地球的"行政村"的迹象越来越明显。当今世界没有任何一个国家能够解决所遇到的所有行政问题，国际行政理念越来越深入人心，只有相互协商，才有可能解决一些事关国际的重大性行政问题，建立多国参与、多方联动的能够预见、监督和解决全球发展紧要问题的超国家机构以及更加民主与多元行政监督制度，将成为未来国际行政的一个具有重要指向性的课题。

第一节　绪言

　　国内行政是指一个民族国家内部的公共行政，包括国家行政和社会行政。国际行政是国际社会范围内的公共行政。随着全球化进程的推进以及国际间相互联系的加强，环境、人口、恐怖主义、毒品交易、疾病传播等全球问题及其所引发的危机不断涌现，以民族国家为单元的公共行政在应对这些日益严重的全球问题时遇到了前所未有的挑战，各国都因全球性共同问题而形成了一个相互依存的命运共同体。为了积极应对全球性问题的挑战，维护全球公共利益，具有综合与协调功能的国际行政也随之产生了。值得注意的是，国际行政与国内行政具有明显的不同，它不是通过建立一个在各国之上的"世界政府"来实现的，而是在政府间国际组织、非政府组织等协调下，通过国家间的合作实现的。由于全球问题和全球共同利益的存在，国内行政和国际行政之间已经形成了密不可分的关系。一方面，国际行政的要求会转化为国内行政的行动；另一方面，国内行政的内容也会延伸成为国际行政的一部分。全球性问题突破了民族国家的主权范围，而在世界范围内又不存在一个更高级的权威，致使其往往不能得到有效的治理。于是，借助国际间政府组织、非政府组织等在全球范围内进行超越国界的全球治理，就成为人类在国际行政上的必然选择。①

近年来，许多学者提出了"空心化"和"多层治理"的概念。所谓空心化，即认为国家权力因生产与金融交易的国际化、国际规制贸易、国际组织、有约束力的国际法律、权力集团而受到侵蚀。而多层治理理论的挑战则来自欧盟的跨国与自治的"政策网络"，这种多层治理有多种类型：往上是国际行为体与国际组织，往下是地区、城市和社区，往外是具有巨大自由裁量权的一些机构。无论是"空心化"概念还是"多层治理"理论，都意味着传统的民族国家权力的减少，即使将部分权利让渡给国际组织或其他组织等，对于民族国家为研究逻辑起点的传统公共行政学理论都提出了严峻的挑战。②

第二节　全球化与国际行政的新格局

我们今天生活在一个全球化时代，有关经济全球化、科技全球化、文化全球化、政治全球化的讨论不绝于耳。有关人类全球化的问题，可以追溯至从哥伦布发现美洲算起，自此地球上的所有地点互相之间就越来越紧密地联系在一起。三四十亿人口之间永不间断的内外互动形成了一个共同的纤维组织和事实上的利益共同体。如今，我们确实处在一个全球化的时代，全球化已经渗透进我们的生活，地球上每个敏感地点发生的事件几乎立刻会引起全球各地的反响。③当然，全球化在改变我们日常生活的同时，也要求政府改变行政理念，扩展政府行政的范围，即由"国家行政"扩展到"国际行政"。正如我们知道的一样，政府自产生以来，政府行政从来都是指国家行政。国家行政虽然也包括外交事

---

① 马生安：《行政行为研究：宪政下的行政行为基本理论》，山东人民出版社 2008 年版，第 37 页。
② 谭功荣：《西方公共行政学思想与流派》，北京大学出版社 2008 年版，第 280—281 页。
③ ［法］埃德加·莫兰：《反思欧洲》，康征、齐小曼译，生活·读书·新知三联书店 2005 年版，第 119—120 页。

务，但外交事务只是国家行政的对外扩展，是国家行政外部职能的一种表现。当今世界在行政方面提出的一个重要的新问题，就是提出了"国际行政"的新概念。国际行政虽然有别于主权民族国家的政府行政，但参与国际行政事务已经成为政府职能的新领域。

在全球化进程中，国际行政作为一种现实从出现到现在虽然已有几十年之久，人们对这个问题也作过不少研究。但由于国际行政的运作本身就还不成熟，现在对其中许多问题的看法也还众说纷纭，要对其形成系统的认识还有待时日。大体来说，国际行政包括国际行政问题、国际行政职能、国际行政组织及国际行政制度与规则等几个方面。而无论哪个方面的问题，都和主权民族国家的政府行政有着密切的关系。

一　国际行政问题

国际行政问题是相对于国家行政问题而言的。国家行政问题指依法享有行政权力的一国政府为维护本国社会公共秩序和满足社会总体利益而需要处理的公共问题。国际行政问题涉及的是国与国之间或跨国的地区与地区之间需由多国协同处理的公共问题，有的则是需要全球综合治理的公共问题。随着全球化的发展，许多经济活动需要在全球范围内加以组织，跨国交往与交流日益频繁，跨国事务激增，使全球性的公共行政问题大量涌现。在现实中，不仅出现了许多新的国际公共问题，而且有许多原来属于国内行政的问题也国际化了。传统的所谓"国际"与"国内"或外交与内政的界限有些已不再清晰，有些本来属于国内行政的问题也上升到了跨国的层面。在全球化的大潮中，许多国家还越来越认识到，以往属于国内的问题，现在单纯依靠国内力量在很多时候也是无法解决的。一国的政府改革也常常影响其他国家。历史上相互独立和自理的行政领域现在被许多正式的或非正式的国际安排联系在一起。属于这一类的国际行政的问题，有如国际范围的经济事务问题、环境保护问题、人口问题、资源利用问题、网络安全问题、国际和平问题、贫富两极分化问题、跨国犯罪问题、打击恐怖活动问题、流行病的防治问题及全球联手反腐败问题，等等。

诚然，我们不能把一切国际公共事务都看作是要由政府参与解决的公共行政事务，有的属国际政治领域的事务必须由高层政治领导来解决，有的公共事务也可由其他国际性的社会组织来解决，但大多数国际公共事务属于国际公共行政事务或与公共行政有关则是肯定的。属国际性的公共行政问题本来应由国际公共行政机构来处理，但直到现在，超越主权民族国家范围的世界性的高级公共行政机构往往还难以有效地处理国际公共行政问题。靠某一强国的霸权政治来处理又往往有失公平。因此，由各国政府通过平等参与的协商方式解决国际公共行政问题成为普遍的要求。也就是说，国际行政问题，部分地成了一国政府的行政问题。

二　国际行政职能

国际行政的职能与国家行政的职能在性质上并没有多大的区别，无非是处理公共行政事务、提供公共物品和公共服务等。但在具体的内容和履行职能的方式上，国际行政职能和国家行政职能的区别又是很大的。处理国家行政事务，具有最高行政权威的政府负主要责任；处理国际性的公共行政问题，则要靠各国政府间的合作与协商。而各国政府对同一个国际公共行政问题的处理意见可能是很不相同甚至是相互对立的。这就要求每一个国家的负责任的政府，都必须履行处理国际性公共行政问题的职能，当需要与有关国家合作时，应尽力提供有关的条件或协调行动，否则将受到谴责甚至国际性的惩罚。国际行政职能还包括提供国际性的公共物品。属于国际性的公共物品很多，如世界和平、环境保护、可持续发展、地区安全、统一的世界市场，等等。提供这些公共物品，同样需要各国政府自觉协调和互动。处理国际公共问题和提供公共物品本身就是国际行政为国际社会提供的公共服务。

三　国际行政组织

国际社会是以国家为主要主体组成的。国家之间必定有彼此往来的关系——国际关系。在这种关系中，一些国家为了某些共同利益而结合在一起，建立组织，就形成了国际组织。开始，国家往往只是为某种目的而临时聚集在一起，这就是国际会议。国际会议可以说是国际组织的雏形。到了临时聚合不能满足需要时，一定的组织就应运而生。从某种意义上说，国际组织是国际会议演变的结果。[①]

进入 19 世纪中期，国际协作的范围日益扩大，国家间出现了为某种特定目的而建立起来的"国际行政组织"。这是一种比较稳定的组织形式，随着国际关系的进一步发展，其种类与规模都在不断扩展。例

---

① 张贵洪编著：《国际组织与国际关系》，浙江大学出版社 2003 年版，第 32 页。

如，当时某些国家在独自完成与发展邮政业务方面，已经受到条件的限制而不能满足时代要求，因此到 1874 年，有 22 个国家代表在伯尔尼集会，签订了第一个国际邮政公约，建立了邮政总联盟。甚至在此之前，由于电报的发明和推广，有 20 个国家早在 1865 年成立了国际电报联盟。此后，国际组织的历史开始进入一个新的阶段。①

19 世纪被作为国际组织的形成时期，并在国际组织发展史上居于重要地位。欧洲协调、万国联盟和海牙体系是 19 世纪国际组织形成时期的主要标志，并为 20 世纪国际组织的建立和发展开辟了道路。② 到了 20 世纪 90 年代，国际组织大概有 6000 个，现在已发展到 20000 多个。众多的跨国公司在国家外的事务中也常扮演越来越重要的角色。

在全球化的进程中，联合国、世界银行、世界贸易组织、欧盟、西方七国集团等世界性及地区性组织在处理国际性公共问题的过程中发挥着越来越重要的作用。在网络时代，还出现了一种新型的国际公共行政组织。联合国社会发展研究所的一份报告中指出，在信息化和全球化时代，国家、地方和基层政府、非政府组织、超国家组织，交互联结在一起形成新的政府形式——网络化政府（THE NETWORK STATE）。网络空间的全球化要求进行全球管理。如国际互联网域名管理委员会（ICANN），既是国际性的组织，又是非官方的组织，带有自治的性质，就是新型国际管理公共事务的组织的缩影。国际性公共行政组织的出现，说明人类社会的组织化程度发展到了一个新的阶段。

人的力量本质上是组织的力量，随着组织化程度的提高，人类社会也具有了更强有力的手段来应对和处理全球性的公共问题。为了治理国际性的公共行政问题，仅靠各国政府的协调努力还是不够的，还要建立国际性的公共行政组织机构。现在，虽然没有关于国际行政组织机构确定的标准，但人们一般地将全世界政府间的组织或跨国的地区间的组织都看作是国际性的组织机构。现在，国际性的组织越来越多，权威性也越来越高。随着全球化在广度和深度上的扩展，国际社会对公共服务的需求迅速增长，这与政府间组织凭借现有力量所能提供的公共服务形成

---

① 王铁崖、魏敏：《国际法》，法律出版社 1981 年版，第 365 页。
② ［美］尼斯·克劳德：《化剑为犁：国际组织的问题和进展》，兰登·豪斯公司 1964 年版。

鲜明的反差。国际行政如何解决这个问题,还需各国政府共同努力。

在各种各类国际行政组织中,最具代表性的是联合国。联合国作为当今世界最大和最重要的主权民族国家政府间的国际组织,实际上扮演着"世界政府"或称"超国家政府"的角色,履行着"世界政府"的职能。在解决国际问题和争端及制定国际社会政策等方面,联合国的作用越来越受到大多数主权民族国家的重视。联合国秘书长安南在1998年关于联合国工作的年度报告中指出:"只有像联合国这样的全球性组织才有制定要想使所有人受惠于全球化所必需的原则、标准和规则的能力及合法性。因此,我们未来的目标不是试图改变全球化趋势——这在任何情况下都将是徒劳的,而是利用其积极的一面,同时对其负面效应加以控制"。① 联合国是动员所有国家和人民采取联合行动实现已商定目标的一种机制。

四 国际行政规制

国与国之间的协调合作及国际性公共行政组织的活动,都需要制定一系列的准则规范,形成公共行政组织成员共同遵守的制度。这些规范和制度,统称为"国际规制",包括处理特定领域问题的原则、规则及决策程序等。国际规制是一系列正式约束与非正式约束的集合,是管束特定行为和关系的模式或行为规则。国际规制是在国际行政实践过程中逐步形成的。国际社会处理的公共行政问题有的会重复出现,如何处理这类问题逐渐形成惯例,在惯例的基础上再上升为具体的规则,这些正式建立起来的规则就成为"国际规制"。国际规制突破了传统的处理行政问题的"国家中心"范式,强调的是国际合作。但是,参加国际规制的制定与执行的行为主体仍是各国的政府或政府部门。"全球经济要想正常运行,就必须制定全球范围的规则。……制定全球规则仍旧是政府的特权。只要规则仍然重要(其重要性今后可能有增无减),政府就会继续具有重要性"。② 各国政府和政府部门参与制定国际规制后,国际规制对他们就有合法的约束力。这样,国际规制就为解决国际公共行政问题提供了基本的原则和规范,使国际社会的交往和合作有了一定的

---

① 据路透社联合国 1998 年 9 月 8 日电。
② 〔英〕兰甘:《走向全球拓展之前所要考虑的 7 个神话》,《金融时报》1999 年 11 月 29 日。

确定性和透明度，各国政府或政府部门也能根据国际规制的规定调整自己的行为。我们可以说，国际规制是各国政府和政府部门面临国际公共行政问题时如何处理的指导。国际性的公共行政组织也要通过专门的国际规制来建立，这方面的规制是国际行政组织有效运行的基本条件。可见，在全球化加速发展的世界里，完善国际规制对处理国际公共行政问题和国际行政的正常发展是起着重要作用的。

当然，我们也应看到，尽管国际行政已经成为现实问题，许多方面的国际规制的制定也在加紧进行，但国际行政组织机构远不像主权民族国家的政府行政那样具有国家的法治规范方式，国际规制发挥作用也不像国家行政那样具有国家强力做后盾，加上现实中有效的国际规制从总的来说仍然短缺，有的规制也还常难以真正有效地发挥规范的作用。这就更要求一国的政府自觉地分担国际行政的职能，同时要求政府外的其他社会组织在处理国际公共行政问题中发挥更积极的作用。这样一来，国际公共行政问题才有望得到更好的解决。①

第三节　结语

在全球化及全球治理的背景下，全球公共问题的大量凸显使单一国家无力应对，国家间的协作以及对统一国际决策应对国际公共问题的需要随之显现，并且日益引起国内外学者们的重视。② 美国"9·11"事件、SARS、禽流感及其他跨疆域自然或人为灾难的爆发引起了全球性的恐慌，全球化向纵深发展的世界中所体现出来的相互依存关系在最近几年已越来越明显，这种明显特征的一个最为突出表现就是各国政府无法单独处理这一系列重要问题，包括恐怖主义、贸易自由化、经济一体化、传染病，以及全球环境问题（如气候变化）等，于是国家间的协作以及对统一国际决策应对国际公共问题的需要也随之显现，并且日益引起国内外学者们的重视。分散的国内规制和管理措施越来越难以有效应对这些后果，因此，全球治理的提出成为必然。西方学者用相互依存

---

① 张尚仁、杨翟：《政府改革论纲》，国家行政学院出版社 2005 年版，第 44—49 页。
② 林泰：《论国际行政法概念的理论根基》，《理论月刊》2014 年第 6 期。

理论去推导未来国际社会的合作和聚合过程或结果，从而设计出多种国际社会发展的蓝图，如莱斯特·布朗（Lester Russell Brown）的"没有界的世界"（World without Borders）、罗伯特·基欧汉和约瑟夫·奈的"合作的新世界"（a New World of Cooperation）、斯坦利·霍夫曼的"世界秩序"（World Order）等。①

与此同时，主权民族国家仍然是国际关系的基本结构，很多学者对所谓全球治理的提法仍然持有根深蒂固的怀疑态度，认为主权的民族国家所拥有的一个独一无二的权力才是执法的权力，即使在当今的全球化世界中也是这样。现行的国际法和国际组织虽然确实准确地反映了国际社会的意志（各种意义上的），但执法基本上仍属于民族国家的职权范围。即使在国际层面上也存在同样的执法问题。"国际社会"迄今为止仍是一种虚构，因为任何执法能力都完全取决于单个的民族国家的行动。② 这在实践中则体现为对超越国家范围决策的保守态度及怀疑态度，反全球化活动者的身影活跃在各个国际组织的会场之外，很多人认为全球化以及超越国家边界的行为损害了主权民族国家的民主、主权和管理的自主权。而跨国行政机构的权力行使中同样存在种种问题，如民主缺失、参与性、可问责性等。于是一些学者将研究的方向进行调整，试图通过国内行政法来对上述种种难题进行重新的审视——在全球化背景下对于国际行政的概念重构就是试图复兴这些早期的学术观点背后的广阔视角。如果说，行政法体现的是对国内政府监管行为的一种法律规则，那么，监管的国际化相应带来的是法律制度的行政法的国际化，所以说，监管国际化与国际行政法的产生存在逻辑上的关联。在全球化、全球治理语境下，作为对全球化中种种全球性问题与监管制度国际化的历史回应，国际行政法的产生与形成已经在现实上成为可能，更是一种持续发展的法律发展趋势和过程。

附：国际行政组织

【国际行政联盟】（public international unions）主要涉及各种非政治性职能的国际组织。国际行政联盟几乎代表了人类活动的每个领域，包

---

① 张贵洪：《国际组织与国际关系》，浙江大学出版社 2003 年版，第 31 页。
② ［美］弗朗西斯·福山：《国家构建：21 世纪的国家治理与世界秩序》，黄胜强、许铭原译，中国社会科学出版社 2007 年版，第 110—111 页。

括科学、艺术、通信、运输、经济、金融、卫生等。开始时在欧洲出现各种国际河流委员会，后来于 1868 年成立国际电报联盟，1874 年成立万国邮政联盟。现在两者都是联合国的专门机构。在其他领域，国际度量衡组织（1875）、国际糖业联盟（1902）、国际农业学会（1905）等也都体现了国际行政联盟活动的范围和类型。20 世纪的行政联盟被包括在政府间国际组织之内。这些组织表明对于共同关心的特定国际事务的国际控制，充当收集信息和讨论特定国际问题及其解决办法的中心，是一种功能性国际组织。各种国际行政联盟之间有其活动缺乏相互协调的缺点，只能通过自愿合作得到部分的解决。[1]

【国际行政科学学会】是两个国际性的行政学研究学术组织。1910 年，在布鲁塞尔举行了第一次国际行政科学会议，有 30 个国家代表参加，会后设立常设国际委员会。1930 年在西班牙马德里举行第四次会议将国际委员会改为"国际行政科学学会"。学会及其执行机构设在比利时的布鲁塞尔。学会的宗旨是推动行政学的发展，促进公共行政机构效率的提高、行政管理方法和技术的改进以及国际行政管理的进步。学会的主要任务是调查各国行政计划实施情况及其效果，搜集专家意见和评估结果；研究公务员的训练和培养、行政管理方法和技术的改进；进行调查研究，促进行政法的建设和行政机构效率的提高；研究国际行政上的各种问题，促进各方交流有关报告和资料；组织国际间学术交流，推动国际行政学的发展和行政管理的进步。学会会员由国家会员、团体会员、个人会员和个人名誉会员组成。会议设全体会议、理事会、执行委员会和常设行政部门等机构。全体会议每三年举行一次。学会出版有《国际行政科学杂志》《行政界信息》《书刊通讯》。[2]

【国际行政管理学会】（International Institute of Administrative Sciences，IIAS）研究行政管理学的国际性学术机构。1930 年 10 月在马德里成立，取代 1910 年建立的"国际行政管理学术代表大会常设委员会"。截至 1986 年，成员包括：（1）全国和地方的行政管理学团体，分属利比亚、摩洛哥、巴西、加拿大、墨西哥、日本、中国台湾、法国、意大利、英国等 56 个国家或地区；（2）公司，分属埃及、墨西

---

① 王铁崖：《中华法学大辞典》（国际法学卷），中国检察出版社 1996 年版，第 175 页。
② 沈亚平、张东升：《国家公务员知识大百科》，警官教育出版社 1996 年版，第 367 页。

哥、美国、印度、日本、捷克斯洛伐克、联邦德国、苏联等19个国家；
（3）五个国际性或区域性的行政管理学团体，即欧洲行政管理团体
（EGVA）、欧洲行政管理学院（EIPA）、国际行政管理情报学会等。会
址在布鲁塞尔。组织机构有代表大会（每三年举行一次）、理事会和执
行委员会等。经费主要来源于会员缴款和出版物收入等。宗旨和任务
是：与联合国及其教科文组织合作，召开各类会议，进行情报资料和经
验交流；对成员国行政管理提供技术资助；对各国的行政管理经验进行
比较分析，揭示行政管理的一般原则和合理方法，研究和制定行政管理
法规，改善行政管理技术，促进行政管理学发展。主要出版物有：《国
际行政管理科学评论》（季刊）（*International Review of Administrative Sciences*）。①

---

① 隋启炎：《国际经济组织词典》，中国财政经济出版社1990年版，第78页。

后 记

　　本书的写作缘于作者研究生阶段对于公共政策与行政学理论知识的渴求，在漫长的学习与积累过程中，大致会经历三个阶段：第一阶段，不知然，就是不知道某一理论的存在；第二阶段，知其然，即知道某一理论的存在，通过学习也对该理论有一定的了解，但只局限于对该理论浅层次的理解；第三阶段，知其所以然，也就是研读相关理论后，对其有了一个全面充分的认知，能够熟练地应用理论解决社会生活中所面临的问题，甚至能够修正并完善理论。

　　本书的撰写，没有采取纯粹引介国外公共行政学与政策学理论的做法，而有关这类的理论引介方面的书籍国内早有不少。这类书籍大抵都是按照公共行政学和公共政策学的历史发展脉络，再结合单个学者的顺序来进行组织编写，这样的安排在书稿的逻辑上能够做到较好的均衡，且对于所介绍的理论也能够面面俱到，但正是这样的安排也可能造成对于理论分析深度的不足。本书的撰写试图在其他作者要求大而全的基础上有所改变，重点突出对于理论内涵的深层次分析，希望通过对理论的研读，可以为公共行政与公共政策的学习者与研究者提供一份不一样的学习与研究的素材。

　　本书所选择的理论并非完全遵循公共政策学与行政学之传统意义上的范畴，有些理论可能为社会学，法学或政治学之交叉理论，因为这些理论在社会科学的研究中常常会从一门学科向其它周边学科溢出，很难规定说一种理论只能够在单一学科中使用。另则，公共政策学与行政学学科本身具有多元性，常需要和社会学、法学、政治学、管理学和经济学等其他一级学科进行交叉与交流，唯此，才能多角度、更深广度地对所面临的公共问题进行全面且深入的研究。

　　本书共选取了公共政策学与行政学中较有典型意义的二十余个理论，大致可以分为三类：第一类为大家较为熟悉的理论，但是在使用这些理论时，学者之间常会产生不同的争议，本书对其进行了阐释与研究，比如治理与善治理论，政府干预理论等；第二类为大家知晓但对其内容又不是太了解，本书对其进行了深入的介绍与分析，比如奥地利经济学理论，新政治经济学理论以及后现代主义理论等；第三类为国外常用，但到目前为止国内介绍还不是太多的理论，本书对其进行了引介及深入的解读，比如时差理论，公共信托理论以及国际行政理论等。以下为本书的主要研究内容：

第一章，时差理论。该理论主要是由韩国的郑正佶教授首先提出，郑教授认为在以往的行政学研究中，从来都只是把时间当作一个外生的变量，至多只是一个中间变量，而时间在公共行政和公共政策当中有时会起着决定性的作用，它常常是一个内生变量或直接变量。随着时间的不断发展，时差开始产生，时间可能会由原来的外生或中间变量向内生的直接变量发展。

第二章，社会冲突与公共冲突理论。社会冲突理论是一个大家非常熟悉的理论，有关社会冲突的研究也很多，但是对于公共冲突的研究在行政学和政策学中并不多。中国经济改革已经 40 年，公共领域中积累了大量的冲突与矛盾，因此，对于公共冲突的研究将会是未来我国公共行政学中一个比较重要的方面。公共冲突给人的感觉是一种针锋相对的关系，这样的状态其实在真实的行政环境中并不多见。对此作者试图从微观环境中去分析，并从行政心理学的角度出发来研究一些公共政策中的矛盾或是更加细微的纠葛状态，这将会是一个很有意思的研究。

第三章，秩序与混沌理论。如大家熟知的哈耶克三分秩序观，认为世界上存在着自然的、自发的与建构的秩序。中国人民大学的毛寿龙教授常常用秩序理论来解释身边的许多社会现象，让我们看到秩序理论的有用之处；但是，我们所知的世界从来就不可能完全是由秩序组成的，它还常常处于一种无序的或者叫做失序的混乱的状态，借用物理学中的混沌理论，可以让我们更多的了解到真实世界的复杂性。譬如蝴蝶效应，它的结果从来都不可能用简单的因果关系就可以解释的，呈现在我们面前的结果，一定是由多种的原因造成的，或者说多因不仅仅会造成一个结果，也可能会造成多个不同的结果，因而世界才是如此的奇妙与复杂。

第四章，共生与包容理论。共生一词来源于生物学，后被社会科学借用，常常指一个社会是一种共生共养的关系。共生是一种社会发展的方式，而包容性发展可以看作是社会发展的一个目标。因而，共生与包容理论能够用以理解与指导我国城乡振兴与一体化发展。

第五章，政策困境与不确定性理论。政策困境在公共行政与公共政策中是一种非常常见的状态，处于此状态中的行政主体或政策主体很难进行政策决策，政策主体针对不同的政策困境状况可以采取三种不同的处理方式；不确定性理论，该理论在上世纪50年代美国行政学界非常流行，本文中主要区别了风险与不确定性之间的异同，认为风险是可以通过保险来进行规避的，但是不确定性却不能。

第六章，多元文化主义理论。此理论常在一些移民国家使用，近些年来，随着通讯与交通技术的发展，地球村的概念早已形成，我们处于一个全球移居的时代。而且随着移民的增多，每一个国家都在主动或被动地承受着由于不同文化相互碰撞与交流所带来的政治与社会问题。如何从"他者"的视角来审视文化的多元与多元文化问题，将对制定合理的多元文化政策起到积极的作用。"他者"认识，即将他者视为自身的一部分，"看既被看"，将"他者"作为认识对象的主体，认识到一方对另一方的形成或表达的反映即"镜像中的自我"的意义，即通过"他者"的出现，也就是以"他者"的视线为媒介来形成我像。此章的部分资料由2015级行政管理专业研究生肖丽霞同学帮助收集整理，在此致谢。

第七章，新制度主义理论。此理论学界比较公认的是由三个部分组成，即理性选择制度主义、社会学制度主义与历史制度主义。在这三个部分中尤以历史制度主义最为常用，旧制度主义认为人是镶嵌于制度中，制度又镶嵌于历史中，因此，人也就被动地镶嵌于历史中，制度对人起到很大的制约作用。然而，新制度主义认为，人并非被动地镶嵌于历史中，人也会对制度产生积极的能动性，这一点也成为区别新旧历史制度主义非常重要的一点。

第八章，历史制度主义理论。韩国学者河泰洙根据制度变化的频率和变化的幅度，把历史制度主义分为了三种类型，第一种为间断－均衡式变迁，第二种为路径依赖式变迁，第三种为碎片式变迁。时间成为历史制度变迁里隐含的主线，另外，在制度变迁的过程中关键节点的出现，意味着制度的重大变革将很有可能出现。当关键节点出现后，产生的冲突会到达到一个新的平衡，也意味着一种新制度的诞生。新中国从1949年成立至今已有近70年的历史，改革开放亦已有40个年头，因此，可以从历史制度主义的角度来分析许多的公共政策与社会问题，这将会是一个很不错的研究视角。

第九章，公共信托理论。第一次接触该理论是于2009年去马来西亚参加一个学术会议时，在飞机上阅读当地华文报纸时知道的。目前，公共信托最主要的还是运用于公共资源的信托方面，这也成为一些学者对于此理论指责的重点。当然，对于目前我国在资源与环境保护方面的紧迫现状，公共信托理论定会有其用武之地。

第十章，政府干预理论。对于政府应不应该干预市场的争议渐次形成了斯密与马克思的经典经济模型，这些经典经济模型中比较有代表性的是近年来形成的所谓"华盛顿共识"和"北京共识"。"华盛顿共识"强调的是西方自由放任的经济模式，而"北京共识"则强调政府在市场经济中的宏观调控作用。其实以上两种模型无所谓对与错，一个国家经济的发展，政府与市场两只手都很重要，关键问题是两者如何协作。

第十一章，国家理论。国家理论是一个非常古老的政治学理论，国家作为政治与行政讨论的起点，但是随着时间的发展也发展出来了新国家理论，以及人们对于未来国家形式的问题，随着互联网信息技术的不断发展，虚体国家的概念也开始出现，未来的国家治理将会是怎样的情况，也是一个值得研究的方向。

第十二章，治理与善治理论。治理理论自20世纪末被我国学者引入，很快被吸收与接纳。此理论为何能够如此迅速地被学界和政府决策者认可呢？有学者认为这是因为从统治到管理再到治理，是一个政府管理不断民主化的过程，治理当中暗含了民主的意涵；当然也有学者认为，治理的引入有借壳上市之嫌，因为彼时甚至当前都还不完全具备治理所需要的环境。而善治的达成将会是对于新公共性的一次重建，包括公共伦理与公共秩序的重建两个方面。此章的部分资料由2015级行政管理专业研究生俞航同学帮助收集和整理，在此致谢。

第十三章，奥地利经济学理论。奥地利经济学重视经济学思想，它与传统意义上的古典或新古典经济学重视数学建模有很大的不同，超越了一些人对于经济学的固有想象，因此有人把它当成了经济学领域中的异类。本书认为奥地利经济学虽然算不上经济学中的主流，但也绝非异类，在部分问题的研究上仍然具有解释力。

第十四章，新政治经济学理论。传统政治经济学强调的是政治对于经济的影响，而新政治经济学以新古典经济学为理论基础，引入了理性经济人的概念，把政治行为看作是市场交易，认为政治人物和选民都是在追求政治利益的最大化，是经济的动因造成了政治的结果。

第十五章，后现代主义理论。对于后现代的讨论，有人认为这是西方国家自娱自乐的一种形式，而中国目前处于前现代、现代与后现代叠加的时期，对于后现代的讨论还略显过早。本人认为对于后现代主义的学术讨论不分早晚，后现代引起了整个社会科学的语言转向，甚至有人认为正是由于后现代主义的出现促使了社会科学的人文主义回归，因而有必要对后现代理论投以足够的重视。

第十六章，国际行政理论。行政原本只是一个民族国家主权范围以内的事情，然而，随着学界对于"主权"定义重新思考不断扩展，以及全球治理实践活动的持续增长，超国家治理必将成为未来治理的方向，但是否采用国际组织的形式以实现治理的目的，是一个值得观察的事情。可以值得确定的是，国际行政必将成为未来非常重要的一种新的超国家治理模式。

本书由于篇幅的限制，相对于浩如星海的公共行政学与公共政策学来说，所选理论只占其中极少的部分，希望这些理论能起到抛砖引玉的效果，为各位读者的思考与研究略尽绵薄。同时受作者学术经历与学术能力所限，本书中理论的分析与理解定会存在不足，甚至是理解偏误的问题，这些都需要在下一步做更深入细致的研究。

本书撰写的过程中参考和引用了大量中外文献资料，特别是所选学者的论文和著作，在此向其作者们深表谢意。

斯为跋！

陈刚华

2018 年 10 月 1 日于武昌桂子山